脱贫攻坚渭源故事

POVERTY ALLEVIATION STORY OF WEIYUAN

国家乡村振兴局定点帮扶县优秀案例选编与评析

中共渭源县委　渭源县人民政府

北京师范大学中国乡村教育发展研究中心　编

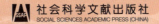

社会科学文献出版社
SOCIAL SCIENCES ACADEMIC PRESS (CHINA)

前　言

2020 年，中国向深度贫困堡垒发起总攻，决战脱贫攻坚取得决定性胜利。历经 8 年，我国现行标准下近 1 亿农村贫困人口全部脱贫，832 个贫困县全部摘帽，12.8 万个贫困村全部出列，区域性整体贫困得到解决，完成了消除绝对贫困的艰巨任务，创造了又一个彪炳史册的人间奇迹，交出了一份人民满意、世界瞩目的答卷，中华民族伟大复兴向前迈出了一大步！

甘肃省渭源县是黄河最大支流渭河的发源地，位于甘肃省中部，是六盘山片区扶贫开发工作重点县。2013 年 2 月 3 日，习近平总书记亲临视察，留下"让咱们一块儿努力，把日子越过越红火"的嘱托后，渭源县全体干部与群众在陇中大地展开了一场轰轰烈烈的脱贫攻坚战。八年来，在各级领导关怀和国务院扶贫办、福州市晋安区、碧桂园集团等各界社会力量的帮扶下，渭源县全县上下发扬"人一能之我十之，人十能之我百之"和"三苦"精神，以脱贫攻坚、高质量发展统揽工作大局，通过强化基础设施建设、大力发展富民产业、壮大村级集体经济、大力推进内源扶贫，以及加强党建引领作用等举措，在解决人口贫困问题、改善农村基础条件、提高公共服务能力、建立产业带贫机制、提升人民生活水平等方面取得显著成效，全面解决了"两不愁、三保障"问题，彻底改变了贫困面貌，荣膺"2020 年全国脱贫攻坚奖组织创新奖"，被确定为全国脱贫攻坚交流基地。2020 年 3 月，甘肃省政府批准渭源县退出贫困县序列，实现整县脱贫摘帽，渭源县用实际行动描绘了一幅脱贫攻坚壮丽画卷。

2020 年 3 月 6 日，习近平总书记在决战决胜脱贫攻坚座谈会上指出："脱贫摘帽不是终点，而是新生活、新奋斗的起点。"这说明在未来很长一段时间内，相对贫困仍将存在，当前要推动减贫战略工作体系平稳转型，接续巩固拓展脱贫攻坚成果，在乡村振兴的道路上继续书写人民奋斗的新时代篇章！

　　本书是在碧桂园集团大力支持和国务院原扶贫办开发指导司倾心指导下，由渭源县委县政府、北京师范大学中国乡村教育发展研究中心组织编写，通过合力攻坚、机制创新、"两不愁、三保障"、脱贫措施、社会帮扶、乡村圆梦和专家评析七个部分，在对渭源脱贫攻坚伟大实践进行全面总结的同时，期望通过渭源脱贫攻坚典型案例，形成一些可复制、可宣传的脱贫攻坚经验，为巩固拓展脱贫攻坚成果、全面推进乡村振兴提供有益的借鉴和参考。

中共渭源县委　渭源县人民政府
北京师范大学中国乡村教育发展研究中心
2021 年 4 月

目　录

第七部分　专家评析

第一部分

合力攻坚

昔日苦甲天下　今朝华丽蝶变

摘　要：脱贫攻坚以来，渭源县全体干部与群众在陇中大地展开了一场轰轰烈烈的脱贫攻坚战。通过强化基础设施建设、大力发展富民产业、壮大村级集体经济、大力推进内源扶贫、加强党建引领作用等举措，在解决人口贫困问题、改善农村基础条件、提高公共服务能力、建立产业带贫机制、提升人民生活水平等方面取得显著成效，荣膺"2020年全国脱贫攻坚奖组织创新奖"，被确定为全国脱贫攻坚交流基地，用实际行动描绘了一幅渭源脱贫攻坚壮丽画卷。

关键词：精准扶贫　脱贫攻坚　渭源县

一　引言

渭源县，是致力于脱贫攻坚精彩蝶变的一片热土。这里最初是"苦瘠甲天下"的西北陇中大地的一个深度贫困县，之后荣膺"2020年全国脱贫攻坚奖组织创新奖"，现今已成为全国脱贫攻坚交流基地。近年来，渭源县认真按照党中央、国务院决策部署和省市工作安排，深入实施精准扶贫精准脱贫战略，坚决打赢脱贫攻坚战，用实际行动讲好脱贫攻坚渭源故事，在新时代中国减贫史上书写了浓墨重彩的华章。

1982年，中国政府在宁夏西海固和甘肃定西、河西启动了"三西"扶贫开发计划，开启了中国乃至人类历史上有计划、有组织、大规模开发式扶贫的先河。定西被联合国教科文组织认定为不适宜人类居住的地区，苦瘠甲于天下。渭源县位于定西市西南部，是国家级深度贫困县。这里三面环山，北部干旱少雨，南部高寒阴湿，部分村村落凋敝，长期贫困曾困扰着人们对美好生活的向往。2013 年 2 月 3 日，习近平总书记上任伊始，就亲临渭源访贫问苦，作出了"让我们一块儿努力，把日子越过越红火"的重要指示。2018 年 3 月 25 日，胡春华副总理上任后第一站就到渭源看望慰问贫困群众。

渭源县总面积 2065 平方公里，辖 16 个乡镇 217 个行政村，其中贫困村 135 个，全县农村总人口 32.3 万人，2013 年全县有贫困人口 10.23 万人，贫困发生率为 32%。渭源县基础设施薄弱，"晴天扬尘路，雨天烂泥路，冬天溜冰路"是昔日农村道路的真实写照。北部干旱山区群众靠天吃饭，喝的是黄泥汤，住的是茅草屋，交通不便、信息闭塞，群众思想守旧、观念落后。2013 年，全县有 12041 户农户存在饮水安全问题，有 19755 户农户存在住房安全问题，有 85 个行政村未通硬化路；产业基础薄弱，土地贫瘠，农民人均纯收入 2000 多元，其中来源于马铃薯、中药材、畜牧等市场风险大、产品附加值低的传统产业的收入，占农民人均纯收入的 70% 以上；村集体经济发展滞后，217 个行政村中有 131 个村集体经济收入为空白，村级组织服务群众能力弱，村民自治作用发挥有限；群众自我发展内生动力不足，"等靠要"思想严重，接受新事物、新技能的能力和水平较低。

穷则变，变则通。为了让农村贫困群众过上好日子，2013 年以来，渭源县干部群众牢记习近平总书记的殷殷嘱托，紧盯"两不愁、三保障"标准，在广泛走访征求群众意见的基础上，根据每个家庭的贫困成因，有针对性地制定了具体的脱贫措施。干群携手，砥砺同行，在陇中大地展开了一场轰轰烈烈的脱贫攻坚战。

二　主要做法

（一）强化基础设施建设，改善生产生活条件

八年来，渭源县坚持把水、路、房作为脱贫攻坚工作重点，全面加强基础设施建设。在前期实施的"北部农村饮水安全工程"和"引洮供水一期工程"基础上，先后投入资金 1.65 亿元，实施了"东南部农村饮水安全工程"、"农村饮水安全巩固提升工程"和"精准扶贫农村供水工程"，完成

自来水新入户 2.29 万户，有 9.68 万人（其中建档立卡贫困户 5819 户 2.4 万人）受益，全县自来水普及率达到 97.6%，全面解决了农户饮水安全问题；累计投资 3.09 亿元，采取"一鉴定两改造"模式（一鉴定：对所有的农村危房进行鉴定，确定住房等级；两改造：采取拆除新建或维修加固两种方式进行改造），改造农村危房 1.97 万户，8.3 万人（其中建档立卡贫困户 7782 户 3.3 万人）受益，全面消除了农村危房；累计投资 3.3 亿元，通过实施"通畅工程""畅返不畅工程"和村组道路硬化工程，硬化通村道路 141 条 689.4 公里，实现了全县 217 个行政村通硬化路全覆盖。

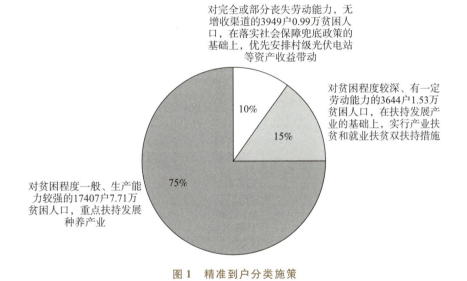

图 1　精准到户分类施策

（二）大力发展富民产业，持续增加农民收入

老乡富不富，产业是支柱。渭源县不断加大产业资金投入力度，在推动传统产业转型升级和提质增效的同时，着力培育壮大新兴富民产业。首先，投入资金 2.24 亿元，规范建立马铃薯、中药材、草牧养殖等传统产业合作社 1331 家；引导组织贫困户通过资金入股、土地入股等方式参与合作社生产经营，提高生产的组织化程度；支持合作社开展分级包装、屠宰加工、产品销售，实现一、二、三产业深度融合，提升农产品附加值。全县 2.2 万户贫困户加入合作社，建成马铃薯、中药材种植基地 80 万亩，养殖规模达到 477 万头（只），户均收入从 2013 年的 1534 元增加到 2019 年的

3672 元。其次，投入资金 3.3 亿元，大力发展食用菌、花卉、蔬菜等新兴产业。政府负责组织推动，龙头企业负责提供技术和保底销售，合作社负责组织贫困户以土地和扶贫资金入股开展生产。2020 年种植食用菌 539 万棒、满天星等鲜切花卉 1500 亩、高原夏菜 8 万亩，贫困户在获得农产品销售收入的同时，按照交易量和股份获得二次分红收益，全县有 4032 户贫困户从事新兴产业，户均增收 4600 元以上。

（三）壮大村级集体经济，提高自我发展能力

如何彻底消除贫困群众的"等靠要"思想，实现由"要我脱贫"向"我要脱贫"转变，成为实现脱贫目标必须破解的一道难题。渭源县不断培育壮大村集体经济，落实"四议两公开"决策机制（四议两公开：村党支部提议、村"两委"会商议、党员大会审议、村民代表或村民会议决议，决议公开、实施结果公开），着力提高基层组织治理和贫困群众自我发展的能力。八年来，先后投入资金 8.67 亿元，通过建设村级光伏电站、开展资产收益扶贫等方式，不断增加村集体经济收入。

2020 年，全县 135 个建档立卡贫困村实现集体经济收入 6527 万元，从 2013 年的村均不足 1000 元增加到 48 万元，135 个村实现了村集体经济零的突破，彻底解决了村级组织"无钱办事"的问题。通过干部走访群众和实施网格化管理（网格化管理：以村民小组为单位，设立一级网格，由村民小组长担任一级网格管理员，每个一级网格下面以 10 户左右为单位设立二级网格，民主推选产生二级网格管理员），全面了解群众所思所想所盼，广泛征求群众意见，建立村级问题台账，解决了村级组织"办什么事"的问题。全面推行"四议两公开"民主决策程序，做到村里的事自己议、自己评、自己定，充分保障村民的知情权、参与权和决策权，解决了村级组织"怎么办事"的问题。据统计，近两年累计收集问题建议 2000多条，使用村集体经济资金 2404.36 万元，解决实际问题 1100 余件。

（四）大力推进内源扶贫，激发群众内生动力

"靠着墙根晒太阳，等着政府送小康"是部分贫困人口存在的顽疾，是脱贫攻坚必须啃下的"硬骨头"。全县通过开发村级公益岗位、开展星级文明户评选和建设道德积美超市等办法，激励先进、鞭策后进，引导群

图 2　莲峰镇岔口村光伏电站

众通过自身努力增收脱贫。通过村级民主决策，定岗、定员、定责、定酬，开发保洁、护路、水管维护等村级公益性岗位，促进贫困户积极参与公益岗位劳动获得薪酬。目前，全县累计开发村级公益性岗位 5085 个，解决 5085 名贫困人口就近就业，人均年增收 4000 元左右。同时，每月组织开展勤劳致富、尊老爱幼、环境卫生、热心公益等星级文明户评选活动，设置道德评议会，从积孝、积善、积勤、积俭、积信、积美六个方面对全体村民进行民主评议，以表现换积分，以积分换物品。目前，全县建成道德积美超市 185 个，评选星级文明户 1458 户，兑换奖励物品价值 10 万元。

（五）加强党建引领作用，干群同心战胜贫困

火车跑得快，全靠车头带。2019 年以来，渭源县以党支部建设标准化工作为抓手，深入推进"四抓两整治"举措（四抓两整治：抓基层党组织带头人队伍、抓阵地、抓党内政治生活、抓基础保障工作，整治软弱涣散问题、整治村霸和党员信教问题），累计投资 9000 多万元，改造提升村级阵地 197 个，调整优化村"两委"班子 194 个，整顿软弱涣散党组织 104 个，推动 177 个村在村"两委"换届前实现党组织书记和村委会主任"一肩挑"；通过"一选两聘"方式选聘大学生村干部 79 名，从未入编项目人员中配备行政村专职化党组织书记 80 名；培养党员致富带头人 1200 多名，

选拔 484 名村级合作组织负责人进入村"两委"班子任职，有力增强了农村党组织的凝聚力、战斗力；全面推进定点扶贫和东西扶贫协作工作，构建形成了专项扶贫、行业扶贫、社会扶贫大格局；在公益设施共享共建共管中，全面推行以工代赈共建方式，构建群众主动参与、相互监督共同管理的长效机制；大力增强贫困群众的主人翁意识，凝聚形成了"社会帮扶、干部推动、群众主体"全力攻坚战胜贫困，勠力同心巩固脱贫成果的强大合力。

三 扶贫成效

八年来，渭源县紧紧围绕广大人民群众所思所想所盼协同发力，使得昔日的烂泥路、羊肠道、茅草屋、塌塌房、黄泥汤等贫困的代名词，尘封为历史。如今，呈现在人们面前的是"青山如画廊，绿树绕山庄，村道宽又平，路灯明又亮"的场景。鳞次栉比的农村新居内欢声笑语，平整宽阔的马路上车辆川流不息，药薯飘香的村头庄尾人们载歌载舞，处处展现出一幅幅脱贫致富的美丽图景……

（一）贫困问题得到了有效解决

八年来，渭源县累计投入各类扶贫资金 102.43 亿元，累计减少贫困人口 10.23 万人，贫困村 135 个，现行标准下贫困村、贫困人口全部脱贫退出。2020 年 3 月，经过省级验收、第三方专项评估等程序，甘肃省人民政府批准渭源县退出贫困县序列，实现整县脱贫摘帽。2020 年 10 月，渭源县荣获"全国脱贫攻坚组织创新奖"，随后被确定为全国脱贫攻坚交流基地。

（二）农村基础条件彻底改善

紧紧围绕"两不愁、三保障"脱贫目标，全力补齐基础设施短板。脱贫攻坚以来，完成自来水入户 2.29 万户，有 9.68 万人（其中建档立卡贫困户 5819 户 2.4 万人）受益，全县自来水普及率达到 97.6%，安全饮水达标率达到 100%，较 2012 年提高 9.2 个百分点；全县行政村通畅率、自然村动力电覆盖率、行政村有线宽带覆盖率均达到 100%，较 2012 年分别提高 21 个、34 个、83 个百分点；全面消除了农村危房，贫困户住房安全比例较 2012 年提高了 21%。

图 3　2020 年 10 月渭源县荣获"全国脱贫攻坚奖组织创新奖"

（三）公共服务能力显著提高

重点落实控辍保学、义务教育学校改薄等教育扶贫政策，全县九年义务教育阶段巩固率达到 99.75%，较 2012 年提高 21 个百分点；建档立卡贫困户适龄儿童巩固率达到 100%；学前三年毛入园率达到 98.29%，较 2012 年提高 46 个百分点；城乡居民医疗保险参保率达到 98.7%（建档立卡贫困人口达到 100%），较 2012 年提高 3 个百分点；累计办理慢特病门诊卡 2.67 万人（其中建档立卡贫困户 1.31 万人）；全县现有农村低保对象 9003 户 24970 人，保障面 8%，其中纳入建档立卡贫困人口 4846 户 14153 人，占比 57%（一、二类低保对象 3595 户 9463 人，占比 67%）；全县城乡居民养老保险参保率达到 98.9%（建档立卡贫困人口达到 100%），较 2012 年提高 3.1 个百分点。

（四）产业带贫机制全面建立

通过大力发展十大扶贫产业，推动形成了主导产业保收入、新兴产业拓渠道、就业扶贫促增收的产业发展格局。累计发展农投公司、龙头企业 56 家，农民专业合作社 1500 家。运用"龙头企业＋合作社＋基地（园区）＋农户"发展模式和"五统一分一保一标三提高"（统一规划地块、统一开

图4　元古堆村医张桂峰在村卫生室给患者取药

展培训、统一提供良种和农资、统一技术管理、统一产销对接；分户生产经营受益；农业保险保收入；建设标准化产业基地；提高产业、农民、市场主体的组织化程度）经营机制，由18家龙头企业、1331家农民专业合作社组织2.2万户贫困户参与生产经营，探索出合理的资产收益分配模式，建立了稳定的带贫机制；发挥农业保险托底作用，承保农作物40万亩、大牲畜2.62万头（只），实现了贫困户种养业保险全覆盖；累计开展培训8.64万人，年均输转贫困劳动力2.2万人，年实现收入3.6亿元；从事多种经营的贫困户达到1.88万户，占75.2%；2019年建档立卡人口人均可支配收入达到6262元，其中从产业中获得收入3080元，从就业中获得收入1708元，分别占人均可支配收入的49.2%、27.3%。2017年2月，元古堆村级光伏电站建设运营做法被列为中央政治局集体学习十大典型扶贫案例之一，《中办通报》附件印发全国学习借鉴，并与渭源县田园牧歌养殖专业合作社带贫模式一并荣获"全球减贫案例有奖征集活动"最佳减贫案例，被南南合作组织收录中外减贫案例库。

（五）人民生活水平大幅提升

始终坚持以人民为中心的发展思想，持续改善民生福祉，特别是随着脱贫攻坚政策资金的投入倾斜，全县基础设施条件彻底改善，公共服务水平明显提升，产业发展体系初步构建，加快补齐了贫困村、贫困户脱贫短板，城

图 5　上湾镇曼斯特巾帼扶贫车间

乡发展差距逐步缩小，人民群众生产生活条件得到根本性改善，生活水平有了大幅提高。全县机动车辆达到 5.59 万辆，其中消费型轿车 2.9 万辆；日用家电、智能手机等基本普及；安全生产监管、社会治安综合治理体系不断健全，扫黑除恶专项斗争深入推进，人民群众的幸福感、获得感和安全感显著提升。2020 年初，在甘肃省贫困县摘帽退出第三方评估中，渭源县脱贫攻坚群众认可度达到 99.14%，在 2019 年全省 31 个退出县中位列第三名。

四　经验与启示

八年来，经过全县上下干部群众的不懈努力和改革创新，渭源县"两不愁、三保障"问题全面解决，走出了一条开发式、精准化与统筹式有机结合的扶贫路子，探索出了对深度贫困地区行之有效、可复制的经验。

（一）坚持党的领导是战胜贫困的根本保障

渭源县成立了由县委书记、县政府县长担任双组长的脱贫攻坚领导小组，具体负责领导、组织、推动全县脱贫攻坚工作。乡镇成立了由县级领导、乡镇党政主要负责人分别担任指挥长、副指挥长的前线指挥部，负责本辖区内脱贫攻坚任务落实。在村两委和驻村工作队的基础上，由县直单位主要负责人担任到村脱贫攻坚总队长，统筹到村各方力量，落实到村攻坚任务，形成了县乡一体、协调联动、合力攻坚、靠前指挥的责任落实体系，保证了脱贫攻坚政策和工作落到实处。渭源的实践证明，党的领导为脱贫攻坚提供了坚强的组织保障，是战胜贫困的制胜法宝。

（二）健全带贫机制是产业扶贫的核心要务

实践证明，发展扶贫产业是实现脱贫攻坚目标的治本之策，而创新产业带贫机制是实施产业扶贫的重点和难点。只有建立健全适合当地实际情况的带贫益贫机制，才能从根本上解决贫困户产业发展中遇到的技术、市场、资金、管理和信息等一系列瓶颈问题，才能把贫困户深度嵌入产业发展链条和环节上，真正实现企业、合作社、农户抱团发展，风险共担，利益共享。

（三）创新扶贫方式是激发动力的有效途径

渭源县通过采取产业（就业）奖补、设置公益性岗位、建设道德积美超市和开展文明户评选等一系列创新性举措，逐步培育贫困群众自我发展、自我管理的能力，最大限度地激发了贫困群众的脱贫内生动力，彻底摆脱了"脱贫—返贫—再扶贫"恶性循环的旧路子，实现了扶贫方式从"授之以鱼"到"授之以渔"的实质性转变。

（四）社会参与是打赢脱贫攻坚战的重要力量

实践证明，社会广泛参与是打赢打好脱贫攻坚战不可或缺的重要力量。脱贫攻坚以来，国务院扶贫办、福州市晋安区累计帮扶渭源扶贫资金3.38亿元，这些资金除了被用于改善基础设施条件、发展到村到户产业外，还被用于加强各方面人才的交流培养，以及新发展理念的引进、新技术的应用，为渭源县高质量打赢脱贫攻坚战、接续推进乡村振兴战略提供了智力支持和人才保障。

东风催放花千树，渭水举浪百舸流。渭源，汇聚着时代大爱与社会关注，发展成为脱贫攻坚的旗帜与鲜花交织辉映的热土，犹如一朵在江河中奔腾的浪花，见证着新时代改革大潮的风起云涌。乘着新时代浩荡东风，在以习近平同志为核心的党中央坚强领导下，在决战脱贫攻坚的嘹亮号角中，在决胜全面建成小康社会的阳光大道上，在乡村振兴的锦绣画卷里，35万勤劳朴实的渭河儿女，将会以更加坚定的信心和昂扬的斗志，奋力书写幸福美好新渭源的崭新篇章。

【专家点评】

　　山峰是用来攀登的，河流是用来跨越的。渭源县曾是国家级深度贫困县，经过上下干部与群众八年的不懈努力，成功探索出脱贫攻坚"渭源模式"，让昔日贫瘠的村落如今焕发出一派生机盎然的景象，获得了党和国家的高度认可。

　　渭源县脱贫攻坚的经验是十分鲜活的，更给人启迪。扶贫工作难，难在要实干，更要创新。渭源县在脱贫攻坚理论和实践等方面都作出了一系列创新性探索，体现了其真心实意为贫困户考虑，着眼于真正解决问题的扶贫理念。此外，渭源县十分注重"授人以渔"，不断激发贫困户的自身发展动力，确保了贫困户的可持续脱贫。

　　渭源脱贫攻坚故事还充分证明了广大农村党员干部蕴藏着极大的积极性、创造性。只要坚持党的初心和使命，全面贯彻党的政策，深入实际，转变作风，和农民群众同心聚力，就能以党建软实力带动经济硬增长，就能找到种种办法，克服管理混乱、资金短缺等发展中的困难，带领广大农民闯出一条致富路。

　　（点评专家：赵国祥，教授，博士生导师。现任河南师范大学党委书记，中国心理学会认定心理学家，享受国务院政府特殊津贴专家，十三届全国人大代表，第十届河南省委候补委员。兼任全国教育专业学位研究生教育指导委员会委员、教育部心理学科教学指导委员会委员、教育部高等学校学生心理健康教育专家指导委员会委员、教育部中小学生心理健康教育专家指导委员会委员、中国心理学会候任理事长、河南省心理学会理事长、河南省教育学会副会长。）

附录 1

重点指标变化情况

一　地区生产总值逐年增加

2020 年，全县完成地区生产总值 40.0811 亿元，较 2013 年增加 17.4817 亿元，呈现出良好的经济发展趋势（如图 1）。

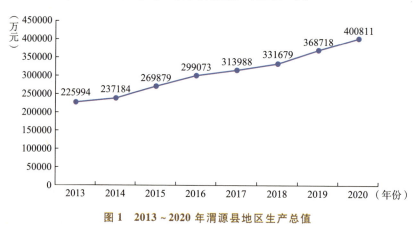

图 1　2013～2020 年渭源县地区生产总值

二　社会消费品零售总额将近翻番

2020 年，全县社会消费品零售总额达到 9.23 亿元，在 7 年时间内翻了将近一番，社会商品购买力以及零售市场规模扩大（如图 2）。

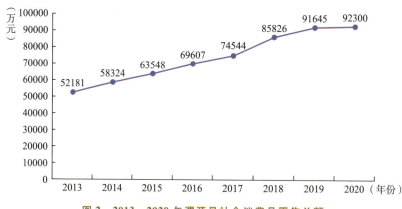

图 2　2013～2020 年渭源县社会消费品零售总额

三　城乡居民人均可支配收入逐年增加

2020 年，全县城镇与农村居民人均可支配收入分别是 2013 年的 1.71 倍与 2.18 倍（如图 3）。农村居民人均可支配收入增速明显高于城镇居民，在脱贫攻坚中农村居民生活水平的提升更为显著。

图 3　2013～2020 年渭源县城乡居民人均可支配收入

四　农业农村经济状况变化显著

1. 村镇建设

先后投入资金 1.96 亿元，全面解决了 217 个村镇的农户安全饮水问题，全面消除了农村危房，自然村动力电覆盖率、行政村有线宽带覆盖率均达到 100%。2013 年、2020 年渭源县自来水受益村、现有房屋面积、基建受益户数分别如图 4、图 5、图 6 所示。

2. 农林牧渔业

2020 年，全县农林牧渔业总产值达 196859 万元，其中农业产值175608 万元，林业产值 3507 万元，牧业产值 13751 万元，渔业产值 144 万元，农林牧渔服务业产值 3848 万元（如表 1）。农业、林业、农林牧渔服务业产值分别为 2013 年的 1.50 倍、1.83 倍、6.80 倍。农林牧渔服务业产值大幅增加，农业供给侧结构性改革取得成效，经济作物生产稳定，农业产业结构进一步优化，农业保持健康平稳发展。

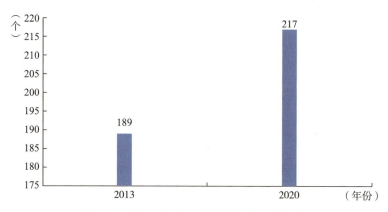

图 4　2013 年、2020 年渭源县自来水受益村

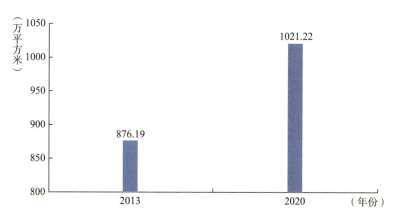

图 5　2013 年、2020 年渭源县村镇现有房屋面积

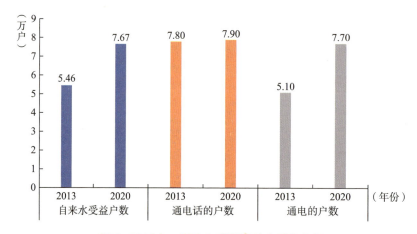

图 6　2013 年、2020 年渭源县基建受益户数

表1　2013年、2020年渭源县农林牧渔业产值情况

年份	农林牧渔业总产值	农业产值	林业产值	牧业产值	渔业产值	农林牧渔服务业产值
2013	139944	116865	1912	20325	274	566
2020	196859	175608	3507	13751	144	3848

3. 农村社会保障

2020年，全县享受"五保"的人数达到2248人，实现了应保尽保，妥善解决了困难群众的生产生活问题（如图7）。共落实城乡居民医疗保险个人缴费部分资助金839万元，实现了特困供养、孤儿、城乡低保、建档立卡贫困人口参保资助全覆盖；全年建档立卡人口住院合规费用报销比例达93.89%；1～12月，共落实建档立卡贫困户城乡居民医保住院待遇1.91万人次8274.29万元。

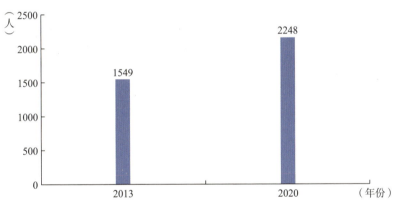

图7　2013年与2020年渭源县享受"五保"的人数

五　工业转型升级步伐加快

2020年，全县规模以上工业增加值为13200万元（如图8），增长速度3.5%。在规模以上工业产品方面，中成药产品成为贫困农户增加收入的重要来源，渭源县实现了由中药材生产大县向中医药产业强县的转型。

图 8　2015～2020 年渭源县工业增加值情况

六　人民生活水平大幅度提升

2020 年，全县机动车辆达到 5.59 万辆，其中消费型轿车 2.9 万辆（如图 9）；彩色电视机拥有率在农村和城镇都是 100%；城镇和农村居民电冰箱拥有率分别为 98%、65%，洗衣机拥有率分别为 100% 和 93%。15% 左右的城镇居民还拥有照相机、中高档乐器以及健身器材等新兴家庭耐用消费品（如图 10）。城乡居民家庭耐用消费品的拥有率和种类发生了巨大的变化，居民生活品质显著提高。

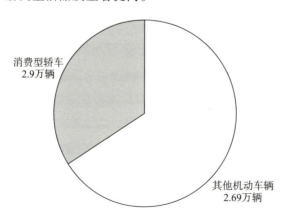

图 9　2020 年渭源县机动车辆情况

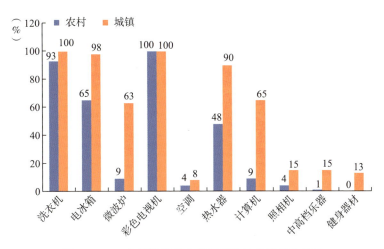

图10　2020年渭源县城乡居民耐用消费品拥有情况

附录2

渭源县脱贫攻坚大事记

2013年2月3日，习近平总书记亲临渭源县视察，作出了"让我们一块儿努力，把日子越过越红火"的重要指示。

2014年6月，渭源县扶贫开发领导小组印发《渭源县2013年度扶贫对象建档立卡工作实施方案》，开启了新一轮识贫甄贫工作，全县共识别建档立卡贫困人口10.23万人，贫困村109个。

2016年10月，中央农村工作领导小组副组长袁纯清一行赴渭源县调研指导工作。

2018年3月，中共中央政治局委员、国务院副总理胡春华赴渭源县调研脱贫攻坚工作，召开座谈会并讲话。

2018年至2019年，在全省贫困县党委政府扶贫开发成效考核中，渭源县连续两年被评为"好"等次。

2019年5月，甘肃省深度贫困地区脱贫攻坚现场推进会在渭源县召开。

2020 年 1 月，甘肃省脱贫攻坚领导小组委托河南财经政法大学评估团队对渭源县整县退出摘帽情况进行评估。

2020 年 3 月，甘肃省人民政府发布公告，宣布渭源县退出贫困县序列。

2020 年 6 月，渭源县顺利通过国家贫困县退出验收评估检查。

2020 年 10 月，渭源县获评全国脱贫攻坚组织创新奖。

2021 年 1 月，渭源县被确定为全国脱贫攻坚交流基地。

情系源头不负嘱托　躬身帮扶喜结硕果

——国务院扶贫办定点扶贫纪实

摘　要：自2015年8月渭源县被确定为国务院扶贫办定点扶贫县以来，国务院扶贫办始终坚持"解困、扶本、造血"帮扶思路，不遗余力，真帮实扶，抓整改、育产业、合力量、搞培训、创机制、推典型，指导渭源县积极创新，探索建立长效防返贫机制，在扶贫的组织模式、实践路径等方面实现突破，形成富有本土特色、行之有效的经验做法，取得了脱贫攻坚的历史性成就。这些实践不仅为当地贫困群众转变思维，主动脱贫致富提供保障，也是中国精准扶贫经验的重要组成部分。

关键词：国务院扶贫办　定点帮扶　脱贫攻坚

再高的山，也挡不住心连心的浓浓真情；再远的路，也割不断党和群众的一家亲。走进今日的渭源，产业兴、百姓富、生态美、人民幸福指数高……未来，渭源致富之路将越走越宽。今昔巨变，承载着渭河儿女砥砺奋进的脚步！渭河源头的每一处山水和每一座村落都布满了定点扶贫的印记。

2015年8月，渭源县被确定为国务院扶贫办定点扶贫县之一。国务院扶贫办牢记习近平总书记嘱托，始终坚持"解困、扶本、造血"的帮扶思路，不遗余力，真帮实扶，与35万渭河儿女携手奋进，使得渭源脱贫攻坚取得决定性进展。5年来，累计投入定点帮扶资金1.5亿元左右（如图1），建成帮扶项目90多个，助力消费扶贫676万元，开展各类培训班60期7564人次，引进投资5.2亿元的大型产业扶贫项目3个。国务院扶贫办对渭源的帮扶实践结出了丰硕的脱贫果实，全县基础条件明显改善，产业发展起步扬帆，经济发展明显加快，农村面貌焕然一新，脱贫攻坚制度体系巩固完善。

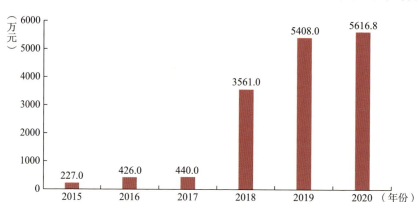

图 1　2015～2020 年国务院扶贫办对渭源投入定点帮扶资金情况

2020 年 3 月，渭源县实现整县脱贫摘帽，135 个贫困村全部退出，10.24 万建档立卡贫困人口全部脱贫，连续两年被甘肃省委、省政府考核评定为"好"等次。从"苦瘠甲天下"的一个深度贫困县，到荣膺"2020 年全国脱贫攻坚奖组织创新奖"，再到被选定为全国脱贫攻坚交流基地，这些成绩是习近平总书记扶贫开发重要论述在深度贫困地区的生动实践，是国务院扶贫办对渭源县真帮实扶结下的累累硕果。渭源县脱贫攻坚之路的里程碑上，永远镌刻着国务院扶贫办对渭源县人民殚智竭力的帮扶。

一　心系源头，凝聚强大合力促脱贫

"确保到 2020 年我国现行标准下农村贫困人口实现脱贫"，这是中国共产党作出的庄严承诺。国务院扶贫办本着"不获全胜决不收兵"的决心和韧劲，坚决主动扛起政治责任，率先示范、躬身入局，统筹谋划定点扶贫工作，携手渭源干部群众向贫困宣战，持续五年的接力攻坚战徐徐展开。

（一）坚持高位谋划推动

初心如磐，使命如山；脱贫攻坚，任重道远；造福群众，时不我待。国务院扶贫办始终把定点扶贫当成"自家的事"和"分内的事"，将渭源县脱贫攻坚放在心中、扛在肩上，成立国务院扶贫办定点扶贫工作领导小组，确定由开发指导司直接对接渭源县，实行"集团式"帮扶，指导研判形势，分析致贫原因，精准发力，亲力亲为，把脱贫攻坚摆在首要位置，形成了全方位、多领域助推的组织格局。

（二）坚持深入一线推动

五年来，国务院扶贫办以"不破楼兰终不还"的决心，扎实推进渭源脱贫攻坚。刘永富同志先后 4 次到渭源调研指导扶贫工作，亲自主持召开定点扶贫现场推进会，推动定点扶贫工作全面落实，先后组织 56 批次 259 名干部赴渭源开展常态化调研，强化定点扶贫责任，坚持把政策指导与试点示范相结合，为全国提供可复制可推广的"渭源模式"。尤其是选派的 3 批 6 名挂职干部，克服重重困难，勇挑重担，情系渭源，扎根渭源，倾情倾智，甘于奉献，在渭源脱贫攻坚史册上书写了浓墨重彩的一笔，得到了渭源干部群众的一致好评和由衷感谢，先后有 4 名同志受到甘肃省脱贫攻坚领导小组的表彰，渭源县委挂职副书记刘胜安同志更是荣获全国脱贫攻坚先进个人奖。他们以渭源为家，深入田间地头，走进农家院落，访民生、问需求、谋对策，只为贫困群众过上好日子。"来挂职的胜安书记既像一位老师，更像一位大哥。在他身上，我看到了沉甸甸的担当和责任，看到了为人民谋幸福、为合作社谋出路、为渭源县下一步乡村振兴谋发展的一片赤诚热心，2021 年他们挂职期满了，真舍不得让他们回"，会川镇干乍村党支部书记乔建强如是说。

图 2　渭源县委挂职副书记刘胜安同志下乡督查工作

（三）坚持任务落实推动

脱贫攻坚要有久久为功的韧性，更需一步一个脚印的耐力。国务院扶贫办与渭源县逐年签订定点帮扶责任书，制定工作要点和年度工作计划，明确重点任务，确定责任分工，全面落实"六大任务"。通过定期建档立卡数据比对分析、邀请第三方预评估、定点扶贫项目定期督促落实整改等机制措施，紧扣扶贫政策问诊把脉、建言献策、引智引资，确保了渭源脱贫攻坚方向不偏离、政策落实不走样。

二　聚焦核心，培育壮大产业拔穷根

习近平总书记指出："产业扶贫是最直接、最有效的办法，也是增强贫困地区造血功能、帮助群众就地就业的长远之计。"攻坚，先从硬骨头啃起。几年来，国务院扶贫办始终坚持把产业扶贫作为稳定脱贫的根本之策，因地制宜、主体引领，大力培育带贫减贫产业，富民产业在渭水源头结出喜人硕果。

（一）引进带贫主体，让脱贫有了后劲

产业扶贫，是拓展脱贫攻坚成果的根本之策和长远之计。国务院扶贫办先后协调引进北京德青源公司、天津红日集团和云南禾韵花卉公司在渭源建设重大产业扶贫项目（基地），投资达到 5.2 亿元，直接或间接带动 7000 多名建档立卡人口增收脱贫。金鸡扶贫项目依托"369"扶贫模式运营，以资产收益扶贫的方式带动全县 9131 户产业未达标贫困户分红 876 万元，其余收益作为 217 个村的村集体经济收入，每村年获收益 5 万元，设置 3100 个公益性岗位。村集体经济收入的扩大为村级党组织注入了活力，为进一步推进群众自治、形成有机的基层治理体系提供了可能。

（二）壮大扶贫产业，让致富有了奔头

产业扶贫重在使群众受益，难在持续稳定。国务院扶贫办指导渭源县始终坚持将产业扶贫作为实现脱贫的治本之策，先后协调天津农总行、福州基金会及各相关爱心企业、碧桂园集团、太平洋集团捐赠资金 1.2 亿元，

图 3　红红火火的花卉产业

实施马铃薯基地共建、养殖联合社共建、中药材追溯系统等基础特色产业项目，辐射建成了光伏电站、中蜂养殖、胡麻油加工、食用菌种植、旅游扶贫等新兴产业扶贫试点示范项目，带动 3.6 万户贫困户参与产业扶贫种养殖项目，户均收益达到 1.5 万元以上，农户在家门口也尝到了产业致富的甜头。

（三）推动消费扶贫，让产业有了新力

国务院扶贫办充分发挥协调优势，坚持线下线上相结合，探索出"互联网＋社会扶贫网＋消费扶贫"新模式，让"土货"插上电商"翅膀"。在"i 生活"平台开辟了"渭源特色馆"板块，在阿里巴巴天猫商城开设了渭源原产地商品旗舰店，协调食用菌、金丝皇菊、土蜂蜜、中药材、羊肉、粉皮等农特产品线上电商公益平台，将县内信用良好、经验丰富、管理规范、带贫能力强的 33 家企业 60 种扶贫产品录入全国消费扶贫数据库系统，进一步提升了渭源县特色农产品品牌的知名度和影响力，拓宽了渭源农特产品外销渠道，增加了贫困人口收入。利用网红直播带货、平安集团采购、巾帼扶贫馆购销等方式，使得渭源县农特产品累计销售额达到 676 万元。面对受疫情影响农产品销售滞缓问题，国务院扶贫办定向采购鲜百合 205 箱、马铃薯 31 吨，无偿捐赠湖北支援抗疫。武汉市同仁医院回信以表感谢："我们被同时打好疫情防控和脱贫攻坚战两场硬仗精神深深感动，也坚定了我们彻底打赢疫情防控阻击战的信心，有全国人民支持，我们坚信能打赢。"

三 补齐短板，提升社会扶贫质量

让渭源群众告别贫苦，过上幸福的生活，始终是国务院扶贫办定点扶贫的目标。一人难挑千斤担，万人能移万重山。国务院扶贫办发挥帮扶合力，动员各方力量累计投入帮扶资金及物资 1.54 亿元，着力构建多层次、全领域大帮扶格局。

（一）教育扶贫点亮新希望

针对渭源教育存在的基础设施差、教学设备短缺、师资力量薄弱等"痼疾"，国务院扶贫办对接中国扶贫基金会、中国扶贫开发协会等组织机构持续发力进行教育扶贫。"爱心包裹"、"暖冬行动"、"爱心厨房"、"高中自强班"与"红旗梦想教室"等项目持续落地，衔接"百年职校"累计招收建档立卡贫困学生 100 名，并为其减免学费、生活费、各类学杂费，有力地支持了渭源县教育发展。

图 4 爱心包裹发放现场

（二）健康扶贫让百姓看病不再难

没有全民健康，就没有全面小康。脱贫攻坚，医疗保障是关键。国务院扶贫办先后组织实施"光明扶贫"、"强直性脊柱炎"、"加油木兰"与"母亲健康快车"等项目，使得受益群众达 4.2 万人，并通过"共创医保"项目，创新"市场消费＋医疗保险"模式，切实减轻了贫困户医疗负担。

图5　红旗梦想教室落地麻家集中学

（三）就业扶贫让乡村充满活力

就业是最大的民生。国务院扶贫办指导渭源县运用"爱心理发员"培训项目，设立公益性岗位217个。同时，建成扶贫车间4个，吸纳贫困群众就近就业260人，年人均获得收入6000元。此外，还持续跟踪百年职校发展做好渭源毕业生就业安排工作。

四　"造血"扶贫，增强群众发展内力

授之以鱼，不如授之以渔。只有将扶贫同扶志、扶智相结合，才能激发贫困群众脱贫致富的积极性、主动性、创造性。国务院扶贫办协调相关部门，邀请有关专家，采用"走出去"、"请进来"与"视频云"等方式，举办各级培训班60期，带动县、乡、村7564人，涵盖"一县一品"、"光伏扶贫"、"金融扶贫"、"创业致富带头人示范培训"、"优秀村支书培训"、"基层干部能力提升培训"与"农村实用技术及就业技能培训"等项目。来自路园镇盛家坪的王随心，在参加"爱心理发员技能就业培训"后，手中剪刀飞舞，一会儿就给村里的老人变了个样。"现在好了，学出来以后，村上给安排了公益性岗位，既能照看上家里，还能给村里的人搞搞服务，挣点外快，

现在每个月能拿600多元的工资，以后会越来越好的"，王随心高兴地说。

通过开展针对性的培训，渭源县夯实产业发展基础，提升了项目执行能力，增强了贫困群众"造血"机能。多样化的扶志扶智措施使贫困户劳动力熟练掌握了一技之长，激发了贫困户的内生动力，使贫困户真正靠技术和辛勤劳动脱贫致富，助力群体性的脱贫攻坚。与此同时，国务院扶贫办指导渭源县成功申办国家级"2018年中药材产业扶贫论坛"，现场签约金额达1.3亿元；积极开发信息共建平台，2017年率先在渭源开展中国社会扶贫网试点工作，累计对接爱心需求550次，金额达14.7万元；指导整改渭源县建档立卡突出问题累计10575条，数据质量居全市第一，实现"零漏评、零错退"；2019年开发建设"渭源县光伏村级电站收益管理平台"，更好地实现了对光伏扶贫电站的运维监督及收益分配使用的实时监管。

五　着眼长远，创新发展模式谋新篇

扶贫，也需创新。解实难，更要谋长远。国务院扶贫办坚持把政策指导与试点示范相结合，培育多元化农村产业融合主体，探索建立多形式利益联结机制，创新定点扶贫措施和方法，组织开展试点示范，及时总结渭源脱贫攻坚典型经验，为全国脱贫攻坚提供可参考的"渭源方案"。产业扶贫、就业扶贫、移民扶贫、金融扶贫、教育扶贫、健康扶贫、电商扶贫、社会扶贫……在精准扶贫、精准脱贫基本方略的统领下，形成了一系列脱贫创新实践，并在渭源大地蓬勃展开，全国有一百多个县来渭源考察学习脱贫攻坚先进经验和做法。

贫困村是脱贫攻坚的重要阵地，也是脱贫攻坚最薄弱的一环。国务院扶贫办在渭源县积极开展贫困村集体经济分配使用试点示范，制定《渭源县村集体经济分配使用实施方案》，将光伏电站发电、资产收益扶贫等形成的村集体经济收入按照"四议两公开"的民主决策程序用于设立村级公益性岗位，安排贫困户通过劳动获取报酬，既解决了村上"无钱办事"的问题，又解决了"一股了之、一发了之"的问题。通过开展勤劳致富、热心公益、尊老爱幼、环境卫生等星级文明户评选、党建优秀村评选，用表现换积分，用积分换商品，构建了文明乡风，解决了贫困群众内生动力不足、村级公益性岗位虚设等问题。

让群众积极参与产业发展是一项长久之计。国务院扶贫办指导渭源县构建"五统一分"（统一规划地块、统一开展培训、统一提供良种和农资、统一技术管理、统一产销对接和分户生产经营受益）的带贫参与机制和"三保底再分红"（保贫困户最低收入、保底价收购、保证补贴资金变股金循环成本，合作社盈余按股权分配和交易量分红）的管理分配机制，使全县2.1万户贫困户全面参与产业发展和收益分配；指导合作社成立合作联社，在羔羊屠宰、胡麻油加工、马铃薯分级包装等生产加工环节中，不断提升产品附加值，结合消费扶贫拓宽市场销售渠道，实现一、二、三产业融合发展，切实解决了产业扶贫存在的"一发了之""养懒汉"等问题。

脱贫更要防止返贫。"防贫险"在助力脱贫攻坚的同时，更加注重巩固脱贫攻坚成果。针对渭源县贫困人口存量较大，贫困人口抗风险能力差，农户易因病、因学、因灾出现致贫、返贫问题，国务院扶贫办帮助引进太平洋保险公司，构建"全面覆盖、具体监测、精准防贫"的大防贫格局，通过政府出资、市场化运作的方式建立"防贫险"精准扶持机制，从源头上筑起返贫"截流闸"和"拦水坝"。2020年底，渭源县已建立460万元"防贫险"基金，对144户因学、因病、因灾达到预警监测线的农户给予保险赔偿，有效防止了返贫和致贫问题的发生。

带着光荣的使命，带着神圣的责任，带着深厚的情感，驻村帮扶工作队走进了渭源的千家万户，也走进了老百姓的心田。国务院扶贫办指导渭源县建立脱贫攻坚总队长制，由县级领导和县直部门主要负责人担任贫困村脱贫攻坚总队长，统筹驻村工作队、帮扶责任人、村"两委"和乡镇帮扶干部，靠监督抓脱贫攻坚各项政策和工作的落实，解决了脱贫攻坚责任落实"最后一公里"问题。

产业发展，最大的难题是销路。国务院扶贫办引进今日头条"快乐三农"项目组，与渭源县合作探索开展电商扶贫，利用市场资源培育渭源县本地"网红"25名，通过"网红"带货帮助销售合作社和贫困户农产品，并与渭源县养殖、中药材、马铃薯等相关公司达成合作意向和协议，发布的万条图文视频已形成了3亿多的传播量。通过"卖家代缴制"建立补充医疗保险，进一步减轻贫困户医疗负担，通过日常消费获得医保积分进行二次报销，已动员78家店铺加入"共创"。

"山美水魅空气清，饭香菜鲜农家乐。"国务院扶贫办结合渭源生态旅游资源禀赋，与中国扶贫基金会合作，在渭源县罗家磨村开展"百美村宿"乡村旅游扶贫试点示范项目，引进新的经营理念和新业态。同时，成立罗家磨村旅游扶贫合作社，组织农户开展住宿、餐饮、旅游产品开发等活动，让更多的农户特别是贫困户参与到旅游扶贫产业中来，逐步提高农户旅游产业发展能力，促进旅游消费，稳步增加农户收入。

筑梦青山绿水间，美丽乡村展笑颜。五年来的倾力帮扶，让脱贫蓝图变现实，使振兴愿景成实景。依托一项项承载脱贫致富的产业项目、一个个改善民生福祉的工作举措，渭水源头发展的美丽画卷越发鲜艳，农户的幸福底色也日益彰显。

脱贫摘帽不是终点，全面小康才是目标。在充满希望的春天，党的十九届五中全会开启了全面建设社会主义现代化国家的新征程，擘画了未来发展的美好蓝图。承载着总书记的殷殷嘱托，国务院扶贫办指导下的渭源县，正朝着产业兴旺、生态宜居、乡风文明、治理有效、生活富裕的小康生活目标阔步奋进！

【专家点评】

2020年是我国脱贫攻坚战的收官之年，占世界人口五分之一的中国首次消除绝对贫困。国务院扶贫办坚定履行全面脱贫的承诺，坚持开发式扶贫方针，有的放矢地指导渭源县实施益贫开发战略，全面落实相关政策，帮助渭源找到适宜的发展范式。在对渭源县进行定点帮扶时，国务院扶贫办坚持理论联系实际，以上率下，派遣挂职干部深入一线，完善责任体系，积极引进项目，广泛动员社会力量，构建了全覆盖、多领域的大扶贫格局。产业扶贫因地制宜，赋予渭源自我发展能力；教育扶贫扶智又扶志，授人以渔；消费扶贫调动贫困人口积极性，助力群众增收致富；健康扶贫破解因病致贫难题……各项扶贫举措的组合有力支撑了渭源县创建减贫机制，着眼于未来发展，提升渭源人民的生活质量与幸福指数，切实推动脱贫攻坚与乡村振兴的平稳衔接，为国家巩固脱贫攻坚成效、接续解决相对贫困问题、建立防返贫长效机制提供重要参考，对世界减贫事业作出积极努力。

（**点评专家**：李俊杰，管理学博士，教授，博士生导师，现任北方民族大学校长，2014年入选国家百千万人才工程、被评为有突出贡献中青年专家，享受国务院政府特殊津贴。）

附　录

国务院扶贫办定点帮扶渭源县大事记

2015年8月，渭源县被确定为国务院扶贫办定点帮扶县。

2015年9月，国务院扶贫办选派开发指导司副处长张婉婷赴渭源挂职，任田家河乡元古堆村第一书记。2016年6月，调整为香卜路村第一书记。

2016年2月，国务院扶贫办选派发展中心产业扶贫处处长李慧赴渭源县挂职，任县委常委、县政府副县长。

2017年7月，国务院扶贫办选派开发指导司干部李茂林接替张婉婷，任田家河乡香卜路村第一书记。

2018年1月，国务院扶贫办党组书记、主任刘永富赴渭源县调研指导工作。

2018年3月，国务院扶贫办选派全国扶贫宣传教育中心宣传合作处副处长张显峰接替李慧，挂任县委常委、县政府副县长。

2018年7月，渭源县委书记吉秀同志赴国务院扶贫办汇报工作。

2018年12月，国务院扶贫办增派规划财务司专项处处长刘胜安赴渭源县挂职，任县委副书记。

2019年2月，中央纪委国家监委驻农业农村部纪检监察组组长吴清海等一行6人，赴渭源县调研指导工作。

2019年8月，国务院扶贫办在渭源县举办定点扶贫工作推进会，刘永富主任出席会议并讲话。

2019年9月，国务院扶贫办选派扶贫发展中心主任科员门冰接替李茂林，任田家河香卜路村第一书记。

2020年5月，定西市人大常委会副主任、渭源县委书记吉秀赴贵州省雷山县参加国务院扶贫办2020年定点扶贫现场推进会。

渭源所需　晋安所能

——东西部扶贫协作纪实

摘　要： 为贯彻落实国家东西部扶贫协作战略，福州市晋安区携手帮扶甘肃省渭源县，突破传统思维，积极打造扶贫产业，利用扶贫车间促进贫困户就业，全面建立扶贫产业带贫机制，大幅提升人民生活水平。两地政府相关部门主动担责，将资金用在"刀刃"上，"扶志扶智"同时并进，产业扶贫、劳务协作、消费扶贫、人才交流多点发力，激发渭源县的内生发展动力。

关键词： 晋渭合力攻坚　东西部扶贫协作　对口帮扶

一　引言

2016 年 12 月，中共中央办公厅、国务院办公厅印发《关于进一步加强东西部扶贫协作工作的指导意见》，随即，福州晋安区和定西渭源县两个相距千里的区县确定了扶贫协作关系。

四年来，晋渭两地深入学习贯彻习近平总书记在东西部扶贫协作座谈会上的重要讲话精神，在省市党委、政府的坚强领导下，按照福州·定西"456"扶贫协作模式（四个基本原则：党委领导、社会广泛参与，精准聚焦、提高帮扶成效，优势互补、实现合作共赢，群众主体、激发内生动力；五项内容：产业合作、劳务协作、人才支援、资金支持、社会力量参与；六大协作机制：组织领导、联席会议、结对帮扶、挂职交流、典型培育、考核评估），把"中央要求、渭源所需、晋安所能"紧密结合起来，推动东西部全方位、高层次、多领域协作发展，携手谱写东西部扶贫协作的动人乐章。

二　主要做法及成效

（一）以组织保障为切入点，健全协作运行保障机制

晋渭两地党委、政府坚决贯彻党中央决策部署，建立互访机制，开展经常性互访考察，重点就帮扶工作计划和高效开展东西部扶贫协作进行衔接沟通，开展互访对接 26 次，签订"1＋5"框架合作协议，确保东西部扶贫协作工作全面落实；成立县（区）东西部扶贫协作领导小组，统筹推进晋渭东西部扶贫协作，互派党政干部挂职交流，专门负责对接东西部扶贫协作工作。

图 1　定西市人大常委会副主任、渭源县委书记吉秀与晋安区委书记张定锋座谈

（二）以增强发展本领为根本点，全方位开展人才交流

晋渭两地高度重视人才培养和公共服务保障能力提升，采用资金支持、物资资助、人员培训、学术交流等方式，努力打造一支有学识、能创新、敢担当的人才队伍。

1. 加强党政人才交流

四年来，渭源县先后举办党政干部能力提升培训班 8 期，培训党政干部 927 名；选派 28 名农村电商管理人员赴晋安区参加电商培训；选派 90 名党政干部参加了"双招双引、对标福州"人才培训班。

2. 加强专技人才交流

四年来，渭源县先后选派 54 名医务人员赴福州市及晋安区医院参加进修培训，组织 236 名教师赴晋安区学校观摩学习，提升教学能力；晋安区选派 6 名金融、农业、人力资源等方面的专业技术人才及 56 名医护人员、27 名优秀骨干教师到渭源挂职交流；晋安区选派专家团队赴渭培训专业技术人员 3412 人次，开展医疗卫生对口帮扶工作，协助指导渭源县人民医院建设重症医学科、精神医学科，提升渭源县医疗服务能力，提供帮扶资金 120 万元，用于购置医疗急救设备，解决渭源医疗设备短缺问题；渭源县引进东部重症医学科（ICU）、食用菌种植、惠农资金网等先进技术 9 项，有效促进两地观念互通、思路互动、方法互学、作风互鉴。

图 2　晋安区支教教师丁远峰作示范课展示

（三）以强化资金支持为支撑点，建立投入逐年增长机制

福州市及晋安区通过加大财政统筹力度，多方组织动员社会力量积极捐资提供帮扶，逐年加大对渭源县的投入，先后投入财政帮扶资金 1.5 亿

元、社会帮扶资金及捐物折价 5130.23 万元，主要用于支持渭源县村级光伏电站、食用菌种植、花卉产业以及教育、卫生事业的发展。

图 3　工人分拣包装待售香菇

图 4　渭源县上湾镇南谷玫瑰园

（四）以优化产业发展为关键点，夯实助农稳定增收措施

晋安区坚持把产业扶贫作为实现脱贫的治本之策，立足渭源实际，因地制宜，采取"企业＋合作社＋基地＋农户"等模式，积极培育当地富民产业，拓宽贫困群众增收渠道。

1. 加大产业扶持

聚力"两不愁、三保障"和残疾人脱贫。四年间，共投入财政帮扶资金 13052.6 万元，大力发展食用菌、花卉、蔬菜种植加工以及良种兔养殖、残疾人种养业、金鸡扶贫产业等扶贫产业项目，有效带动贫困村集体经济和贫困户稳定增收。

2. 积极引进企业

先后引进 9 家企业在渭源县落地注册，实际完成投资 11165.97 万元，发展家纺、服装加工、食用菌种植、良种兔养殖和中药材收购加工等带贫增收产业，吸纳 371 名建档立卡贫困人员就近务工，带动建档立卡贫困户3058 人通过参与生产和利益联结机制实现增收。

3. 开展消费扶贫

晋安区帮助渭源县在福州市设立 3 处渭源农特馆，帮助渭源直销其农特产品。截至 2020 年底，全县消费扶贫总额累计达到 14869.19 万元，带动建档立卡贫困户 2426 户 8854 人。

图 5　渭源县在晋安区建设的农特馆

图 6　渭源衡顺堂药业参加消费扶贫展销活动

（五）以劳务协作为着力点，拓宽就业增收渠道

晋渭两地按照精准对接、稳定就业目标，提高渭源县劳务输出组织化程度，带动贫困群众稳定增收。通过举办"腊月行动""春风行动"等东西部扶贫协作劳务输转大型招聘洽谈会、晋安区重点企业进乡镇专场招聘会和推动福州企事业单位招考渭源籍相关人员等形式，共同搭建劳务输转平台，开展精准、精细、精微一站式劳务输转便民服务，为务工人员提供就业保障。

四年间，渭源共向福州市晋安区组织输转劳动力 2617 人次，输送 29 名渭源籍贫困学生到福州市职业技术学院学习，25 名渭源籍大学生被晋安区企事业单位招录实现稳定就业。为保障务工人员的切身利益，晋渭两地制定出台了《渭源县就业扶贫奖补办法》与《晋安区进一步做好与定西市渭源县劳务对接实施意见》，进一步细化了晋渭劳务协作对接帮扶政策，保证了各项政策的有效兑现。

（六）以社会帮扶为结合点，携手助力脱贫共奔小康

积极引导社会力量参与，持续深化携手奔小康行动，形成多元参与、携手共进的扶贫协作格局。福州市及晋安区各界积极捐款，社会帮扶资金

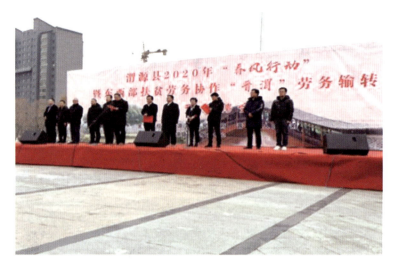

图7　组织召开"晋渭"劳务输转招聘会

达 3563.36 万元，物资折价共计 1565.76 万元，都被用于发展渭源县教育、卫生公益事业及扶贫产业。晋安区 9 个乡镇（街道）与渭源县 16 个乡镇实现乡镇结对帮扶全覆盖；结成村村帮扶对子 88 个、村企帮扶对子 36 个、社会组织帮扶对子 7 个；结成学校帮扶对子 27 个，医院结对帮扶对子 7 个。特别是新冠肺炎疫情发生后，晋安区积极向渭源县捐赠防疫资金 142 万元和医用口罩、防护服等医疗防护物资 10.33 万元，为渭源打赢疫情防控阻击战和复工复产提供强力支持。

三　经验启示

晋安渭源两地党委政府时刻把总书记的嘱托牢记在心，大力弘扬福州"马上就办、真抓实干"精神和定西"三苦"精神，跨越万水千山，倾注无疆大爱，携手合力攻坚。

（一）责任扛在肩上

晋安区领导刘卓群、张定峰、林涛、魏晓辉和渭源县领导吉秀、蔺红军等切实把责任扛在肩上、把工作抓在手上，积极互访对接，全面真帮实扶。特别是晋安区将对口帮扶当成"分内事"，发动乡镇（街道）、单位和企业等社会力量共同参与晋渭东西部扶贫协作，全面开启携手奔小康行动。

"晋渭东西部扶贫协作工作开展以来，晋安区充分发挥自身优势，在人才交流、资金使用、产业合作、劳务输转等方面与渭源县开展全方位、多层次、宽领域交流协作，助力渭源县实现整县脱贫摘帽目标，并即将全面建成小康社会"，定西市人大常委会副主任、渭源县委书记吉秀在晋渭东西部扶贫协作工作联席会上对晋安区的真情帮扶做出了最高评价。晋安区委书记张定锋表示，"希望晋渭继续加强沟通交流，使东西部扶贫协作的路子越走越宽广，携手开创晋渭友好合作新局面、发展新篇章"。

（二）资金用在刀刃上

东西部扶贫协作，离不开强有力的资金扶持。为了将每一笔帮扶资金用到刀刃上，聚焦"两不愁、三保障"，渭源县先后制定印发了《渭源县东西部扶贫协作资金管理使用办法》《渭源县东西部扶贫协作资金使用管理实施细则》，严格将所有帮扶资金精准用于贫困村、建档立卡贫困人口，充分发挥了资金带贫益贫效益。四年来，累计实施东西部协作帮扶项目67个，主要用于支持渭源县村级光伏电站、食用菌种植、花卉产业以及教育、卫生事业的发展。投入帮扶资金6640.6万元，发展食用菌、花卉、种养殖等扶贫产业项目带动1360户5720人稳定增收；投入3530万元援建的贫困村村级光伏电站，带动135个贫困村集体经济和3957户贫困户稳定增收；投入2639万元建设的28个扶贫车间，可吸纳732人就近务工。

（三）改善"造血"机制

为使帮扶工作更加深入，晋安区选派各领域素质高、能力强、技术硬的"精准"人才队伍赶赴渭源县，在全县各行业一线开展帮扶工作。

1. 党政干部挂职

2017年以来，晋安区前后共选派沈建文、林柳强、陈振亮、陈林、施福滨5名优秀党政干部在渭源县政府和县扶贫办挂职指导工作，选派陈冰、高鹰、江朝清、林礼明、魏文庆5名优秀管理人员赴渭源县金融办、商务局、农业农村局、融媒体中心、劳务中心等单位挂职开展帮扶工作；渭源县先后选派王嵘、何晓云、康学斌、郭凯、李岩、谢学森、杨小龙、纪燕玲等同志到晋安区挂职学习，为渭源县各级党政领导干部带来了"马上就办、真抓实干"精神和全新的思维观念和管理理念。

2. 医疗分队帮扶

晋安区选派优秀医疗卫生人才分赴渭源县医院、县中医院支医，为当地群众现场诊疗，并就县、乡两级医疗机构提升管理水平、培养医疗骨干建言献策，帮助渭源县医院建设了重症医学科和精神科。在提高渭源县医疗队伍业务能力方面，开展技术交流、讲课培训活动，晋安区支医人员对急危重病例进行联合查房，制定诊治方案，对急救药品、急救出诊箱管理进行指导，规范院前急救工作流程；渭源县安排当地骨干医务人员到福州市及晋安区医院进修学习，确保支医人员离开后当地医生能接手。渭源县人民医院医务部部长马学文说："在晋安区的帮助下，县医院重症医学科和精神科的建成，填补了渭源县 ICU 和精神科疾病治疗的空白。通过'输血和造血'的培养，为我院培养了一支'带不走'的医疗队伍。"

3. 优秀教师支教

晋安区选派优秀教师、学科带头人赴渭源开展送教助学支教活动，渭源县安排当地骨干教师到晋安区学校跟班学习，为全县发展教育事业带来新理念、新思路。在渭源县幼儿园支教的丁远锋老师，爱岗敬业，专业素养高，深受幼儿和教师的喜爱。渭源县幼儿园园长白晓芸说："丁老师专业水平很高，通过示范课的交流学习，有效地提高了全园教育教学水平，一个人点燃了一所幼儿园的激情。"

4. 人才队伍培养

晋安区通过专题培训、跟班学习等方式，为渭源县培训各类人才 1379 名。特别是在晋安区举办的 3 期"渭源县党政干部脱贫能力提升培训班"，渭源县共 187 名党政干部参加，培训后他们在转变观念、开阔视野、提升能力等方面获益匪浅。

（四）产业扶贫带出新气象

产业发展是脱贫攻坚的强力"助推器"。四年来，晋渭两地始终坚持将产业扶贫作为实现脱贫的治本之策，充分挖掘渭源县产业资源，形成了特色优势产业主导、新兴产业补充的产业发展格局。

一方面，渭源县通过农光互补兴产业，走上绿色农业发展之路。四年共投入东西部扶贫协作帮扶资金1.3亿元发展富民产业，占总帮扶资金的80%以上，大力发展村级光伏电站、食用菌、花卉、蔬菜种植加工、劳务输转、农业保险等扶贫带动产业项目。

另一方面，渭源县还依托扶贫车间助力群众增收致富。渭源县乘着东西部扶贫协作的东风，抢抓机遇建成扶贫车间发展产业，并为周边的贫困户提供岗位，吸纳他们到车间就业，为他们提供致富新门路，使他们从此有了适合自己的"铁饭碗"。

（五）输转一人富裕一家

围绕精准对接、稳定就业，渭源县坚持扶贫必扶智，动员企业积极参与带动贫困群众稳定增收。对接东西部协作地区16家企业，并将其建设成为劳务基地，积极动员贫困劳动力赴福州晋安区等地转移就业。晋安区拨付专项资金，在晋安区挂牌成立了渭源县驻晋安区劳务工作站，开展一站式劳务输转便民服务，让输转人员如沐春风、宾至如归。

为了提升稳岗率，机制保障成为制胜法宝。晋安区坚持政策扶持、党建先行，从机制上有效保障务工人员的权益，2018年6月29日成立晋安区渭源流动务工人员党支部，让渭源务工人员在福州有了自己的"娘家"，这在福州尚属首创。在晋安人社局挂职副局长的谢学森，是这个党支部的第一任书记。"流动党支部成立后，渭源务工人员都说他们在福州有了'娘家'"，谢学森说，"不管是工作岗位不适岗，还是语言沟通不方便，或者是生活上有什么难处，老乡们都有了可以沟通的地方，有了归属感和幸福感，感觉生活越来越有奔头。"

（六）促进消费扶贫多元化

渭源投入东西协作帮扶资金建设农产品宣传推介运营中心和消费扶贫生活馆项目，对消费扶贫效益好的经营主体给予奖补，充分发挥消费扶贫在助力产业发展中的重要作用。

渭源建设农特产品包装消费扶贫车间，注册"渭货出山"与"品渭"商标品牌，在晋安区成立福州市鑫晋渭贸易有限公司，建设了3个渭源农特馆，通过建立交易平台，帮助推动渭源县中药材、马铃薯制品、牛羊肉、胡麻油、百合等30多种农特产品销往福州。

（七）携手搭起连心桥

晋渭两地坚持多方参与，形成强大合力，社会组织参与扶贫协作蔚然成风。在"携手共奔小康"的大潮中，晋安区乃至福州市企业家纷纷来到渭源，对接洽谈项目，投资兴办工厂，形成党政机关、企事业单位、社会组织等相互协作、合作共赢助推脱贫攻坚的良好局面。晋安区文明办、妇联、团委、工商联、文联积极行动，依托中国社会扶贫网，通过书画义卖、爱心义卖、爱心企业捐赠筹集帮扶资金295万元，物资折价167万元，资助贫困学生446名；晋安区帮助渭源县人民医院建设重症医学科和精神科，资助价值70万元的医疗设备，免费为30例白内障患者进行手术治疗。

【专家点评】

一花独放不是春，百花齐放春满园。在东西部扶贫协作的推动下，晋渭协商合作，树立长远眼光和战略思维，坚持以马铃薯种薯、中医药、草牧业三大传统特色优势产业为主导，引导农户调整种养业结构，建立标准化农业产业基地，提升产业发展水平；以扶持发展文化旅游、光伏、食用菌、电商物流、花卉林木、蔬菜等新兴产业为导向，采取"企业＋合作社＋基地＋农户"市场运作模式，通过产业扶贫、规模化劳务输出等方式，走出了一条企业合作、产业扶贫、项目带动的"造血式"对口帮扶新路子，成功实现了由援助式扶贫向开发式扶贫转变，用责任和担当书写了精彩的东西部扶贫协作"晋渭答卷"，丰富了"扶贫协作"新的时代内涵。在帮助贫困农户发展特色产业的同时，注重发挥基层党组织的领导协调作用，把生态资源优势转化为贫困农户稳定的收入来源，加强统筹规划和组织引导，打破村域界限，集中连片地开展项目建设，推进特色产业集约化、规模化、标准化发展。晋渭利用两地各自优势，实现跨越千里的牵手，让晋安区与渭源县两地凝聚了血浓于水的亲情。这是结果，亦是初心！

（**点评专家：**张占营，博士，二级教授，博士生导师，河南理工大学原副校长，中国硅酸盐学会理事，科技部专家库材料类专家。）

附　录

晋安·渭源东西部扶贫协作大事记

2016 年 12 月，渭源县被确定为福州市晋安区东西部扶贫协作帮扶县。

2017 年 3 月，福州市委副书记林晓英到渭源县调研指导东西部扶贫协作工作。

2017 年 3 月，渭源县委书记吉秀到晋安区考察汇报相关工作。

2017 年 3 月，渭源县选派县委常委、县委统战部部长王嵘赴晋安区挂职，任区委常委。

2017 年 4 月，福州市选派火车站地区综合管理办公室主任、晋安区茶园街道党工委书记沈建文赴渭源挂职，任县委常委、县政府副县长。

2017 年 4 月，渭源县在晋安区挂牌成立了渭源县驻晋安区劳务工作站，实现一站式劳务输转便民服务，保障就业扶贫。

2018 年 3 月，渭源县选派县委常委、宣传部部长何晓云赴晋安区接替王嵘，挂任区委常委。

2018 年 5 月，渭源县委书记吉秀一行赴晋安区考察、对接东西部扶贫协作工作。

2018 年 12 月，福州市选派福兴经济开发区管委会主任、晋安区鼓山镇党委书记林柳强赴渭源县接替沈建文，挂任县委常委、县政府副县长。

2019 年 2 月，渭源县选派县政协副主席康学斌赴晋安区接替何晓云，挂任区政府副区长。

2019 年 3 月，晋安区在区机关建立第一个渭源农特馆。

2019 年 5 月，在利嘉国际商业城鸿航食品城建立第二个渭源农特馆，精准对接消费扶贫。

2019 年 9 月，晋安区委书记张定锋一行赴渭源调研指导东西部扶贫协作工作。

2019 年 11 月 24 日至 30 日，定西市人大常委会副主任、渭源县委书记吉秀一行 10 人，赴福州市及晋安区考察对接东西部扶贫协作工作。

2020年6月，渭源县选派县政府副县长郭凯赴晋安区接替康学斌，挂任区政府副区长。

2020年8月，晋安区委书记张定锋一行赴渭源县开展东西部扶贫协作工作。

2020年10月，福建省委常委、福州市委书记林宝金，福州市晋安区委书记张定锋一行到渭源调研东西部扶贫协作工作。

第二部分

机制创新

做好集体收益分配文章
着力提振脱贫攻坚精气神

摘　要：渭源县村级集体收益分配机制主要通过开展"三大行动"夯实基础，构建"五大领域"框架保障流向及建立健全财务管理制度，确保分配合法合规。"扶贫项目形成村级固定资产—固定资产产生村级收益—村级收益支付贫困户公益岗位报酬"这一路径创新，改善了传统集体收益分配隐含的惰性思维，一定程度上保证了分配的起点公平、过程公平、结果公平，有助于激发贫困群众内生发展动力，使得脱贫成效更加精准，脱贫质量不断提升。

关键词：集体收益　分配机制　干乍村　香卜路村

一　引言

随着脱贫攻坚的深入推进，渭源县不断加大脱贫攻坚政策落实和资金投入力度，通过以奖代补、折股量化、入股分红等方式，大力发展马铃薯、中医药、畜牧、旅游等十大特色产业，采用"村集体经济＋合作社＋农户"的带动模式，推动村级集体经济不断发展和积累，进一步夯实脱贫攻坚基础。但是，在产业发展取得较好成效的同时，渭源县在脱贫攻坚成效考核评估、各级督查调研及群众反映中，发现部分贫困户对产业发展参与不够，内生动力不足，存在"坐等"分红的现象，"等靠要"思想依然严重，造成扶贫资金和扶贫政策"养懒汉"现象，一定程度上形成"一股了之"的问题。

针对存在的问题，渭源县委县政府高度重视，在国务院扶贫办的指导下，认真分析，深刻反思，积极探索，创新出一套完善的村级集体收益分配机制，构建了"扶贫项目形成村级固定资产—固定资产产生村级收益—村级收益支付贫困户公益岗位报酬"这一有效路径，激发了贫困群众的内生动力，通过点上示范、面上推开，探索出一条村级集体经济收益分配的"渭源模式"。

二 主要做法

渭源县坚持点上示范，全面推开的原则，精心研究，高点谋划集体收益分配试点工作，制定《渭源县贫困村集体收益分配使用实施方案》，并选择国务院扶贫办定点观测村中集体经济运营较好、产业发展较快、群众素质较高、人文底蕴丰富、基层组织坚强有力的会川镇干乍村和田家河乡香卜路村开展集体经济收益分配试点，先试先行，在取得成功经验的基础上进行全县推广。

（一）"三大行动"夯基础，坚决打赢脱贫攻坚战

渭源县在会川镇干乍村和田家河乡香卜路村率先开展"三大行动"，广泛征求基层意见，高点谋划、高位领导、高效组织，为加强统筹协调工作奠定坚实基础。

1. 民意走访行动

驻村帮扶工作队牵头组织村"两委"和结对帮扶责任人开展"访民意、释民惑、解民困、暖民心"大走访活动。遍访中，他们以调查记录表的形式收集农户反映的各类情况、意见建议及需要解决的困难，并依据农户反映的情况的具体内容，建立台账进行分级处理。其中，能由自身处理的通过组织村委会及驻村工作帮扶队召开会议及时予以解决；超出自身解决范围的，通过向上级党委政府移交和在中国社会扶贫网发布需求及时给予处理。

干乍村对全村 188 户建档立卡贫困户和 287 户一般农户进行了遍访，共收集意见建议 200 条，其中村"两委"已解释、答复、解决 186 条，上报上级党委政府 14 条。

香卜路村组织驻村工作队、村"两委"、各级帮扶干部共 35 人，对全村 91 户建档立卡贫困户和 151 户一般农户进行了遍访。以调查记录表的形式共收集到农户反映的各类情况 107 条，其中意见 54 条、困难 43 条、建议 10 条。依据农户反映的情况的具体内容，香卜路村进行分级处理，其中自身处理 98 条，向上级党委政府移交处理 6 条，通过中国社会扶贫网处理 3 条。

2. 干群沟通行动

村"两委"牵头开展"沟通面对面、服务零距离、干群心连心"和煦春风行动，以社为基础，细分户数，在村民小组中建立二级网格化管理体系，其中社长为一级网格管理员，每 10 户组成一组，推选 1 名二级网格管理员。网格管理员根据村"两委"活动安排，组织本社群众充分讨论、民主决策，形成方案报村"两委"；同时，网格管理员也要就近加强与本社群众的沟通，及时了解情况，做好政策法规宣传、社情民意调查、基层稳定维护、信息收集反馈、矛盾纠纷排查、环境卫生治理、乡风文明建设等工作。

3. 民主评议行动

"固本筑堡垒、聚力促脱贫"，村集体坚持一事一议，对每项涉及村集体经济收入分配的事宜均严格按照"四评议两公开一监督"程序落实，由群众民主推选公益性岗位人员，讨论制定劳动报酬和考核管理办法，充分调动群众参与村级公益性事业的积极性，用劳动换取报酬，杜绝"等靠要"和"一股了之"现象的发生。

（二）"五大领域"搭框架，集体经济收入分配有流向

1. 设置村级扶贫公益性岗位，赢民心聚群力善环境

香卜路村根据村级集体收入状况，认真测算，科学设置村级扶贫公益性岗位，结合农户意见与村情实际，设置 3 类公益性岗位（保洁岗、公益设施维护岗、照料员岗）。村党支部根据各社提交的公益性岗位设置方案，讨论制定《村级公益性岗位管理办法》，提交村"两委"商议和党员大会审议后实施。

按照分责到社、岗位到户的原则，村党支分别在村内 7 个社召开村民大会，通过农户自荐、群众推荐的流程按照相关比例，共提名 23 名贫困户

为公益性岗位人员的候选人，候选人及其相关待遇管理办法通过"四议两公开"流程后，候选人正式被任命为村内公益性岗位人员并开展工作、接受管理、领取报酬。

同时，各社在公益性岗位人员中选拔一名小组长，负责日常带领社内所有公益性岗位人员开展工作，并对其进行管理、监督和考核。村上组建公益性岗位管理领导小组，以驻村工作队、村"两委"、村监委、公益性岗位小组长为成员，通过微信群、实地督促检查等方式领导公益性岗位人员，审议其考核内容，按劳发放岗位报酬。

在公益性岗位劳动报酬发放中，村里坚持按人社部门最低工资标准，同时兼顾对仅有半劳动能力贫困人口的人文照顾，做到按劳分配、公平公正。保洁员对片区内划定的公共区域（含道路、河道等）负有保洁责任（专人专区），每周开展四次保洁，每次劳动约2个小时，每月必须参加一次村上组织的集体活动；2名公共设施维护员负责对全村的公共设施进行维修管护、提供服务，每月必须参加一次村里组织的集体活动；照料员按需设定，负责对村上无人照料的老幼病残进行看望照顾，每周前往被照料人家庭4次，主要负责聊天慰问、打扫卫生、购买物资等，照料员由社内已有公益性岗位人员兼任。上述公益性岗位人员基本工资均为每年6000元，兼任人员基本工资不累加。香卜路村为所有公益性岗位人员配发香卜路村专属公益性岗位马甲，建成公益性岗位垃圾集中处理区。

23名公益性岗位人员均已上岗，每次工作均由小组长负责考勤记录，公益性岗位人员和小组长上传工作照片，驻村工作队、村"两委"和村监委负责线上审核，并开展线下稽查。通过大力整治，村居住环境明显改善，村容村貌有了极大的改观，群众幸福感、获得感有了极大的提升。

2. 道德积美超市奖先进，提振脱贫攻坚精气神

香卜路村经过"四议两公开"流程正式建立道德积美超市体系，包括"六善一员要重奖，一会一券一办法、六超两兑三步走、五星文明还看它"。

"六善一员要重奖"指通过道德积美超市体系奖励"孝、善、信、勤、俭、美"六类善举和二级网格管理员。"一会一券一办法"中"一会"指村上设立的"香卜路村道德评议委员会"，委员会以驻村工作队、村"两委"、村监委相关人员及一、二级网格管理员为成员；"一券"指村里制作的香卜

路村道德积分券，包含 1 分、2 分、5 分、10 分、20 分、50 分、100 分六类；"一办法"指村上制定的《香卜路村道德积美超市管理办法》，详细规定了六类善行和网格管理员的积分券奖励数量。"六超两兑三步走"中"六超"指村部新建 1 个道德积美超市，各社为原有 5 个小卖部附加道德积美超市功能，共计形成 6 个道德积美超市；"两兑"指村部新建的超市主要兑换社会爱心人士或村"两委"集中采购的帮扶物资，只接受积分券，不接受现金补差，5 个由小卖部扩建而成的道德积美超市主要兑换生产生活物资，便利群众使用，可接受现金补差；"三步走"指先有一、二级网格管理员在群众自荐与他荐的基础上负责登记并发放积分券，再报道德评议委员会，由驻村工作队、村"两委"和村监委审核备案，最后由香卜路村道德评议委员会将积分券发放使用情况在全村内公开公示。"五星文明还看它"指村内星级文明户的评选应以群众获得的积分数量为重要依据之一。

香卜路村共向乐于助人、品学兼优、勤俭孝顺、积善进步等 5 类行为发放了 1260 分积分券，所有结果均通过公示栏、微信群、中国社会扶贫网等予以公示，在挖掘村内一批好人好事的基础上，有效引导大家做好人行好事，改变精神面貌。干卡村已为 180 多名表现突出的群众在超市兑换了物品，对 30 户五星级文明户进行表彰奖励，鼓励先进、激励后进，弘扬正能量、提振精气神。

3. 实施村内网格化管理，打通村民自治"最后一公里"

制定《香卜路村网格管理员管理办法》，其中明确规定以社为基础、细分户数，在村民小组中建立二级网格化管理体系，社长为一级网格管理员，社内每 10 户组成一组，推选一名二级网格管理员候选人，候选人经过"四议两公开"后被正式任命为二级网格管理员。

二级网格管理员在一级网格管理员的领导下开展工作，主要负责联系农户、政策宣讲、民情收集、村民评议、矛盾化解、环境治理等工作。村还制定了二级网格管理员"一月一集会，一月一走访，一月一活动"的基础工作制度。二级网格管理员每月需组织联系户召开一次集体会议宣讲政策、研究事项，每月需到联系户家中走访一次了解情况，并随时接受农户咨询，每月需参加由村组织的一次集体活动。

村为每位二级网格管理员配备一名驻村工作队队员或村"两委"成员

作为调度员，由调度员联合一级网格管理员共同指导二级网格管理员完成各项工作，协调处理各项事务；为每位一级网格管理员和二级网格管理员制作了网格管理员专用工作笔记本，以方便其记录日常工作；为网格管理员制定《网格化治理系统下农户反映事项反馈表》，方便网格管理员专门记录农户反映的事项并经村分类处理后再反馈到户。香卜路村还创建了网格管理员微信群，用以发布各类政策信息，上传或考核工作进展情况等。

香卜路村共设立 7 名一级网格管理员，22 名二级网格管理员，覆盖全村所有农户。相关工作台账已建立，工作信息实时上传，驻村工作队、村"两委"和各调度员开展指导考核，共收集到农户反映的各类事项 32 人次 40 项，其中村级自身处理 33 项，转移上级党委政府等处理 6 项，通过中国社会扶贫网处理 1 项。相较而言，干乍村的网格化管理规模更大，共有 42 名二级网格管理员。

4. 评选星级文明户，营造比学赶超新氛围

香卜路村制定《五星级文明户评选表彰办法》，按照"一季一评选"的时限，根据道德积分数，通过村民评议、集体把关综合评议，拟产生五星级文明户候选人，而后经过"四议两公开"正式评定香卜路村五星级文明户，在每季度末召开的村民大会上进行表彰奖励，并在村民门上悬挂五星级文明户挂牌。

道德积分数是村民在评选时间内通过道德积美超市体系获得的积分数。村民评议是以二级网格为单位，填写《星级文明户村民互评表》，每季度由二级网格管理员组织联系户开展村民评议，由社内农户互评打分。集体把关综合评议指驻村工作队和村"两委"有权根据实际情况审定候选星级文明户资格，并有权对得分高但不具备资格的农户撤销星级文明户候选资格。每季度每项星级文明户按照各社户数 5% 的比例分别对得分最高的星级文明户予以红榜公示奖励，对得分最低的户予以黑榜公示教育。每户可根据其得分获评多项星级，星级称号保留一年，按照一项星级一奖励的原则予以生产生活物资和积分券的奖励。

5. 提升公共服务水平，增强群众获得感

香卜路村根据农户意见与村情实际，以集体收益为源头，瞄准需求、创新思路，多措并举提升村内基础设施和公共服务水平，不断提高群众的

获得感和满足感。

2020年底，香卜路村在基础设施和公务服务方面共梳理出12项工作内容，分别为人居环境综合整治、公共设施提升改造、饮水质量提升、教育服务、卫生服务、敬老服务、科技服务、就业服务、产业服务、文化服务、家庭服务、后备队伍培养。所有工作事项均按照"四议两公开"流程落实开展，如组织人员和设备对全村危旧房屋、乱堆乱放等现象进行了风貌改造提升，种植花卉，营造整洁干净美丽的人居环境；对村部、广场、道路、集中饮水点等公共基础设施进行维修改造；组织开展"夕阳红"孝老活动、"我们是一家人"亲子活动；协调清华大学、北京林业大学等高校学子到村为初、高中和小学生开展为期两周的支教活动等。

（三）健全财务制度和管理体系，确保集体收益分配合法合规

制定了《香卜路村集体收益财务管理制度》，明确村集体收益支出报销应提供"四类凭证"的责任和遵循"工作实施、票证提供、会计审核、出纳支钱、公示公开"五大步骤，编制一本"集体收益会计薄"。村集体收益财务管理由包村领导负总责，驻村工作队队长、村党支部书记和村委会主任直接负责，其中村扶贫专干为会计，村文书为出纳。

三　实施成效

香卜路村和干乍村驻村工作队和村"两委"以《渭源县贫困村集体收益分配使用实施方案》为遵循，将扶志扶智作为扶贫的榫卯，在贫困村集体经济收益分配方面探索出可学习、可复制、可升级的经验，助力贫困户增收脱贫，助益提升志智以激发贫困户内生动力，助推贫困村乡村治理与发展迈上新台阶。

一是促进农村经济发展。村级集体经济的收益分配不仅为村集体开辟了稳定的收入来源，而且通过资源的统筹调配，发展平台的统一搭建，为群众创业就业提供了良好的机遇，为农村经济社会的发展注入新活力。

二是增加群众收入。村级集体经济的统筹分配，不但减轻了群众在农村基础设施建设中的投入负担，而且为提供群众福利、帮助群众就业、促进群众致富创造了条件，尤其在部分集体经营性资产较多的村，通过村入

股合作等改革，让群众每年得到集体资产分红收入，村集体经济发展好，农民收入就高。

三是夯实乡村振兴物质基础。乡村振兴需要大量资金投入，在财政支农资金投入有限的情况下，村级集体经济的发展较好地解决了新农村建设资金的短缺问题，为农村基础设施兴建、人居环境改善、生态建设等提供了有力的资金支撑。

四是加强基层组织。村级集体经济的发展和合理分配，使得基层组织"有钱办事"、有"权"办事，增强了村级班子凝聚力、号召力和为民办事能力，充分调动村干部工作的能动性，为顺利贯彻落实党和国家在农村的各项惠民方针政策、维护农村和谐稳定提供坚强的组织保证。

五是激发内生"源动力"。村集体经济收益分配规则由无代价获取转变为有代价获取，从根本上杜绝了简单发钱发物"养懒汉"和"一股了之"等现象，引导贫困群众通过辛勤劳动获取报酬，让贫困户从等靠要思想转变到参与劳动、管理、发展上，继承和发扬了中华民族自力更生勤劳致富的优良传统，激励贫困群众脱贫致富，从精神上、理念上、思想上拔掉"穷根"，加快群众向致富奔小康目标迈进的步伐。

【专家点评】

农村集体经济收益分配是一把双刃剑，它在部分保障农民利益的同时，也为贫困个体争夺集体分配埋下隐忧，容易诱发农村矛盾和纠纷，不利于农村的团结稳定。但是在未来很长一段时间内，传统农村集体经济收益分配制度还将存在，因此不断完善农村集体经济收益分配制度是一个长期任务。如何完善村集体经济收益分配制度，保证分配起点、过程以及结果的公平性，激发贫困群众内生发展动力，既是经济学命题，也是社会学命题。渭源县以自己的特色实践做出了极具推广价值的回应方案，其中，"四议两公开"流程把民主决策、民主管理、民主监督真正落实到村的日常运行管理中，很好地体现出基层民主；网格管理员的推选创新了村集体的组织体系，夯实了基层自治基础；道德积美超市对形成文明村风具有极大推进作用。村级集体收益分配机制的创新对于解决贫困户对产业发展参与度低、发展生产的内生动力不足等问题有较大的促进作用，转变贫困户"等靠要"思想有积极意义，一定程度上缓解了扶贫资金和扶贫政策"养懒汉"现象。"扶贫项目形成村级固定资产——固定资产产生村级收益——村级收益支付贫困户公益岗位报酬"这条路径经实践表明，行之有效，在渭源县打赢脱贫攻坚战的过程中功不可没。同时，将这一"渭源模式"总结好、传承好、推广好，有助于为人类减贫事业作出积极贡献。

［**点评专家：**雷明，北京大学贫困地区发展研究院院长，北京大学光华管理学院教授（二级）、博士生导师，英国爱丁堡大学荣誉教授，国务院扶贫领导小组专家咨询委员会委员，贵州省中国特色社会主义理论研究中心特约研究员，贵州师范大学客座教授，西北农林大学六次产业研究院客座教授，教育部教学指导委员会专业委员会委员（2006～2016年）。］

拔穷根摘穷帽　机制创新显威力

　　摘　要：创新扶贫机制对于贫困地区的脱贫致富和长效发展具有重要意义。渭源县着力创新扶贫机制，发挥"敢为人先"的精神，在产业带贫益贫机制、扶贫资产管理机制以及工作落实机制方面打造了扶贫机制创新的渭源样板。通过一系列创新机制，渭源县优势产业得到充分发展，扶贫资金得以有效运转，保障了贫困户的产业收益，切实提升了贫困群众的脱贫动力和脱贫能力；同时，形成稳定的集体经济收入，落实公益岗位带动劳动致富，促使就业环境持续改善，推动治理模式日臻完善，形成"社会帮扶、干部推动、群众主体"合力，从根本上激发脱贫内生动力，为我国扶贫机制的创新和发展提供了有益借鉴。

　　关键词：机制创新　产业带贫益贫机制　扶贫资产管理机制　工作落实机制

一　引言

　　渭源县以激发群众内生动力为目标，以构建产业带贫益贫机制为支撑，以创新扶贫资产管理使用为抓手，以强化基层治理体系为基础，开展了"机制创新引领、干群合力推动、脱贫效应显现"的决战决胜脱贫攻坚生动实践，统筹协调各方力量，有效提升贫困群众的脱贫能力，激发贫困群众的脱贫动力，推动了自身脱贫致富的长效发展。

二　模式与做法

（一）创新产业带贫益贫机制，"造血式"脱贫的路子越走越宽

产业增收是脱贫攻坚的主要途径和长久之策。渭源县是中国马铃薯良种之乡、中国党参之乡，发展马铃薯种薯、中医药产业具有得天独厚的优势。但是由于产业发展规模化、组织化、市场化程度低，农业企业做不大、农户收入增长慢。围绕贯彻落实定西市委、市政府关于构建"551"产业发展模式的要求（第一个"5"是构建"特色品种—品质标准—带动主体—营销体系—风险防控"为一体的全产业发展链条；第二个"5"是构建"扶持政策—'三变'改革—技术培训—责任体系—基层组织"为一体的全产业保障体系。两个"5"互相作用、共同发力，致力于打造"1"：具有定西特色的"陇原品牌"），渭源县委确立了立足资源优势、培育市场主体、引导联合经营、构建带贫益贫机制的产业扶贫工作思路。

一是创建了"四位一体"生产经营模式。产业扶贫要基于乡村社会特征，与土地和农户紧密关联。渭源县在光伏、食用菌产业发展中，引进龙头企业与贫困户组建合作社，组织农户参与生产经营，构建了"龙头企业＋合作社＋基地＋农户"四位一体的生产经营模式。由政府主导组建了24家国有农业投资公司，联合32家龙头企业，成立了48家联合社，组织1331家合作社，带动2.2万户贫困群众参与基地建设，特色优势产业规模不断壮大。全县中药材、马铃薯主导产业面积达到了80万亩，养殖总量扩大到477万头（只），高原夏菜、食用菌、鲜切花卉等一批新兴产业从无到有，生产规模分别达到8万亩、539万棒、2.4亿株。渭源县先后被命名为全国农业标准化种植（马铃薯）示范区、甘肃省养殖大县，渭源白条党参被认定为国家驰名商标和国家地理标志保护产品。

二是创建了市场主体"双层一体化"联合运营机制。为了提高产业发展的市场化程度，渭源县组织县、乡两级国投公司与龙头企业、合作社开展联合经营，动员各类龙头企业参与组建和改组改造合作社543家，规范提升760家，规范运营的合作社达到1331多家，与5.76万户农户以订单方式建立了产销对接关系，构建形成了"双层一体化"联合运营机制。通

过扶贫资金撬动、小额信贷扶持、群众自筹相结合，累计投入产业扶持资金 15.79 亿元，为 1.72 万户贫困户投放小额信贷资金 11.63 亿元，为产业发展提供了有力的资金保障。

三是创建了"五统一保"带贫参与机制。为促进农户参与生产经营，构建了"五统一保"带贫参与机制，充分调动了贫困群众参与产业发展的积极性。有劳动能力的 2.2 万户贫困户全部有了稳定的增收产业，从事多种经营的占到 75.2%。人均收入较 2013 年增长了 1.8 倍，产业收入占比提高到 49.2%。

四是创建了"三保底再分红"管理分配机制。为长效发挥带贫效应，由政府出资为合作社购买会计服务，健全了合作社"一户三表四制"（成员账户，资产负债表、盈余分配表、成员权益变动表，决策制度、财务制度、薪酬制度、分配制度）监管体系。发挥农业保险托底作用，承保农作物 40 万亩、大牲畜 2.62 万头（只），实现了贫困户种养产业自然灾害保险全覆盖。构建了保贫困户最低收入、保底价收购、保证补贴资金变循环股金，合作社盈余按股权分配和交易量分红的"三保底再分红"管理分配机制。

渭源县构建的产业带贫益贫机制，在 2018 中国（甘肃）中医药产业博览会中药材产业扶贫论坛、2019 年国务院扶贫办定点扶贫现场推进会、甘肃省深度贫困地区脱贫攻坚现场推进会期间，得到了刘永富等与会各级领导的肯定。

（二）创新收益分配机制，"自主式"脱贫的动力越来越强

为了解决群众内生动力不足的问题，渭源县坚持以扶贫资产收益分配为抓手，以提升基层治理能力为目标，培育壮大村集体经济，全面推行网格化治理，切实增强了贫困群众自主脱贫的意识。

一是创新扶贫资产管理机制。脱贫攻坚以来，依靠扶贫资金投入，全县累计形成村级光伏电站、金鸡产业园、扶贫车间等扶贫资产 11.65 亿元。为了确保扶贫资产持续发挥效益，制定《渭源县扶贫资产管理办法》，将 8.54 亿元扶贫资产产权和收益划归村集体所有，建档立卡村每年的收益达到了 45 万元以上，一般村也达到 10 万元以上，既保证了扶贫资产的保值增值，又稳定增加了村集体经济收入，彻底消除了"空壳村"，解决了村

上"无钱办事"的问题；对投入合作社形成的扶贫资产明晰产权到村，落实监管责任，收益主要用于带动7000多户贫困户通过参与产业发展和就业直接增收。

二是创新资产收益分配机制。为了将村集体经济收益管好用好，渭源制定了资产收益使用监管办法，对村集体经济收益，全部通过"四议两公开"民主议事程序，一部分用于开发村级公益性岗位，使贫困群众通过公益劳动按劳取酬；一部分用于建设道德积美超市，开展星级文明户评选，使贫困群众按表现得奖励，有效解决了"资产收益一股了之、公益性岗位报酬一发了之"的问题。全县利用村集体经济收益累计开发公益性岗位5085个，并组织有劳动能力的1.8万名贫困群众参与公益劳动，人均增收2000～6000元。全面推行以表现换积分、以积分换物品的"道德积美超市"建设，累计建成道德积美超市160个，兑换物品6万多件。

三是创新基层网格化治理长效机制。2014年，中共中央办公厅、国务院办公厅印发《关于创新机制扎实推进农村扶贫开发工作的意见》，提出要加强基层组织，加强服务型党组织建设，健全党员干部联系和服务群众制度，切实发挥基层党组织推动发展、服务群众、凝聚人心、促进和谐的作用。为此，渭源县委、县政府结合动态监测机制的建立，制定了《关于开展网格化治理工作的意见》和《网格化管理指导员制度》。全县共划分农村小网格9750个，选派网格指导员1561名、总网格长288名、网格长1584名，在村一级全面建立了"两长两员"（村支书、村委会主任担任村级总网格长，村民小组长担任网格长，县委选派网格化管理指导员，群众推举网格管理员）网格化管理体系。以网格为单元，推行走访群众听意见、急事优先理重点、民主讨论议关键、集体商议做决定的"四步工作法"，通过落实政策法律宣传、社情民意搜集、风险隐患排查、矛盾纠纷调解、应急处突组织、民生事项服务、社会新风引领、惠农政策监督等八项职责，大力开展"访民意、解民忧、强堡垒"三大行动，有效解决了政策宣传、为民服务、凝聚群众"最后一公里"的问题，实现了群众组织由散到聚、村级管理由乱到治的重大转变。

（三）创新工作落实机制，"强基式"巩固的成效越来越好

渭源县始终坚持把合力攻坚作为决战决胜的根本保障，以责任体系构

建为核心，以各方力量统筹为关键，强化党建引领，夯实基层基础，汇聚了多方联动、干群同心、战胜贫困、巩固成果的强大力量。

一是构建了到村到户抓落实的推动机制。压紧压实各级领导干部抓脱贫的主体责任，在由县级领导担任乡镇前线指挥长的基础上，探索建立了到村攻坚总队长制度，把217名县级领导和科级干部下派到村，形成了靠前指挥、村级调度、到户落实的作战责任体系。制定了《渭源县脱贫攻坚业绩考核结果运用办法》和《渭源县脱贫攻坚干部问责办法》，以脱贫攻坚工作业绩进行量化考核，建立了奖惩机制，全县累计提拔重用脱贫一线干部648人，问责处理459人（次），通过树立鲜明的选人用人导向，引导各级干部将主要精力投身到脱贫攻坚一线主战场。施行"周督查、月通报"制度，督促各级干部精准落实政策措施，把工作落实到村、到户、到人，实现了导向明确、措施精准、成效凸显的工作目标。完善的责任落实体系和严明的考核奖惩制度，既保证了脱贫攻坚目标任务的完成，又锻造了敢于担当、能打硬仗的干部队伍。

二是构建了党建引领促脱贫的保障机制。脱贫攻坚以来我国投入了大量的资金，农村面貌发生了翻天覆地的变化，但前几年仍有一些群众说："党的政策这么好，到村里就走歪了。"为什么群众不满意呢？县委组织开展了基层组织建设大走访大调研活动，通过调研分析发现，不是政策落实不到位，而是基层组织服务功能弱。为了帮助建强基层党组织，充分发挥到村攻坚总队长和驻村第一书记的作用，坚持以党支部建设标准化为统领，深入开展"四抓两整治"行动，累计投入资金9000万元，改建扩建村级阵地、调整优化村"两委"班子、整顿软弱涣散党组织等，切实增强了农村党支部的组织力、凝聚力和战斗力。

三是构建了动态监测防返贫的巩固机制。作为"开发式扶贫"的发源地，经过30多年的扶贫历程，如何走出"反复扶贫"的漩涡，全面体现精准扶贫、精准脱贫的成效，巩固好脱贫成果是渭源县要面对的重大课题。渭源县围绕防贫机制的建立，制定了《关于健全防贫监测和帮扶机制的实施方案》，针对"两不愁三保障"领域的风险隐患，常态化开展动态监测，跟进落实帮扶措施，投入资金460万元，在全县范围内建立了"防贫险"制度，重点聚焦边缘户和脱贫监测户，紧盯因病、因学、因灾等致贫返贫的关键因素，建立了"近贫预警、骤贫处置、脱贫保稳"的精准防贫机制，从源头上筑起了贫困发生的"截流闸"和"拦水坝"。探索脱贫成效巩固与乡村振兴有机衔接机制，注重发挥群众主体作用，通过正向激励和反向惩戒，选树典型、鞭策后进，推动移风易俗，培育文明新风，构建群众主动参与、相互监督、共同管理的长效机制，切实增强了贫困群众的主人翁意识，凝聚起了干群合力攻坚战胜贫困、勠力同心巩固成果、接续推进乡村振兴的强大力量。

三　实施成效

全县干部群众改革创新的实践与历尽艰辛的奋战，彻底解决了渭源县在不愁吃、不愁穿，保障义务教育、基本医疗和住房安全的"两不愁、三保障"方面存在的问题。渭源县经济总量较 2013 年增长了 60%，农民人均收入翻了一番，2020 年 3 月实现了整县脱贫摘帽。2020 年 10 月 17 日，全国脱贫攻坚奖表彰大会暨先进事迹报告会在北京召开，渭源县获得全国脱贫攻坚奖组织创新奖，是甘肃省唯一获此殊荣的县区。

（一）创新产业脱贫机制

"四位一体"的产业发展模式充分开发和壮大了渭源县的特色产业；市场主体"双层一体化"联合运营机制有效保障了资金来源和流转；"五统一保"的带贫参与机制推动了龙头企业和合作社开展技术培训，有效提升农户参与生产的素质和能力，充分调动了贫困群众参与产业发展的积极性；"三保底再分红"的管理分配机制有效保障了贫困户发展产业的收益，同时，推动了贫困户种养产业自然灾害保险的全覆盖。

（二）创新资产管理机制

第一，通过创新村集体经济稳定收入机制，全县形成农业固定资产 11.65 亿元，年收益达 8000 万元以上，135 个建档立卡村每年收入 50 万元以上，一般村每年 10 万元以上，实现村集体经济收入的稳定增长。第二，通过创新贫困户参与共享机制，为贫困户参与劳动获取报酬提供岗位，使有劳动能力的贫困群众积极参与村级公益事业劳动，形成劳动致富的长效收益机制和补助机制。第三，通过创新基层网格化治理长效机制，完善系统化、层次化治理模式，推动群众献言献策，提升群众参与村级民主管理的积极性，形成良好的道德风尚。

（三）创新工作落实机制

渭源县通过构建到村到户抓落实的推动机制、党建引领促脱贫的保障机制以及动态监测防返贫的巩固机制，有效激发各级领导干部、村"两委"的工作热情和责任意识，增强贫困群众参与脱贫攻坚的主人翁意识，通过凝聚"社会帮扶、干部推动、群众主体"的强大合力，推动渭源县在脱贫致富的道路上奋勇向前。

四　经验启示

（一）建立多主体共赢产业发展机制

充分发挥产业优势，加强政府、贫困户、企业等各方主体的利益联结机制，对区域脱贫具有重要意义。首先，政府应充分发挥协调作用和引导作用。政府在产业扶贫中应更好地发挥中心工作和常规治理角色作用，通过"有形的手"，做好企业、各经营主体、合作社、基地以及农户各方的协调工作，加强质量监管能力，规范产业运营模式，推动扶贫工作的长效化，通过有效的制度机制建设提升治理能力。其次，加强各利益主体的合作，推动各方联合运营，充分发挥"1＋1＞2"的利益共同体效应。各类龙头企业和合作社、合作社和农户、县级和乡级、国有和私营单位等应根据区域现实条件，采取联合运营机制，完善产销对接，创新资金筹集形式，增强产业扶贫的内生动力。最后，要提升贫困户脱贫能力，激发贫困群众的脱贫动力。一方面，通过充分的市场调研，基于市场需求，联合有资质的企业和合作社等，对贫困群众开展技术技能培训，从根本上提升贫困人口产业脱贫能力，激发贫困群众参与产业脱贫的积极性。另一方面，通过规范财务运行机制，增加农业保险、产业自然灾害保险等，有效保障贫困户的最低产业收益。

（二）打造村集体资产管理分配机制

渭源县重视关注扶贫过程中形成的扶贫资产管理工作，首先，明晰产权归属村集体，明确收益为村集体经济来源，有助于促进村集体经济收入的稳定增长。其次，在村集体经济资产收益使用方面制定监管机制，设立村级公益性岗位，鼓励贫困户通过劳动获取报酬，按照"多劳多得、少劳少得、不劳不得"的原则，推动村级公益事业发展，形成劳动致富的风尚。再次，通过基层网格化治理机制，充分调动群众参与村级民主管理的主动性。广泛听取群众意见建议，及时回应答复，积极解决落实，提高群众参与脱贫的动力。

（三）落实干群间勠力同心工作机制

基层工作是扶贫道路的最后一公里，长期以来，政府给人们的最大印象是具有神秘性和封闭性，普通民众不知道政府是如何运作的，易对政府产生疏离感和不信任感。因此，要使群众信任政府和干部，就必须走近群众，让群众理解政府，提高政府回应群众诉求的能力，增强干群间合力。首先，明确各级领导干部主体责任，强化责任意识，明确任务分配，落实"一户一策"、精准帮扶计划，保障脱贫工作的落实。其次，加强党建引领，提升农村党支部的组织力和凝聚力，保证资金投入，通过调整优化村"两委"班子、整顿软弱涣散党组织、公开招考选聘村干部、培养党员致富带头人以及选拔优秀人才等具体措施，整体提升村级工作实效。最后，构建干群同心的联动机制，采取一系列奖惩措施，发挥榜样带头作用，鼓励群众参与公益设施共建共管，落实"一事一议"议事决策程序，推行以工代赈的共建方式，充分调动贫困群众的参与意识和主人翁意识，从根本上激发脱贫内生动力。

【专家点评】

脱贫攻坚是一场硬仗，要想打赢这场仗，既要有党中央的统筹指引，又离不开基层干部群众求真务实的实践创新。创新扶贫机制可使扶贫工作事半功倍，渭源县在产业扶贫、扶贫资产管理以及工作落等方面进行了机制创新，不仅顺利完成了脱贫攻坚任务，也为有效衔接乡村振兴探索了道路。渭源县产业扶贫"五统一保"机制，提高了农业生产的标准化程度和品控水平，降低了贫困户的产业风险，推动了农业产业的价值增值；探索了有效的带贫益贫机制，村集体资产确权和收益分配创新，为集体经济增加了内生动力；基于网络化的贫困社区治理，以及道德积美超市为贫困村治理作出积极探索。

渭源县在脱贫攻坚理论和实践等方面都作出了一系列创新性的探索。扶贫机制的不断创新，不仅使得渭源县如期完成脱贫攻坚目标任务，更是体现了以人民为中心的发展思想在基层扶贫工作中的落实。落后地区如何解决贫困问题，渭源县的脱贫攻坚答卷或许能给我们一些启示。渭源县打赢脱贫攻坚战的实践和成果，充分展示了渭源如何在中国共产党的坚强领导下，发挥社会主义制度的优越性，彻底撕下"苦瘠甲天下"的历史标签，将不适宜人类生存的地方建设成为幸福家园。在总书记去过的元古堆村口，悬挂着"脱贫不忘总书记、致富感谢共产党"的标语，这是全县人民的共同心声！脱贫摘帽不是终点，而是新生活、新奋斗的起点。新时代、新气象、新作为，希望渭源县在迈向全面建设社会主义现代化强国新征程中，全面贯彻落实习近平总书记对甘肃重要讲话和指示精神，将接续推进巩固拓展脱贫攻坚成果同乡村振兴有效衔接，奋力谱写新的时代篇章。

[**点评专家：**王小林，教授，国务院扶贫开发领导小组专家咨询委员会委员，复旦大学六次产业研究院副院长，上海（复旦大学）扶贫研究中心执行主任。]

凝聚磅礴力量　唱响渭源声音

摘　要：渭源县在奋力推进完成脱贫攻坚最大政治任务和头号民生工程的伟大实践中，充分发挥宣传报道工作凝心聚力、鼓劲加油的强大优势，坚持围绕中心、服务大局，紧扣"六个精准"要求，积极探索宣传途径、创新宣传方式、搭建宣传载体，加大政策宣传、强化对外宣传、做强典型宣传，做足社会宣传、做好文艺宣传，为决胜全面小康、决战脱贫攻坚、建设幸福美丽新渭源，谱写富民兴陇渭源发展时代篇章提供了有力的思想保证和强大的精神力量。

关键词：宣传报道　渭源声音　扶志扶智

一　引言

渭源县在奋力推进完成脱贫攻坚最大政治任务和头号民生工程的伟大实践中，充分发挥新闻宣传工作凝心聚力、鼓劲加油的强大优势，创新宣传方式，搭建宣传新载体，着力打通脱贫攻坚宣传工作"最后一公里"，制定《2019 年整县脱贫摘帽宣传工作方案》《全县打好脱贫攻坚主题宣传战役实施方案》等年度宣传报道方案和阶段性宣传报道计划，突出宣传中央和省市县委脱贫攻坚相关政策，突出宣传脱贫攻坚实践中涌现出来的先进典型和积累的成功经验，突出宣传脱贫攻坚取得的巨大成就和贫困乡村发生的显著变化，营造了全县上下决战脱贫攻坚、决胜全面小康、建设幸福美丽新渭源的浓厚氛围。

二 做法及成效

（一）做好安排部署，优化工作格局

成立渭源县脱贫攻坚宣传工作领导小组，制定印发《渭源县精准扶贫宣传报道方案》与《进一步加强精准扶贫工作宣传方案》等相关脱贫攻坚宣传工作政策文件、宣传活动方案，召开专题安排部署会议 12 场次，靠实县内网站、电视台等媒体阵地以及各乡镇和承担精准扶贫任务的县直及省市驻渭单位的宣传工作任务，着力构建脱贫攻坚大宣传工作格局；积极组织全县新闻工作者认真学习、深刻领会中央和省市县委工作安排部署，精心制订总体宣传报道方案和阶段宣传报道计划，确保脱贫攻坚宣传报道工作有序推进、高潮迭起，在全社会形成人人支持扶贫、人人参与扶贫的良好氛围。

（二）加大政策宣传，凝聚精神力量

持续开展精神扶贫宣传工作，县委主要领导亲自编写《精准扶贫歌》，编印《渭水之声》精准扶贫精准脱贫专刊，县内重要新闻网站在醒目位置开辟脱贫攻坚专题专栏，用群众喜闻乐见的语言、通俗易懂的方式，大力宣传中央和省市县委关于精准扶贫的一系列部署要求，深入解读脱贫攻坚政策措施，全面报道全县上下奋力脱贫攻坚的生动实践和进展成效；认真抓好理论宣讲，制订全县脱贫攻坚理论政策大宣讲活动实施方案，组建乡镇理论政策宣讲团、村级宣讲小分队、村民小组志愿服务队 1733 个，依托道德讲堂和新时代文明实践所、站等阵地，围绕全县决战决胜脱贫攻坚重点任务，开展巡回宣讲和入户对谈活动 2 万多场次，凝聚正能量、提振精气神，推动党的理论创新成果和政策要求"飞入寻常百姓家"。

（三）强化对外宣传，唱响渭源声音

着力放大主流媒体声音，扩大对外宣传效果，坚持抓主流媒体、抓重点稿件、抓头版头条，确保重要文章、重点报道落实到重要版面、重要时段，组织编印《脱贫攻坚外宣发稿汇编》。不断加大上推稿件力度，始终保持与中央驻甘和省市属新闻媒体的密切联系，经常性地邀请记者深入一线开展"中央和省市媒体聚焦渭源精准扶贫""走进我们的小康——沧桑巨变、饮水思源"全媒体蹲点采访等大型采访活动，推出一批有分量、有影响的重头稿件，使脱贫攻坚的"渭源声音"更加响亮。党的十八大以来，市级以上媒体共刊发渭源县脱贫攻坚方面的稿件1万多篇（条），其中新华社、人民日报、中央电视台等中央主流媒体发稿1000多篇（条）。特别是2020年，先后有45批310多名中央和省市媒体记者深入渭源县采访报道。《人民日报》（海外版）利用两个整版宣传报道渭源县脱贫攻坚工作；《求是》杂志三次报道渭源脱贫攻典型经验；著名作家秦岭撰写的大型报告文学《高高的元古堆》出版发行；中央经济频道在元古堆村拍摄《一村一寨总关情》纪录片；央视《焦点访谈》播出《元古堆的红火日子》专题节目，浓墨重彩地报道了脱贫攻坚的元古堆经验；由中央网信办主办、14家中央重点网站参与的"你笑起来真好看——决战脱贫攻坚看西部"主题"云采访"活动在元古堆村成功举办；中央电视台财经频道"走村直播"大型活动走进元古堆；《中国日报》聚焦元古堆花卉扶贫产业的脱贫成效，使渭源县脱贫攻坚成效宣传走向世界；以渭源县脱贫攻坚先锋人物李晓梅为原型的电影《我心向上》、时代报告剧《脱贫先锋》之《陇原花儿》完成拍摄。

（四）做强典型宣传，激发内生动力

认真落实《关于进一步加强脱贫攻坚先进典型推荐宣传工作的通知》，依托道德积美超市等广泛开展先进典型选树表彰活动，先后推出了田家河乡、莲峰镇、会川镇、五竹镇和元古堆村、绽坡村、西关村、渭河源村等一大批先进集体，以及全国脱贫攻坚奉献奖获得者李晓梅、为民富民"领头雁"李海东、身残志坚电商创业者王宏平、残疾人养殖致富带头人侯双平等10多名脱贫攻坚先进人物，积极营造行有楷模、学有榜样、追有方向、赶有目标的浓厚氛围，激发贫困群众的内生动力，不断增强群众致富奔小康的信心和决心；扎实做好先进典型事迹宣传工作，在县电视台、中国渭源网和爱渭源微信公众号等县内媒体开设《脱贫故事》专栏，以小事件折射大变化，用小切口反映大民生，通过事实报道、角度选择、细节刻画，大力宣传脱贫攻坚先进典型的生动实践、感人事迹和可贵精神，着力讲好脱贫攻坚的"渭源故事"。

（五）做足社会宣传，营造浓厚氛围

制定印发《关于进一步做好脱贫攻坚社会宣传工作的通知》，重点宣传习近平脱贫攻坚重要论述及其在甘肃省考察重要讲话精神，突出县城区、路网、媒体、部门行业、城镇农村五大区域，充分利用街道、广场、车站、楼宇等各类公共场所以及出租车、公交车、长途汽车等交通工具，坚持每年制作、悬挂、张贴一批脱贫攻坚宣传横幅标语、LED 滚动标语、宣传海报、灯箱等，建设一批户外大型宣传牌。仅 2020 年，在乡镇、村组更新制作宣誓牌 230 块，刷写脱贫攻坚标语口号 3000 多条，设置楼宇周边宣传标语 300 多条，全力营造决战脱贫攻坚，决胜全面小康的浓厚氛围。

（六）做好文艺宣传，以文化育民惠民

充分发挥文艺家和文艺工作者的优势，精心组织开展全县文艺工作者脱贫攻坚文化采风、书画摄影展览、理论知识演讲比赛等活动 20 多场次；通过书画义捐义卖、公益捐助等形式，为帮扶村筹集资金，助力脱贫攻坚。渭源县文化部门抽调精干力量，以歌舞、戏曲、花儿、小品等多种形式宣传脱贫攻坚政策措施，推出原创花儿、小曲、歌舞、快板、朗诵词、顺口溜等 300 多件。加强基层文化产品服务供给，推出《渭水医魂》、《禹河春》、《公民张三》与《灞陵桥》等一批群众喜闻乐见的精准扶贫题材文艺作品，在县乡村巡回演出 800 多场次，引导群众积极参与脱贫攻坚。推进"阅读点亮书香渭源"全民阅读，为全县农家书屋全覆盖式配备专兼职管理人员，推广"百草园"App，目前注册使用者达 1.5 万人。

三　启示与思考

全力做好脱贫攻坚宣传是基层宣传思想工作的重中之重，大力宣传党和政府各项扶贫方针政策，引导全社会了解扶贫、认识扶贫、参与扶贫，凝聚社会扶贫资源，坚定群众脱贫自信，使命光荣，责任重大，大有可为。

（一）完善机制是保障

坚持把脱贫攻坚宣传工作作为攻坚的利刃，建立起行之有效的脱贫宣

传工作长效机制；精心制订年度宣传报道方案和阶段性宣传报道计划，确保重要文章、重点报道落实到重要版面、重要时段；充分调动各条战线积极参与，形成多方联动、上下互通、横向联合、齐抓共管的立体化大格局；对具有导向性的典型经验，进行专题调研，及时总结，认真研究提炼可复制、可推广的"渭源"做法。

（二） 政策宣传是基础

采取群众喜闻乐见的形式，重点宣传好新时期党和国家及各级党委、政府的脱贫攻坚方针政策，紧扣"扶贫"这一主题，牢牢把握全面建成小康社会这一主线，奏响"民生"这一主旋律；围绕脱贫攻坚中心工作，主动、及时、全面、准确发布权威信息，在全社会形成人人支持扶贫、人人参与扶贫的良好氛围。

（三） 扶志扶智是核心

加强对贫困群众的引导，把精准扶贫和扶志扶智结合起来，持续实施"精神扶贫"工程，是脱贫攻坚宣传的重要任务。把开展脱贫攻坚宣传作为开展"四力"教育实践和"走、转、改"活动的良好契机，把镜头聚焦基层，让群众当主角、上版面，反映群众意愿，启发群众智慧，倾力为群众服务。通过笔耕平民故事，讲述脱贫事例，强调平民视角，切实让扶贫报道变为群众脱贫工作中的精神力量源泉。广泛挖掘宣传贫困群众通过政策扶持脱贫致富的典型案例，坚定群众脱贫信心，激发群众脱贫内在动力。

（四） 典型宣传是重点

新时期扶贫工作的宣传内容，应该放在宣传对象的选取上，要将目光更多地放在脱贫攻坚战中涌现出的典型人物身上。通过典型人物来讲述扶贫故事，会让宣传报道的内容更加接地气。加大脱贫攻坚先进典型宣传，认真筛选具有感染力和影响力的典型案例，深入挖掘和宣传好先进人物的先进事迹，为脱贫攻坚各项工作树立"比、学、赶、超"的榜样；加大扶贫成功项目宣传，引导群众放心投入、大胆尝试，真正把脱贫愿望转化成实实在在的脱贫行动；大力宣传推广全县各级各部门奋力推进脱贫攻坚的方法举措、火热实践和典型经验，鼓舞人心、激励斗志、推介经验，促进工作顺利开展。

【专家点评】

为打赢脱贫攻坚战，各地在党中央的坚强领导下，上下齐心、团结一致，使得精准扶贫工作有序进行，脱贫攻坚的决策部署得到全面贯彻落实，各方面工作成效显著。宣传思想工作说到底就是"争取人心"的工作，做好聚民心这篇大文章，是凝聚脱贫攻坚共识的基本前提，也为打赢这场战役注入了强大力量。要让全社会感觉到"主心骨"力量，坚定信心、鼓足士气。渭源县在奋力推进完成脱贫攻坚最大政治任务和头号民生工程的伟大实践中，充分发挥宣传报道工作凝心聚力、鼓劲加油的强大优势，积极探索宣传途径、创新宣传方式、搭建宣传载体，加大政策宣传、强化对外宣传、做强典型宣传，做足社会宣传、做好文艺宣传，使得更多的百姓了解和受益于教育扶贫宣传，彰显了我国坚决打赢脱贫攻坚战的决心和实力。

（点评专家：张正和，管理学博士，中国农业大学教授，博士生导师，中央组织部专题主讲教授，清华大学、中国人民大学客座教授，国家"三化同步"战略研究首席专家，中国县域经济研究中心主任，中国农业企业管理研究会理事长，中国人民大学反贫困研究院副院长，中国农业专家顾问团成员，中国农业产业化学会副秘书长，北京市优秀教师。）

巩固成果新举措　防贫保险暖民心

摘　要：渭源县为防止脱贫后两类临贫易贫重点人群返贫，与太平洋保险集团合作探索精准防贫保险，以防贫险为切入点，构建"12345"精准防贫保险模式，突破了传统保险的经营思维，实现了险种由"定人定量"到"群体共享"的变革；将脱贫户和边缘户产业发展风险纳入保障范围，实现了防贫关口前移；基于多退少补和循环使用原则，提高了财政扶贫资金的使用效率。

关键词：临贫易贫重点人群　返贫　防贫险

一　引言

2020 年 2 月，甘肃省政府批准渭源县实现整县脱贫摘帽，但因处于贫困边缘的农村低收入户（以下简称"边缘户"）和人均收入不高不稳的脱贫户（以下简称"脱贫监测户"）是两类临贫易贫重点人群，极易因病、因学、因灾等因素致贫返贫。要想在积极消除贫困存量的同时，又能有效控制贫困增量，巩固提升脱贫成果，就需要抓住防返贫巩固脱贫攻坚成果的"牛鼻子"。通过实施防贫险，分类设置精准防贫标准和程序，建立近贫预警、骤贫处置、脱贫保稳精准防贫机制，用改革的办法防贫堵贫，控制贫困增量，从源头上筑起返贫的"截流闸"和"拦水坝"。渭源县在实施返贫综合保险过程中，立足于巩固脱贫攻坚成果工作，针对"为谁防、谁来防、防什么、怎样防"的基本问题，确立了"全县统筹、县乡联动、事前框定、事后认定，突出重点、注重实效"的 24 字精准防贫原则，率先在全省探索出以防贫险为核心内容的"12345"精准防贫保险模式，在保障农户恢复生产、增加收入，激发贫困户脱贫内生动力等方面起到了很好的效果，其经验值得借鉴和进一步推广。

二 主要内容与做法

与传统的扶贫模式相比，社会保险在贫困识别、资金使用效率、防止权力寻租和救济依赖等方面具有机制优势。防贫险是太平洋集团面向渭源县边缘户和脱贫监测户这两类人群所实施的社会保险，其主要内容包括五个方面，概括来说就是"12345"。

（一）一种保险

防贫要精准，选好保险是焦点。在防贫工作展开之初，渭源县也和其他很多贫困县一样，想要选择购买一种保险对脱贫攻坚成果予以保障。但当前险种大多是"保到人头"，最多"只保一家"，无法满足渭源县实际工作需求。由此，渭源县与太平洋集团合作，探索出不针对"具体人"，而针对"一类人"的独特险种，按每人每年50元保费标准为全县6万多边缘户和脱贫监测户购买了防贫险。按照协议规定，保险金以"多退少补""余额结转下一年度"的方式使用。通过购买"第三方"太平洋财险公司专业化服务，实施入户勘察核算，对经综合认定符合条件的防贫对象发放保险金。此举不仅做到了"少花钱、多办事"，也推动了保险创新，实现险种由"定人定量"到"群体共享"的颠覆性转变。

（二）两条界限

防贫要精准，对象框定是难点。针对骤贫、返贫发生时间不固定，事前框定"标准""界限"不易掌握的实际，渭源县与太平洋财险公司在反复讨论研究的基础上，做出尝试探索，变"先行收入核算框定"为"后台数据预警监测"。即瞄准"两非户"重点群体，组织有关部门，对全县农村人口近三年在医疗、就学、灾情等方面的有关费用及具体案例进行大数据分析，划段测算、抽样调研，分类评定预警监测线，将花费超过这条线的"两非户"作为防贫重点对象，上报县扶贫办实施定向跟踪。在防贫保障线设置上，以国家现行农村扶贫标准的1.5倍为限，将低于防贫保障线的纳入防贫范围，对经调查确认符合救助条件的发放保险金。

图1 防贫险协议及相关文件

（三）三大重点

防贫要精准，选准靶向是重点。针对全县因病、因学、因灾等致贫返贫因素，对每一类防贫对象都在救助补偿上划分不同区间，并充分考虑因病、因学产生的大量隐形费用，经过系统审查、评议等程序进行认定后，给予其救助补偿，使很多贫困家庭得以有病早治，贫困大学生在校期间的基本生活得到保障。

在解决因病返贫方面，以自付医疗费用超过3000元为标准设置因病（伤）防贫保障线，对被保险人因疾病或意外经医院治疗产生的医疗费用在经城乡居民基本医疗保险、大病保险、民政医疗救助、投保其他保险公司保险等补偿后仍需个人支付的费用，按住院治疗费用80%的比例、门诊费用70%的比例为被保险人发放防贫保险金。住院费用最高赔付金额以20万元为上限，门诊费用以2万元为上限。此外还提供两项额外保障，一是附加了住院津贴，二是附加了重大疾病保障。

在解决因学返贫方面，以年支付上学费用超过5000元为标准设置因学防贫保障线，对省内外高中及高等院校学生在校就读期间，以年支付学费、住宿费、教科书费5000元为免赔额，对经核实可能致贫或返贫的，相应费用超出部分，根据学生所在院校类型按不同比例发放防贫保险金。

在解决因灾返贫方面，以自然灾害、意外事故类支出超过 2000 元为标准设置因灾防贫保障线，扣除起付线 2000 元后，分设三个区间，按 60%、70%、80% 的阶梯式比例，发放防贫保险金，最高不超过 3 万元。

（四）四方联动

防贫要精准，高效运作是要点。为让防贫对象第一时间获得补偿，渭源县坚持县、乡、村、保险公司四方联动，明确分工、各有侧重，相互配合、密切协作，形成了"点—线—面—体"的良好系统，建立了高效快捷、衔接顺畅的工作方法，真正做到了"简便而不简单"。

（五）五步工作法

防贫要精准，工作快捷是基点。渭源县实施返贫综合保险主要有五步：第一步，信息收集。各相关部门，结合各自职能，每月将监测到的因病、因学、因灾等防贫对象有关信息上报县扶贫办。为防止个别对象未被大数据监测到而出现漏查、漏报，开通县、乡、村三级"通道"，接受农户自行申报，并将其同样纳入核查范围。第二步，调查核实。县扶贫办接到相关信息后，以委托书的形式转交"第三方"，即太平洋财险公司，由该公司组织人员逐户走访，采取"四看、一算、一核、一评"（"四看"，即看住房、看家用、看大件、看儿女；"一算"，即算收入；"一核"，即核信息，由县自然资源、市场监管、交警等部门逐户进行房产、经营实体、车辆等信息比对；"一评"，即评估家庭整体情况）的方式，核实验证家庭人口、收入、重大开支、致贫返贫风险等情况，调查取证结果附具体意见（确定是否列为防贫保险金发放对象），反馈县扶贫办。第三步，评议公示。县扶贫办以乡镇为单位进行任务转办，由乡镇按村进行分解，由村"两委"组织有关人员进行评议，并在村内显著位置公示五天，无异议的，将人员名单连同评议记录、公示照片等交至乡镇，经乡镇收集整理后上报县扶贫办。第四步，审批备案。县扶贫办对乡镇上报结果进行审批、备案，并通知保险公司发放防贫保险金。第五步，资金发放。由县保险公司对照审批名单，将防贫保险金直接打到群众提供的银行账户上，并将有关凭证报县扶贫办存档。

三 实施成效

2019 年 9 月，国务院扶贫办协调引进太平洋财险公司通过定向捐赠方式，捐赠 160 万元作为防贫险试点资金，并与相关部门对接，根据渭源县返贫因素、脱贫目标、群众需求等实际量身定做了渭源县防贫综合保险方案。2020 年，渭源县委县政府又协调注入定点扶贫资金 300 万元，用于在全县范围内实施防贫险，覆盖全县 6 万边缘户（农村人口）和脱贫监测户，截至 12 月底，完成理赔 216 笔，赔付 181.1660 万元（其中因病 89 笔 145.2923 万元，因学 126 笔 32.9337 万元，因灾 1 笔 3 万元）。

渭源县防贫险的实施，从制度层面筑起了防返贫致贫的长效机制，从根本上解决了返贫致贫问题，为保障农户恢复生产、增加收入、激发内生动力起到了良好的效果。一是对于有可能掉到贫困线以下的农户，通过防贫机制使他们不至于返贫或致贫，有效防止了悬崖效应。2020 年，全县没有出现一例新增返贫、致贫对象。二是对于一些脱贫户来说，在政策不减的情况下，又多了一层保险保障，大大增强了群众的获得感和脱贫积极性。三是使得一些未被纳入建档立卡范围的边缘户，发生困难时，能够得到及时救助，不至于陷入贫困，有效促进了社会公平，化解群众矛盾，体现保险效能。四是通过市场化的办法购买"第三方"服务，让专业的人干专业的事，有效降低了廉政风险。五是原来很多帮扶单位和企业担心帮扶项目的实施成效和资金使用效益，通过防贫险，帮扶单位可以清晰地看到帮扶资金的投向和发挥的防贫效益。

家住会川镇上集村的常海兵，是村里 2019 年脱贫的建档立卡户，在外主要从事建筑材料加工工作，年收入约 6 万元。2019 年 3 月，常海兵被诊断为鼻咽恶性肿瘤，多次治疗无效后病故。其住院治疗费共计支出 104006.28 元，其中自付金额 12920.38 元。虽然大部分医疗费用通过国家医保政策得到了报销，但作为家中主要劳动力的常海兵病故，使其家庭一下子失去了支撑，一家人的生活顿时陷入困境。乡镇将常海兵一家的遭遇上报至县扶贫办，县扶贫办立即通知保险公司进行入户核查。经保险公司核查，常海兵因病身故，家庭失去主要收入来源，人均收入骤降至贫困线以下，符合防贫险因病救助发放条件。入户核查结束后，保险公司将核查材料上报至县扶贫办最终审核后，向常海兵家全额发放医疗费用自付金额 12920.38 元，住院津贴 6800 元，重大疾病保险金 10000 元，共计发放防贫险救助金 29720.38 元，有效缓解了其家庭面临的实际困难，解决了他们的燃眉之急，为他们提供了一个恢复生产生活的缓冲期。

图 2　与乡镇干部一起入户核查

图 3　村委会组织评议

家住莲峰镇下寨村的杨霞霞为 2019 年脱贫的建档立卡户，2018 年考入兰州交通大学博文学院，每年学费、住宿费共计 16250 元，办理国家助学贷款 8000 元后，家里面还要承担剩余 8250 元的费用。其家中耕地只有 2.4 亩，家庭收入主要来源于种药材和父母农闲外出打零工，捉襟见肘，这让杨霞霞萌生出退学之意。2020 年，乡镇为杨霞霞申报了防贫险，经保险公司入户核查，杨霞霞每年上学费用较高，家里每月还要承担其近千元的在校期间的生活费，家庭负担较重，该家庭存在因学返贫的风险，应被纳入防贫险的救助范围之中。按照实施方案发放标准，乡镇政府向杨霞霞发放因学保险救助金 8960 元，在校生活补贴 1800 元，并向其弟弟杨霞军发放因学保险救助金 1000 元，为该家庭共计发放因学保险救助金 11760 元。防贫险的及时救助有效补充了国家普惠教育扶贫政策，让杨霞霞和其弟弟能继续上学，让这个家庭充满了生活的希望。

五竹镇苏家口村的林西红，家中于 2020 年 1 月 8 日晚间发生火灾事故。按照灾后房屋重建的标准估算，林西红失火房屋重建的费用需要 5 万多元。乡镇将林西红作为因灾返贫对象上报至县扶贫办，县扶贫办立即通知保险公司进行入户核查。经保险公司核定，本次火灾房屋主体损失核定为 37500 元，屋内家具陈设包括家用电器等损失核定为 5000 元，损失共计 42500 元。林西红作为家中唯一的劳力，家庭负担较重，本次火灾损失较大，该家庭存在因灾返贫的风险，应被纳入防贫险的救助范围之中。而后，乡镇向其发放因灾保险防贫救助金 30000 元，为这个家庭在灾难后重新"站起来"提供了有力保障。

四　机制创新

保险机制的核心就是"集万家之资，解一家之难"。渭源县"防贫险"的设立与实施在以下方面实现了机制的创新。

一是防贫险突破了传统保险的经营思维，实现了险种由"定人定量"到"群体共享"的变革。与传统模式不同，"防贫险"不针对"特定个人"，而是将建档立卡贫困户和非贫低收入户全部纳入动态监测和保障范围，解决了返贫、骤贫对象难以框定和动态变化的难题，既能够稳定建档立卡贫困户的脱贫效果，也能降低边缘人口的致贫风险，且有效减少了因"精准"造成的贫困户和边缘户之间的"境况倒置"的情况，有利于减少社会矛盾，促进社会公平正义。

二是将产业扶贫风险纳入保障范围，能够兜住贫困人口参与扶贫产业的风险底线，破除贫困户和边缘户不愿参与、不敢参与扶贫产业的心理负担，鼓励他们积极发展生产，有效激发他们的内生发展动力。同时，与扶贫小额信贷形成优势互补，解决贫困人口产业发展过程中的资金问题，全面化解产业风险，进一步前移防贫关口。此外，还能利用保险公司强大的市场信息获取能力，指导贫困农户发展合适的产业，避免出现因扶贫产业同质化带来的市场风险。

三是防贫险告别了传统保险的"一锤子买卖"的模式，按照赔付资金总额的一定比例提取工作经费给保险公司，每年除了工作经费和实际发生的赔付资金外，余下的保险金"多退少补""循环使用"，余额结转下一年度，不足部分由财政补足，提高了财政扶贫资金的使用效益。

四是通过建立以防贫险为核心的精准防贫机制，给贫困户解决了脱贫的后顾之忧，让贫困户愿脱贫、敢脱贫、真脱贫。防贫险以脱贫为目标，在保证脱贫质量的同时，不拔高脱贫标准，将扶贫与扶志、扶智有效结合起来，提高了脱贫的积极性和满意度，减少了对扶贫政策的过度依赖心理。

【专家点评】

习近平总书记强调，要加快建立防止返贫监测和帮扶机制，对脱贫不稳定户、边缘易致贫户（以下简称"两类户"）以及因疫情或其他原因收入骤减或支出骤增户加强监测，提前采取针对性的帮扶措施。渭源县的防贫保险扶贫实践，聚焦"两类户"，以激发农户内生动力为目标，可视为运用金融服务巩固拓展脱贫成果的积极有效的探索。

渭源县防贫险的成功之处在于：一是探索了行业扶贫新机制。防贫险作为行业扶贫的拳头产品，立足"未贫先防"和"扶防结合"的要求，将防返贫治理机制全面前移。同时整合保险市场资源和政府组织优势，实现了险种由"定人定量"到"群体共享"的变革，为"两类户"提供综合保障，为完善防止返贫长效机制提供了重要探索。二是打造了巩固脱贫成果新途径。防贫险能够有机融入防返贫监测与帮扶机制，基于保险产品扶危济困的天然属性，放大扶贫资金使用效率，以及群体共享、风险管控的制度优势。针对"两类户"开发的防贫险，既解决了脱贫不稳定户难以框定和动态监测的难题，也能降低边缘易致贫户的致贫风险。三是开创了衔接乡村振兴新模式。建立防贫基金、开发防贫险，目的是开创政府主导、居民参与、市场协同的返贫预警和治理模式，也是衔接乡村振兴的新模式。就农户而言，防贫险能解决农户脱贫的后顾之忧、提高农户脱贫后的劳动积极性，降低农户脱贫后的政策依赖度；就产业而言，防贫险与扶贫小额信贷优势互补，既能解决产业发展资金短缺问题，又能有效化解产业投资风险，持续推进脱贫攻坚成果巩固与乡村振兴有效衔接。

（**点评专家**：龚立新，经济学博士，大别山区经济社会发展研究中心研究员，中国教育扶贫专家委员会委员。现任信阳师范学院纪委书记、监察专员。）

小小合作社　承载大梦想

　　摘　要：农民合作社是脱贫致富的有效组织形式，渭源县合作社在脱贫攻坚过程中，探索出"双层一体化"联合机制合作社组建管理模式，采取"四位一体"产业发展模式、"五统一分一标三提高"带贫参与机制和"三保底再分红"管理分配机制，找到了一条适合当地发展实际的脱贫之路。

　　关键词：农民合作社　脱贫模式　田园牧歌养殖专业合作社

一　引言

　　在脱贫攻坚过程中，许多地区都采取了合作社模式带动群众脱贫致富，但是合作社模式在实际操作中有许多具体的困难，包括管理模式不合理、引进产业项目不合适、分红方式不科学等。面对问题，渭源县发展新型经营主体，提出了"双层一体化"联合机制合作社组建管理模式，按照"小规模、大集群"的工作思路，建立健全带贫益贫机制，发挥优势产业特色，落实"三保底再分红"管理分配机制，明确分红比例，切实增强合作社的带贫能力。

　　渭源县合作社的发展起步于 20 世纪 70 年代末，伴随着改革，走过了 40年的发展历程。到 2020 年底，全县依法登记农民合作社 1333 家，其中种植业合作社 828 家，占总数的 62.12%；养殖业合作社 398 家，占总数的29.86%；渔业合作社 1 家，占总数的 0.07%；林业合作社 30 家，占总数的2.25%；农机合作社 48 家，占总数的 3.6%；其他合作社 28 家，占总数的2.1%。这些合作社涵盖了全县马铃薯、中药材、畜牧养殖、蔬菜、食用菌等主导产业，实现了"乡镇发展无空白、主导产业全覆盖"的目标，并涌现出鸿裕达中药材、五竹马铃薯繁育、田源泽马铃薯良种、红火畜禽养殖、庆丰马铃薯良种、碧远树苗培育等一批优秀农民合作社。

渭源县田园牧歌养殖专业合作社依托世界银行第六期产业扶贫试点示范项目，进行改组，扩大规模，探索出一条特色脱贫之路。田园牧歌养殖专业合作社结合当地实际情况和世界银行项目带来的资金和管理优势，通过养殖带动、饲草带动、务工带动、订单带动、收益分红，有力地推动了当地脱贫致富和乡村振兴。

二　模式与做法

（一）注重发展模式的探索创新

渭源围绕"三变"改革，立足产业脱贫和乡村振兴，不断探索创新实践，提出了"双层一体化"联合机制合作社组建管理模式，主要体现在四个层面。

1. 合作社的组建

一是围绕市场资源配置、产业脱贫和群众增收三大要点，发挥县乡两级政府行政推动作用组建合作社。

二是突出村委会主导和贫困户全覆盖，推动县乡农投公司和村委会法人参与组建合作社，合作社一般由乡镇农投公司、村集体、专业大户、农户（贫困户）四种类型股东组成，出资参考比例分别为 10%、15%、65% 和 20%。

三是实行股份制和合作制一体化合作社，合作社成员既有工资性收入，又有股本分红收入，多层面稳定增加贫困户社员收入。

2. 合作社的联合

一是在县乡两个层面组建联合社，其中种植、养殖、农机三个县级联合社由县级农投公司出资注册资本 500 万元；三个乡级联合社由乡级农投公司出资注册资本 100 万~300 万元。

二是通过股份制纽带和专业行业纽带，将全县合作社和产业龙头企业、行业组织等进行一体化联合。所有合作社既是乡级联合社成员，又是县级联合社成员，是互为平等的市场经济主体。

三是发展组建以村委会为主导的新合作社的同时，进一步加强对原有合作社的整合改造和扶持，实现新旧两个层面的合作社同步联合发展。

3. 合作社的运营

一是县乡联合社和各村农民专业合作社在产业经营发展上，实行统分结合的一体化纵横同步运营模式，既能体现县乡联合社行业统筹、组织、协调、服务的职能，又能体现出每一个合作社独立平等的市场经济主体地位，充分发挥其参与市场经济的独立法人性和主观能动性。

二是发挥政策导向作用，重点突出贫困户持股入社全覆盖、村集体持股入社全覆盖、主导产业合作社全覆盖和产业带贫机制。在财政扶贫资金和支农资金分配方面，围绕"三变"改革，优先支持合作社建设与中药材、马铃薯、畜牧养殖主导产业发展相结合。

三是遵循《农民专业合作社法》要求，履行合作社章程，规范核算可分配余额，采取以交易量分红为主，按股分红为辅的方法，其中按股分红比例不得高于40%，按交易量分红比例不得低于60%。

4. 合作社的管理

一是在行业联合和合作社成员管理方面，县乡联合社根据各自工作和业务需求，同步出台行业规范化标准，对所有成员进行日常管理，注重发挥常务理事单位和理事单位的表率引领作用。

二是基于所有合作社都具有县乡联合社"双成员"身份，合作社应对每季度生产经营性报表实行县乡同步报告，并被纳入县乡两级层面分别进行统计分析和半年度评估制度管理。

三是在行政推动上，县农牧、工商、税务同步对合作社依法进行监管；在行业联合上，县乡两级联合同步对合作社成员进行依规管理。

四是在合作社成员绩效评价方面，根据生产经营性季报表分别从法人主体和成员两个角度同步进行统计，科学分析评价合作社总体发展成效。

（二）注重县级层面的行政推动

在各乡镇和行业部门齐抓共管的同时，县级层面积极贯彻落实中央和省市政策要求，进一步推动全县合作社建设。通过"公司＋基地＋农户""公司＋合作社＋基地＋农户"等多种经营模式，按照"五统一分一保一标三提高"要求，采用订单生产、保底价收购、股份合作、产业捆绑等方式，引导龙头企业与合作社签订农产品产销合作协议。2020年，渭源县组织召开农产品产销对接活动，42家龙头企业与234家合作社签订了产销合作协议。通过产销对接，企业以保底价收购产业基地贫困户所生产的农产品，包含党参、黄芪、当归、马铃薯种薯、辣椒、藜麦等19个特色农产品品种。

（三）建立"一户三表四制"规范管理体系

渭源紧盯合作社规范管理的最根本环节、最重点任务，建立"一户三表四制"，完善农民专业合作社规范管理体系。针对全县合作社在规范运行，特别是财务管理方面存在的问题，及时制定出台《渭源县政府购买村集体经济合作社国有投资公司会计服务实施办法》。通过竞争性磋商的招标方式，瑞华会计师事务所（特殊普通合伙）甘肃分所等4家公司被确定为全县村集体经济、合作社、国有投资公司会计服务公司，其主要任务是进行财务管理和会计核算，规范农民合作社"一户三表"，即成员账户、资产负债表、盈余分配表、成员权益变动表，提升合作社规范运行水平。

为进一步加强合作社阵地建设，严格落实合作社各项规章制度，渭源要求"社员代表大会制度、理事会工作制度、监事会工作制度、合作社章程"四项最关键的规章制度必须上墙、必须遵守，确保合作社在规范管理方面有章可循。县农业农村局联合各乡镇对合作社质量提升工作的落实情况进行定期督导检查，对发现的问题及时纠正，限期整改。

同时，县政府加大政策扶持力度，按照"财政专项扶贫资金重点向产业扶贫项目倾斜、对积极带动贫困户发展的龙头企业和合作社等带贫主体给予一次性生产补贴和贷款贴息支持"的政策要求，对疫情防控期间积极复产复工、带贫增收作用明显的农民专业合作社，给予一次性生产补贴和贷款贴息。

（四）落实"1＋3"的带贫益贫机制

渭源按照"小规模、大集群"的工作思路，围绕特色优势产业，在具体工作中完善落实"1＋3"（一模式三机制）带贫益贫机制，除上述的市场主体"双层一体化"联合机制外，还有以下三个方面。

一是落实"四位一体"产业发展模式。通过市场主导、政府扶持、主体带动、保险保障等措施，引导 18 家龙头企业与 70 家合作社 7323 户贫困户建设标准化产业基地 4.3 万亩，建立了紧密的利益联结机制。2019 年底，建档立卡农户人均从产业中获得收入 2858.6 元，占当年贫困人口人均纯收入（6262 元）的 45.6%。

二是落实"五统一分一保一标三提高"带贫参与机制。2019 年以来，在政府的扶持引导下，合作社按照要求，组织贫困户建立标准化的产业基地，共统一规划地块 17.7 万亩，统一开展产前、产中、产后培训 4.5 万人次，统一提供良种农资 8274.43 吨，统一田间技术管理 15 次，统一产销对接 31 家企业签订协议 83 份；24826 户农户获得分户生产经营收益；建设标准化产业基地 5.6 万亩；进一步提高产业、农民、市场主体的组织化程度。

三是落实"三保底再分红"管理分配机制。按照保最低收入、保产品收购价格、保补贴资金变股金循环成本及合作社盈余按股权分配和交易量分红的管理分配机制，2018 年以来，渭源县落实产业扶持资金 4.92 亿元，全县 32 家龙头企业和 870 家合作社带动 10.23 万户贫困户户均增收 2800 元以上，形成循环股金 1.17 亿元。

（五）采取"六个一批"改组改造措施

渭源多次举办全县农民合作社改组改造规范提升培训班，制定了《渭源县农民合作社质量提升整县推进试点实施方案》，按照"能合则合、抱团联合"的原则，鼓励同业或产业密切关联的农民合作社在自愿前提下，通过兼并、合并等方式进行重组和资源整合。

按照"六个一批"，即新建一批、培育一批、改造一批、规范一批、壮大一批、淘汰一批（注销空壳、挂牌），实行合作社公私联营规范化改造。对未运营的村办合作社进行合作社改组，将村办合作社产业扶贫资金注入有发展潜力、规范运营的合作社，由该合作社建立带贫机制，带动原合作社贫困户发展，并将原村办合作社予以注销。改组后的合作社按照规范提升目标规范化运行，切实提升了合作社规范化水平。

三　实施成效

自 2015 年田园牧歌养殖专业合作社改组以来，社员数大幅增多，合作社的评估资产也有所增加，社员的收入水平得到显著提高，为当地的脱贫攻坚做出巨大贡献。2020 年，田园牧歌养殖专业合作社脱贫模式被评为"全球减贫案例有奖征集活动"最佳减贫案例，被南南合作组织收录进中外减贫案例库。合作社依靠特色典型带动，吸纳贫困户多，能够积极带动贫困户增收致富，走出"等靠要"思想及不想脱贫、不愿脱贫思想惰性误区，解决贫困户自我发展能力有限的问题，极大程度上推进了农户脱贫致富奔小康的进程。

（一）经济效益突出，贫困群众收入显著增加

近三年来，合作社向 16 户贫困户收购羔羊 240 只，实现养殖收益 24 万元，其中合作社收益 8 万元、贫困户社员收益 16 万元，户均收入 10000 元；合作社向 105 户社员收购饲草 520 吨，实现收益 52 万元，其中合作社收益 10.4 万元、贫困户社员收益 41.6 万元，户均收入 3961 元；贫困户社员在合作社长年务工的有 4 人，每人年收入 36000 元，季节性务工的有 14 人，每人年均收入 13000 元；2018～2020 年，合作社向社员发放盈利分红 41.1 万元，其中股金分红 16.44 万元，交易量分红 24.66 万元，特别是 2019 年分红最多的社员分得 8522.2 元，最少的分得 622 元。"4＋1"特色脱贫模式，即四种带动和一个分红方式，有效帮助合作社 181 户贫困户社员稳定脱贫致富。

（二）有效激发农户内生动力，以实际分红促进农业生产

合作社本着积极参与生产发展，不养懒惰人的基本原则，只对本年度有交易量的社员进行分红，对没有交易量的社员保留其股份但不分红；两年不参与合作社生产经营的社员由其本人提交申请，经社员代表大会审议通过后同意其退社；对交易量位于前五的社员给予资金奖励并颁发奖牌。用分红和奖彰激发农户的生产热情，有助于实现合作社持续发展、社员持续增收的目标，有效提高当地种植养殖效率，积极促进当地经济的发展。

（三）强化示范引领，提高经营管理服务水平

合作社以市场的理念、经济的头脑和品牌的意识来开展经营，一手抓服务发展，一手抓市场营销，在"合作社＋农户"的基础上，积极向"订单农业"发展，有效降低市场风险，发挥示范带头作用。

四　经验启示

渭源县田园牧歌养殖专业合作社于2011年成立，当时合作社规模和收益有限。2015年，世界银行第六期产业扶贫试点示范项目带来全新发展模式和资金，为合作社发展注入新鲜血液，实现了合作社与农户"双赢"。田园牧歌养殖专业合作社以改组为契机，结合世界银行先进理念和合作社实际情况，认真分析，长远考虑，利用项目资金改善基础设施，提升合作社经营能力。

（一）养殖带动

合作社与有养殖意愿的贫困户社员签订养殖带动协议，为社员投放基础母羊（一般为5只），社员每年向合作社返还与投放基础母羊同等数量的3月龄羔羊，连返3年，3年后母羊归社员所有。社员养殖出栏的羔羊由合作社按每公斤高于市场价2元的价格收购，按每只基础母羊一年产3只羔羊计算，每只基础母羊每年可帮助社员增收1200元以上。

在养殖过程中，合作社及时请甘肃省农业大学高级讲师、疫病防治专家沈青义及县畜牧兽医中心研究员田建民等一批专家为养殖户社员提供集中培训和上门技术指导，进一步提高社员的养殖技术，降低养殖成本，增加养殖收入。通过建立标准化的养殖基地，合作社为社员统一提供良好的母羊品种，统一进行养殖技能培训，统一实行养殖管理，统一集中回收，统一供向市场，以养殖羔羊来增加经济收益。

（二）饲草带动

合作社与无养殖条件的贫困户社员签订养殖带动协议，羊只由合作社集中饲养，社员每年需向合作社无偿交饲草1000斤，超出部分，由合作社

按每斤 0.3 元保底价优先收购。按照每户每年向合作社交售 10000 斤饲草计算，每户每年可增收 3000 元以上。

合作社结合本地资源优势，除转化农户社员闲置的农作物秸秆为养殖业必不可少的饲草之外，还利用本地得天独厚的纯天然无污染的野草资源（通过技术部门检验，其营养成分等同或接近于紫花苜蓿，而且带有中药材成分），在甘肃省农科院草业研究所郎侠博士所带领的科研团队的大力支持下，攻克野草青贮的技术难题，实现了羊只冬天也能吃到夏天青草的愿望。

合作社新建占地 5 亩的饲草加工车间为当地的饲草收购、加工提供有力保障。还成立饲草料配送中心，组建饲草料加工技术服务队，通过种植牧草、利用农作物秸秆进一步支持养殖，并通过出售牧草和秸秆来获得可观的经济收益。

（三）务工带动

合作社与有务工意愿的贫困户社员签订务工协议，根据生产需要，安排他们到养殖基地和饲草加工车间就近务工，让他们通过从事养殖和饲草加工等工作来增加家庭收入，通过常年务工或季节性务工带动农户每年增收 10000 元以上。

（四）订单带动

合作社与有种植饲草意愿的贫困户社员签订饲草订单收购协议，合作社为社员无偿投放化肥、地膜和种子，利用世界银行第六期产业扶贫试点项目采购的青贮玉米收获机为社员提供有偿服务，以每吨 250 元的保护价进行收购，帮助社员每亩增收 2000 元以上。2019 年，合作社与 53 户社员签订了 203 亩青贮玉米种植合同。

合作社收回的青贮玉米通过裹包青贮，在保证合作社养殖基地和养殖户社员的用量之外，还销往县内外。随着产量的不断增加，合作社的饲草还得以向省外发展。2019 年 6 月，合作社参加了定西市畜牧局组织的"定西牧草进草原"活动，对合作社饲草产品在甘肃省甘南州牧区进行宣传，为以后饲草销售起到了积极作用。同时，也为今后打开青海、西藏等地的销售渠道奠定坚实基础。

（五）收益分红

合作社通过召开社员大会制定了盈余收益分配制度，每年从利润中提取 10% 的公积金和 5% 的公益金后，剩余可分配盈余的 60% 按社员与合作社交易量（额）的比例进行收益分配，40% 按所持股份进行分配。

【延伸案例】

王桂玲是渭源县渭河源村下红沟社村民，家中 3 口人。加入合作社以前，她本人在家务农，丈夫柴福在新疆、兰州等地零星打工，儿子在渭源县五竹镇中学读书，家庭收入仅有丈夫在外零星打工的劳务收入和农业生产收入，一年下来在 20000 元左右，除农业生产成本和家庭开支外，剩余不到 10000 元。2016 年，王桂玲加入了世界银行扶持改组后的合作社，2017 年抱着试试看的态度，王桂玲从合作社免费领了 5 只羊，到了 2018 年产了 10 只羔羊后，除了给合作社交 5 只羔羊外，又出售了 5 只，收入达 4800 元。当年年底，合作社给她家分红 787.36 元，加上王桂玲和她丈夫在合作社打工挣的钱，一年仅从合作社便获得收入达 3 万元。2019 年，王桂玲除给合作社交了的 5 只羊以外，还有 4 只羔羊没卖，预计年底还能产 8~10 只羔羊，能卖到 10000 多元。王桂玲丈夫在合作社常年务工，现工资涨到每月 3000 元，年工资收入达 36000 元，2019 年分红比 2018 年多，分红为 1806.2 元。另外，她又与合作社签订了十亩的玉米种植合同，合作社免费给她投放了十袋化肥、十亩玉米种子和地膜，每亩最少收入达 1500 元，秋季收入可达 15000 元左右。这样算下来，王桂玲一家在合作社的扶持带动下，2019 年底收入可达 62086 元，几年来，王桂玲一家生产生活劲儿更足了，脱贫致富奔小康的信心更强了！

【专家点评】

渭源县以专业合作社创脱贫攻坚新模式，帮群众增收、促农业增效，以"小合作社"实现脱贫"大梦想"。"双层一体化"联合机制、"一户三表四制"以及"六个一批"等举措使合作社在组建、联合、运营、管理方面更加有章可循，提高了合作社的规范化水平；依托世界银行的资金支持与管理理念，因地制宜、对症分析，真正做到扶贫脱贫之精准；有的放矢投入资金，用于改善基础设施和养殖饲草最初投入，这是资金使用之精准；因时因地制宜，通过养殖带动脱贫一部分人，对于没有养殖意愿的社员又以饲草带动，同时在合作社内提供就业岗位实现务工带动，这是项目安排之精准和扶贫对象之精准；通过系列举措带动群众增收致富，帮助人们的钱袋子鼓起来，更是给了群众脱贫致富奔小康的劲儿，使脱贫信心鼓起来，是看得见的持续致富，是放眼长远可见的脱贫成效之精准。因户因人施策、对症对状下药，体现的是脱贫扶贫的针对性、有效性和科学性，只有这样才能加快脱贫攻坚的进度与速度，保证脱贫攻坚的持续稳定有成效，才能扎实推进乡村振兴发展战略。

（**点评专家**：张晓永，法学博士，教授，十一届山西省纪委委员。现任山西师范大学党委书记。曾主持或参与科研项目29项，独立或合作发表论文27篇，独立或参与出版著作或教材12部，获得奖励9项。）

光伏阳光银行　助力脱贫攻坚

摘　要: 渭源县紧抓光伏扶贫机遇,在全力推进全县光伏产业建设的过程中,坚持做到注重强化建设管理、注重推行"互补"模式、注重创新分配方式和注重健全监管机制,有效建构了"光伏+"全产业链光伏扶贫模式,并取得了显著成效。与此同时,渭源县以光伏项目带动新兴产业发展,大力开展精神文明建设激发群众脱贫积极性。通过光伏电站项目的带动,有效激发了贫困群众的内生动力,实现了贫困群众的稳定增收。

关键词: 产业扶贫　光伏产业　"农光互补"

一　引言

2016 年以来,渭源县抢抓"全国光伏扶贫试点示范县"建设的重大机遇,坚持把发展光伏产业作为助推脱贫攻坚的有效举措,着力构建"光伏+"全产业链光伏扶贫模式,建成村级光伏电站 81 座 60.249 兆瓦,为 135 个贫困村 1.025 万户贫困户提供了持续稳定的增收渠道。到 2020 年底,135 个贫困村的光伏收益达 9564.07 万元。针对"如何发展光伏扶贫产业"与"如何充分发挥光伏产业动能"问题,渭源县上承国家扶贫政策的支持,下接因地制宜的创新机制,在发展光伏产业的基础上,成功将光伏产业变为产业扶贫的动力之源,有效带动了农业等其他相关产业的可持续发展。

二　主要做法

渭源县在光伏产业推进过程中做到了"四个注重",创造了光伏扶贫产业助力脱贫攻坚的"渭源模式"。

第一，强化建设管理，注重光伏收益的稳定性。设计建设重科学。按照规划合理、科学设计、集中与分散相结合的方式，合理布局，分步实施，规划村级电站81座，其中联村电站14座。运维管理强保障。按照"专业化运维、保底量要求"的原则，通过EPC方式公开招标，择优选择有实力的运维企业对渭源县光伏电站进行统一运营维护。日常维护常态化。每个电站由村"两委"按照"四议两公开"程序，从建档立卡贫困人口中确定电站管护人员，由运维企业负责培训、考核、兑付工资，每人年均工资6000元，既解决了村级电站分散、日常监管难的问题，又提高了群众的参与度。

第二，推行"互补"模式，注重收益来源的多元化。坚持因地制宜规划。按照"光伏+"的模式，大力发展"光伏+食用菌""光伏+蔬菜""光伏+中药材育苗""光伏+养殖"等农光互补产业，发展食用菌1600亩，设施蔬菜、党参和黄芪育苗等种植业750亩，特色养殖业150亩，互补率达到85%以上，向光伏电站的空间要效益，实现了综合效益的最大化。坚持多种模式带动。通过制定出台企业"零租金""三年两减半"等优惠政策，招引企业建设光伏食用菌产业园，构建"龙头企业+合作社+基地+农户"的产业发展模式，落实"五统一分"（统一规划地块、统一开展培训、统一提供良种和农资、统一技术管理、统一产销对接，分户生产经营受益）的带贫增收机制，引进8家龙头企业建立农光互补食用菌园区3个、基地7个，面积达1226.5亩，带动31家合作社3140户贫困群众参与生产经营，通过土地入股、承包租赁、务工等多种渠道，户均增收2万元以上，并带动了仓储、物流、加工等相关产业，光伏产业收益叠加效应持续放大。

图1　农光互补产业实地

第三，创新分配方式，注重带贫效应最大化。公益岗位再分配。按照光伏电站收益80%用于贫困人口公益岗位工资和村级公益事业建设劳务费的要求，开发村级公益性岗位，发放村级公益事业劳务补助。渭源县已开发村级公益性岗位4168个，使得有劳动能力的1.8万名贫困群众参与村级公益事业劳动，截至2020年底已发放村级公益岗位工资2300多万元，村级公益事业劳务补助1600多万元。明确标准付薪酬。制定出台《渭源县村级光伏扶贫电站公益性岗位管理办法》，按照"多劳多得、多劳多奖、动态调整"的原则和"632"的工资标准（重劳动：每人每年6000元，中度劳动：每人每年3000元，轻度劳动：每人每年2000元）兑付薪酬。民主决策严管理。除村级公益岗位和公益事业劳务补助支出外，村均集体积累3万~5万元，由村民集体讨论、民主决策，用于公益管护基金设置、道德积美超市建设、五星级文明户奖励等支出。由村民代表会同驻村帮扶工作队、驻村干部和村"两委"成员对贫困户公益性劳动进行考核，按考核等次发放劳动薪酬，有效解决了"资产收益一股了之、公益性岗位报酬一发了之"的问题。

第四，健全监管机制，注重资金使用的安全性。产权到村明职责。项目建设单位、乡镇、贫困村三方签订《渭源县光伏扶贫村级电站及设施农业发展交管协议》《渭源县光伏扶贫村级电站运维管理协议》，县政府印发《关于进一步明晰渭源光伏扶贫电站产权的通知》，构建了村级所有、乡镇监管、运维公司维护、主管单位分配收益的电站运营管理责任体系。收益公开亮家底。建立了渭源县光伏扶贫信息平台，安装电站运行实时监测数据采集系统，对电站发电量、发电收益、资金分配、款项到账等全过程进行监管，贫困户通过手机App对电站发电量进行全程监测，实行发电收益统一结算，全程公开，主动接受群众监督，让乡镇、贫困村、贫困户及时了解收益"家底"，有效增强了群众的参与感和满意度。财务管理严规范。电站发电收益由供电公司结转到县扶贫办账户，县扶贫办在扣除运维等相关费用后，根据电站装机容量测算分配收益，经县政府同意后拨付到村集体账户。由政府出资为村集体经济购买会计服务，建立规范的财务管理制度。集体收益支出报销严格按照财务管理规定执行，严格遵循"工作实施、票证提供、会计审核、出纳支钱、公示公开"五大步骤。

三　脱贫成效

实现了单一光伏产业向现代综合农业的转变。通过大力培育"农光互补"产业模式，渭源县形成顶上有光伏、地上有农业、周边能务工、重点乡镇有物流仓储配套的产业发展格局，农业产业带动 3125 户贫困户年均增收 1.7 万元以上，发电收益带动 4168 户贫困群众年均增收 5000 元以上，将"农光互补"的产业综合效应持续放大。

实现了村级集体经济薄弱向持续稳定增收的转变。通过贫困村配建光伏电站，渭源县的村年均发电收益达到 40 万元左右，加上村级光伏电站农业设施租金收入，村集体每年累计收入达到 45 万元左右，村集体经济收入持续稳定，光伏电站成为贫困村实实在在的"阳光银行"。

实现了县乡包办向基层组织自治的转变。通过村集体资产收益再分配，渭源县着力规范"四议两公开"民主议事程序，推行网格化管理，极大地提升了基层治理能力和水平，提高了村民的参与度和获得感，村级自治能力显著提升，村"两委"的组织力、凝聚力、战斗力也显著增强。

实现了简单发钱发物向激发内生动力的转变。通过"设置公益性岗位、购买贫困群众劳动服务"的方式实行村集体资产收益再分配，渭源县解决了对扶贫资金"一发了之""一股了之""一光了之"的问题，并在此基础上进一步激发了贫困群众的内生动力，为提升脱贫质量和成效奠定了基础。

四　经验启示

渭源县光伏扶贫的经验，既彰显出新能源产业拉动扶贫的巨大动能，又凸显出"复合型"扶贫机制在精准扶贫中所发挥的重要作用。渭源县的光伏扶贫并非只发展光伏产业，而是联动农业与龙头企业进行"共生共长"，变光伏电站为动力源泉，推动周边产业链的可持续发展。这又一次证明了精准扶贫并非孤立的工程，而是一张彼此共建的网络、一种相互交叉的体系。

第一，充分利用可再生能源，将资源优势转化成区域发展优势。我国贫困地区大多地处西部，风能、太阳能等可再生能源资源丰富，加快开发建设光伏扶贫等具有能源特色的扶贫模式，将能源资源优势转化为区域发展优势，对于发展壮大当地经济、促进社会发展等具有举足轻重的作用。

第二，政府统一管理，提高减贫效率，保障减贫的可持续性。渭源县光伏扶贫产业带贫机制和村级光伏电站资产收益分配模式，从根本上杜绝了简单发钱发物"养懒汉"和"一股了之"等现象。通过引导贫困群众辛勤劳动获取报酬，让贫困户从"等靠要"思想转变到参与劳动、参与管理、参与发展上来，激发了贫困户的内生源动力，实现了从精神上、理念上、思想上拔掉"穷根"，为全县脱贫攻坚奠定了坚实基础。

第三，把握机遇，创新扶贫模式。在落实供给侧改革、培育扶贫产业的过程中，渭源县抢抓被列为"全国光伏扶贫试点示范县"的重大机遇，把光伏扶贫工作作为助推精准扶贫精准脱贫工作的重要举措和民生工程，并将光伏扶贫与发展现代农业有效结合，通过积极衔接协调，精心组织实施，创建"政+企"与"光+农"产业扶贫新模式，既发展了新能源，又实现了脱贫增收。

图 2　元古堆村光伏电站示意

【延伸案例】之一

2015 年 5 月元古堆村投入资金 240 万元，建成了全县第一个 300 千瓦的村级光伏电站，每年光伏收益 35 万元左右。通过光伏项目带动新兴产业发展，建立了一套完善有效的村级光伏电站资产收益分配机制，形成了"光伏扶贫产业形成村级固定资产—固定资产产生村级收益—村级收益支付贫困户公益岗位报酬"的有效途径，激发了贫困群众内生动力，实现了贫困群众稳定增收。元古堆村光伏扶贫模式的具体做法可总结为如下几点。

　　健全制度，规范村级电站收益管理。依托《渭源县光伏收益分配监管办法》，瞄准全村脱贫攻坚和乡村振兴的实际需求，制定了《光伏扶贫电站收益管理使用工作方案》《光伏扶贫电站收益用于公益性岗位实施细则》《光伏扶贫电站收益用于精神文明建设暨扶贫与扶志、扶智实施细则》。在具体使用收益时，严格按照村党支部会议提议、村"两委"会议商议、党员大会审议、村民代表大会决议和决议公开、实施结果公开的"四议两公开"程序执行，主要用于公益岗位和道德积美超市建设、五星级文明户奖励、特困救济等支出，增强了群众参与村级事务管理的主动性和积极性。

　　农光"互补"带动村级电站新兴产业发展。元古堆村创新扶贫产业再投资模式，通过使用集体收益，合理运用光伏电板下面的空地和光伏支架，建成光伏食用菌生产大棚25座，形成了"光＋食用菌"互补的现代高效农业发展新模式。2020年羊肚菌销售收入约为23万元，80户建档立卡户每户分红600元，除去各项支出剩余12万元，作为来年的菌种、农具农资购置费用，实现滚动式发展。

　　六项举措提升光伏电站带贫效益。一是设置公益性扶贫岗位，解决劳动力增收脱贫的难题。面向全村贫困户，经过"民选、民商、民定"设置了三类共36个公益性扶贫岗位，其中保洁岗31个，照料员岗1个，公共设施维护岗2个，水电协管岗1个，监督岗1个。明确岗位职责，明确上岗时间，明确岗位待遇，明确岗位管理制度，由村民代表会同驻村帮扶工作队、驻村干部和村"两委"成员，按"多劳多得、多劳多奖、动态调整"的原则考核分配，确保"召必来，来必干，干必好"。二是建立网格化管理体系，解决基层力量不足的难题。以驻村工作队和村"两委"为主体，以村民小组长为延伸，在各社内按照每15户编一格，选举网格管理员作为支点，全村共设置30个网格，任命一、二级网格管理员41名。明确网格管理员"一月一会、一月一走访、一月一活动、意见反馈、文明评星、积分管理"等六大职责，由驻村工作队和村"两委"形成包片调度员，指导网格管理员开展具体工作。三是充分利用乡规民约评选星级文明户，解决内生动力不足的问题。以道德积分为基础，每季度在经过村民评议和集体把关后，评选出季度星级文明户，在某方面达到优质标准的农户得星得奖上红榜，达不到标准且在某方面有突出问题的将无星无奖上黑榜。四是设立道德积美超市，解决精神面貌不佳的难题。设置道德评议委员会，并由其负责积分管理，制作道德积分券，由作为评议委员会成员的网格管理员按照积分办法向农户颁发并记录积分券，积分券可在村部道德积美超市或各社道德积美超市兑换物资。五是扶贫产业再投资，解决集体经济难以持续壮大的难题。在立足优势、衔接资源的基础上，瞄准机会、主动作为，通过使用集体收益，先后发展起百合、养殖等订单农业及供销对接、产业一体化等多种扶贫产业再投资模式。六是改善基础设施和公共服务，解决村内公共设施无人维修、基层组织能力受限与办事不足、群众获得感低的难题。

【延伸案例】之二

黄海堂是渭源县田家河乡元古堆村下下社村民，家中 3 口人，以前他是一个游手好闲、靠低保金度日的典型懒汉，等靠要思想非常严重，且对乡村干部意见很大。当他有闲时间蹲在路边时，一看到乡干部进村就急忙上前"拦路上访"。

2018 年，乡村干部对其进行思想教育，建议他申请村级保洁员公益性岗位。他通过劳动，逐步从村级光伏收益中获得 4800 元劳动报酬。随着收入的进一步增加，他的思想观念也随之发生了巨大变化，慢慢开始对自家的产业结构进行调整：种植百合 5 亩，每亩收入 8000 元。2019 年，黄海堂继续扩大百合种植规模，家庭纯收入达到 44800 元，辛勤的劳动让黄海堂顺利走上了脱贫致富奔小康的道路，过上了好日子。

【专家点评】

渭源县以光伏扶贫促进精准脱贫的模式，打破了传统的脱贫方式，可以被视为利用现代科技促进"可持续脱贫"模式的成功案例。

通过"农光互补"，实现了光伏扶贫产业链的效益最优化；借助模式创新，实现了贫困群众受益的最大化；通过进一步明晰产权，实现了光伏电站运营与维护的稳定化。渭源县光伏扶贫产业的最成功之处，就在于有效发掘出了光伏产业的再造价值，从而形成了产业间的有机联动，达到事半功倍的理想效果。渭源县积极把握政策机遇，通过光伏电站带动贫困群众脱贫致富，有效推进了项目的实施；通过政府统一协调监管，保证了光伏电站建设的财政资金支持，又基于多方参与合作的方式保障了光伏电站的持续管理运营；同时，借助村级的公益性岗位提供劳动致富的机会，帮助贫困群众通过劳动稳定增收。在此基础上，渭源县进一步通过光伏项目带动农业发展，并通过精神文明建设有效激发了贫困群众的内生动力，对新能源扶贫的实践提供了经验借鉴。需要注意的是，精准扶贫产业链的良性发展，离不开领导班子的准确判断、贫困群众的踏实苦干以及党和国家的多方支持。因此，渭源县在下一步的光伏产业发展过程中，仍需注意发挥基层党组织的领导协调作用，通过体制机制的进一步完善，为光伏扶贫产业链的稳定发展保驾护航。

（点评专家：贺祖斌，教育学博士，二级教授，博士生导师。现任广西师范大学校长，西部乡村振兴研究院院长，广西社会科学界联合会副主席，广西十二届政协委员。国家级领军人才，全国文化名家暨"四个一批"理论人才，享受国务院政府特殊津贴专家，广西优秀专家。）

第三部分

"两不愁、三保障"

【住房】

危房改造千万间　安全保障换新颜

　　摘　要：住房安全一直是老百姓最为关心的民生问题，也是脱贫攻坚"两不愁、三保障"的重点任务之一。渭源县紧紧围绕决战脱贫攻坚、决胜同步小康的总体目标和贫困户"住房安全有保障"的具体要求，大力开展农村危房改造工作。通过靠实工作责任、全面鉴定住房、分类实施改造、精准落实补助、规范操作程序、强化培训宣传、持续动态监测等举措，极大地改善了农户的住房条件，保障了群众的住房安全，全面实现了"危房不住人、住人无危房"，为高质量打赢脱贫攻坚战、全面建成小康社会奠定坚实基础。

　　关键词：危房改造　住房安全　差异化补助

一　引言

　　渭源县地处黄土高原，住房问题一直是影响老百姓致富脱贫奔小康的重要因素。土木茅草房曾是对这片土地的真实写照，能有一面红砖大瓦房是一辈人心中的愿望。2013 年，渭源县的住房还存在很大的问题，全县共有 A 级住房 5506 户、B 级住房 54001 户、C 级住房 13347 户、D 级住房 6408 户①，其中 19755 户农户的住房存在安全隐患。

---

　　① A、B、C、D 级住房安全等级依据《危险房屋鉴定标准》进行鉴定。A 级：结构能满足正常使用要求，未发现危险点，房屋结构安全。B 级：结构基本满足正常使用要求，个别结构构件处于危险状态，但不影响主体结构安全，基本满足正常使用要求。C 级：部分承重结构不能满足正常使用要求，局部出现险情，构成局部危房。D 级：承重结构已不能满足正常使用要求，房屋整体出现险情，构成整幢危房。

一直以来，实施农村危房改造都是实现住房安全最重要的途径，渭源县把农村危房改造作为一项惠及农村千家万户的民生工程，常抓不懈。2013 年至 2020 年底，全县累计发放危房改造补助资金 3.10 亿元，共实施农村危房改造 19755 户（其中建档立卡贫困户 7782 户）（如表 1），农村危房改造率 24.9%。通过危房改造等住房安全保障措施，全面消除了农村危房，解决了贫困人口的最基本安全住房问题，取得了良好的社会效益和经济效益。截至 2020 年底，渭源县有 A 级住房 13766 户、B 级住房 65496户。如今，泥土房已成为过去，红墙青瓦白瓷砖的宽敞房随处可见，渭源这片土地上焕发着崭新的生活面貌。

表 1　农村危房改造统计

单位：户，万元

年份	危房改造户数	危房改造补助资金
2013	1900.00	2187.00
2014	2814.00	3466.14
2015	3700.00	4437.50
2016	2227.00	2561.05
2017	4181.00	7697.50
2018	2194.00	3888.40
2019	2722.00	6708.33
2020	17.00	40.80

二　主要做法

（一）靠实工作责任

渭源县将危房改造工作的实施作为提升农村住房安全保障水平的总抓手，提前谋划、提前部署、统筹推进。通过建立县级领导包乡总抓，乡村两级干部包村包户主抓，行业部门配合协抓的三级包抓责任制，形成了县乡村三级干部齐抓共管住房安全保障工作局面。

（二）全面鉴定住房

组织乡村两级干部、驻村帮扶工作队、各级帮扶人员、第三方鉴定机构等人员，先后五次开展农村住房安全排查鉴定工作，摸清全县住房安全底数，收集住房安全佐证资料，实现了户户有据可查，累计悬挂危房改造标识牌9078个、发放住房安全达标认定书28390份、住房安全鉴定（认定）报告59852份，切实做到了农村住房安全保障的账账相符、账实相符。

（三）分类实施改造

根据农户贫困情况、居住地生产生活条件，结合拟改造危房的危险性程度，在充分征询农户改造意愿的基础上因地制宜确定了加固改造、拆除重建、房屋置换等危房改造方式，提高了危房改造政策实施的精准性，最大限度地保障了贫困户的住房安全。

（四）精准落实补助

对无劳力、无自筹资金能力的困难农户实行危改资金政府兜底保障政策；对家庭人口多、自筹资金困难农户精准实行危改资金差异化补助政策，减轻了贫困农户危房改造资金压力。到2020年底，渭源县共向269户农户发放兜底保障资金603.4万元，共向131户农户发放差异化补助资金233.85万元，有效避免了部分贫困户因房负债返贫现象的发生。

（五）规范操作程序

严格执行危房改造程序，严把危改标准，严格落实《农村危房改造最低建设要求（试行）》与《农村危险房屋加固技术标准》等方案要求，确保房屋质量符合国家标准，做到建筑面积适当、主要结构安全、基本功能健全，杜绝超标准建设问题，保障贫困人口的基本住房安全。

（六）强化培训宣传

每年对各乡镇的乡村工作人员、农村工匠、有能力自行实施改造的危房改造户开展技能提升培训，提高各方危房改造工作能力和技术水平。多方面大力宣传住房安全保障政策，提升农户对危房改造的满意率和认可度，营造了积极向上的舆论氛围。

（七）持续动态监测

持续开展住房安全动态监测工作，对农村住房安全状况进行不定期巡察，将发现的自然新增危房及因灾受损新增危房，及时纳入危房台账。通过农村危房改造或灾后恢复重建等措施，解决新增危房户的住房安全问题。全面巩固提升住房安全成果，为乡村振兴打下坚实基础。

三 危房改造缩影

（一）陈维虎家危房改造

年近半百的陈维虎近来心情不错，庄稼收成好，一家人热热闹闹地置办年货，"大丰收赶上住新房，双喜临门"。

陈维虎是渭源县北寨镇麻地湾村董家湾社村民，家里 6 口人，母亲王彩芳在家照顾父亲陈海平的生活起居，大女儿陈粉娟在湖南中医药大学读大二，小女儿陈粉转在县一中上高一，妻子路淑珍，在县城照顾上学的女儿。因为家里人需要照顾，陈维虎没有外出打工，而是在家务农养家。"家里的祖屋是土坯房，泥墙灰瓦，木门小窗，虽然不太美观，但开始还是安全能住的。没想到2019年的几场大雨，把老房子的地基淹透了，墙体开裂了，那段日子真是天天担惊受怕"，陈维虎回忆道。

了解到情况后，渭源县立即将陈维虎纳入了2019年的危房改造项目。"知道要修房子，但就是拿不出钱"，陈维虎很着急。这件事引起了各级组织的重视，住房问题是必须解决的大问题，要无条件解决。经商议，决定根据危房改造资金政府全额兜底补助的政策，给予陈维虎补助。

因为家里实在腾不出劳力，麻地湾村委会帮忙找了施工队，建设了80平方米的砖混结构安全住房。"盖房子花费的7.8万元政府全部给我解决了，我基本上没花钱，很快就把房子建好了，真是做梦都想不到能这么快解决房子的事，6月开工建设，10月我们就搬迁入住了"，陈维虎清楚地记得。

"危房改造后终于安心了"，陈维虎说，"新房子建得牢，地基浇筑了圈梁，钢筋水泥都扎实得很。瓷砖白墙大窗户，看着亮堂的房子，生活用品一应俱全，摆放得整整齐齐，一家人心里也舒坦。"

图1　北寨镇麻地湾村董家湾社陈维虎在危房改造后搬入新房（室内）

图2　北寨镇麻地湾村董家湾社陈维虎在危房改造后搬入新房（室外）

（二）周海兵家危房改造

周海兵是清源镇张家湾村高三社村民，家里有5口人，现为低保户。女儿周润在定西市体育学校就读，儿子周阳在清源中学上初二，妻子李艳在县城照顾上学的孩子，母亲李碧兰在家和周海兵一起生活。周海兵因为几年前的一次交通事故身体受到损伤，只能从事轻体力劳动，无法外出务工。

周海兵家以前的住房是 1985 年建的土房子。因年久失修，2019 年房屋因存在安全隐患变成了 C 级危房，需要进行改建。工作人员多次与其进行沟通，但是周海兵家庭情况特殊，虽说很想修建新房，改善居住条件，但他当时缺乏建房自筹资金，很是着急。后来，经各级组织协商考虑，最终决定把周海兵纳入 2019 年的危房改造项目，在落实危房改造补助政策的同时额外再补助一部分资金，采取危房改造资金差异化补助的方式，最大限度地对其进行帮助，解决其燃眉之急。

周海兵自己没能力建设，就和张家湾村委会共同协商确定了第三方施工单位，采取外包的形式，建设了 90 平方米的砖混结构安全住房。"盖了个房子，花费了 10 万元左右，政府前面补助了 2.4 万元，后面又补了 4.1 万元，给我解决了一大部分，剩余小部分找我的亲朋好友借了些，房子很快就建成了，如今入住新房，很感激，很安心"，周海兵回忆时说道。

如今，再次走进周海兵家中时，昔日的破败不堪换成了今日的焕然一新，全家的生活面貌得到了很好的提升。周海兵不止一次地说："感谢党和政府的恩情，感谢渭源县、清源镇对他的关心和帮助，现在生活步入了正轨，眼看着好日子就要到了，我要努力生活，把日子越过越红火。"

四 经验分析

渭源县危房改造的实践证明，危房改造是民生所在、党心所系、政之所行。危房改造的成功实践，给我们提供了经验启示。

（一）强化组织领导，落实工作责任

危房改造工作由县乡村三级干部齐抓共管，各级政府分工协作，保障政策措施的执行，确保了农村危房改造各项工作落到实处，使全县农村危房改造工程在短时间内取得了明显成效。

（二）坚持群众路线，取得群众信任

再好的政策，如果脱离群众的支持，也无法发挥真正的作用。渭源县把群众满意作为检验农村危房改造的根本标准，着力于两个"坚持"：坚持走群众路线，通过政策宣传以及收集民意，提升农户对危房改造的满意率和认可度；坚持分户改造，充分征询农户改造意愿，因地制宜确定改造方式，得到广大群众的拥护和支持。

（三）紧盯重点人群，杜绝因房返贫

渭源县站在群众的角度思考问题，重点关注群众困难，为减轻贫困农户危房改造资金压力，对困难农户落实了危房改造资金部分差异化补助和政府全额兜底相结合的危房改造补助政策，有效解决了部分困难户建房难的问题，避免了因房负债返贫现象的发生。

【专家点评】

杜甫在《茅屋为秋风所破歌》中发出"安得广厦千万间，大庇天下寒士俱欢颜"的感叹。在 21 世纪的今天，在中华大地轰轰烈烈开展的脱贫攻坚战中，住房安全得到了足够的重视，贫困老百姓不再有屋破的烦恼。渭源县认真落实中央、省委、市委关于脱贫攻坚的各项决策部署，积极探索实施面向建档立卡贫困户的危房改造方案，建立完善农村贫困群体危房改造长效机制，取得了显著成效，获得了人民群众的普遍认可，增强了党和政府的公信力，切实解决了全县住房保障问题，为乡村振兴奠定了坚实基础。

（点评专家：叶兴建，厦门大学马克思主义学院副教授，主要从事中国特色扶贫道路研究。）

从不轻言放弃　千方百计保学

摘　要：教育是根本上摆脱贫困和阻断贫困代际传递的重要途径。近年来，国家级贫困县渭源把教育事业摆在优先发展的战略地位，建立健全联控联保机制；控辍保学实现"无一人失学辍学"；及时开展走访帮扶活动；每天实行动态监测；突出残疾儿童就学；落实各项补助政策；着力改善办学条件，有效保障了义务教育的推行，在坚决打赢脱贫攻坚战，努力阻断贫困代际传递方面发挥了巨大作用。

关键词：教育脱贫　贫困代际传递　控辍保学

一　引言

渭源县围绕"发展教育脱贫一批"的中心任务，聚焦"义务教育有保障"坚决打好脱贫攻坚战，努力阻断贫困代际传递。中国青年报、人民日报、中国教育报、新华网、人民网等媒体先后报道了渭源教育扶贫工作经验。2018 年 3 月，中共中央政治局委员、国务院副总理胡春华到渭源调研时高度评价渭源县留守儿童关爱工作。渭源县义务教育均衡发展顺利通过国家评估认定，在甘肃省接受评估的 12 个县区中排名第一，九年义务教育巩固率达到 99.75%，渭源县特殊教育学校被评为"全国教育工作先进集体"。

二　模式与做法

（一）建立健全联控联保机制

渭源县制定印发了《加强控辍保学提高义务教育巩固水平的实施方

案》《控辍保学工作制度》《三类残疾儿童少年确认登记和组织入学工作制度》等，靠实教育、公安等部门及乡镇人民政府工作责任，形成了乡镇控辍、公安部门核查户籍信息、教育部门保学的联控联保工作机制。县教育扶贫专责工作组定期召开全县控辍保学工作推进会议，县教育局每月组织召开由各中学、学区、县直学校校长及扶贫专干参加的控辍保学工作会议，及时分析、解决控辍保学工作中存在的问题，确保贫困家庭义务教育适龄儿童不失学辍学。

图1　渭源义务教育均衡发展通过国家评估认定

（二）控辍保学实现"无一人失学辍学"

每年春、秋季学期开学前，县上组织教师入户摸底，采用多种形式广泛宣传《教育法》、《义务教育法》和《未成年人保护法》，把控辍保学政策和教育资助政策宣传到位，深入细致地做好学生入学工作；对起始年级认真落实义务教育划片招生、就近和免试入学政策，确保义务教育阶段适龄儿童全部就近入学。

（三）及时开展走访帮扶活动

充分利用寒、暑假时间，组织教师重点对劝返复学学生家庭开展走访

图 2　控辍保学工作会议

活动，采取"一对一、人盯人"的办法，深入细致地做好家长和学生的思想工作，确保劝返学生思想稳定、安心就学；学生返校后，学校积极落实"一生一案"，安排教师与劝返学生结对帮扶，确保劝得来、留得住、学得好。

（四）每天实行动态监测

依托甘肃省控辍保学动态监测信息管理系统，各学校班主任、校长坚持每天登录系统，对在校学生出勤情况、劝返学生在系统中进行标注，按时上报考勤数据；各包村教师对辖区所包贫困户学生开展监测，及时掌握学生就学状况；县级管理员每天监管学校上报的数据，对发现的问题及时协调解决。

（五）突出残疾儿童就学

按照以随班就读为主体、特教学校为骨干、送教上门为辅助的残疾儿童就学安置方式，将轻度残疾的儿童安排到普校随班就读，将中度残疾的儿童安置在特教学校就读，对于重度残疾且具备一定学习能力的儿童提供送教上门服务，全力做到残疾儿童就学"全面覆盖"。

图 3　渭源县特殊教育学校获得全国教育系统先进集体称号

（六）落实各项补助政策

全面落实义务教育"两免一补"和营养改善计划、学前免保教费、高中中职免学费和国家助学金等各项惠农政策，累计免（补）121.9 万人（次）77687.6 万元；通过开展贫困学生家访、学校励志教育、资助案例征集等活动，有力提升"资助育人"水平。

图 4　困难寄宿生生活补助发放现场

（七）着力改善办学条件

2013 年以来，全县累计投入资金 3.59 亿元，实施全面改薄项目学校

195 所，新建和维修加固校（园）舍总面积 12.25 万平方米，硬化操场 31.88 万平方米，装备多媒体教室 1036 个，购置计算机 2677 台、学生课桌凳 3.47 万套、学生用床 2797 套，配备音体美器材、实验仪器等必需教学设备，义务教育办学条件全部达到国家规定标准；投入资金 1.27 亿元，新建城区幼儿园 3 所、乡镇幼儿园 10 所、行政村幼儿园 115 所，实现 1000 人以上有需求的行政村幼儿园全覆盖，学前教育三年毛入园率达到 98.29%。

图 5　田家河乡元古堆小学新旧学校对比

图 6　学生在新实验室接受实验教学

三　经验启示

　　渭源县坚持教育优先发展战略，深化教育改革，积极探索创新教育脱贫攻坚机制，细化工作措施、靠实工作责任，充分发挥教育在脱贫攻坚工作中的智力保障作用，激发学生及家长的内生动力。全县上下大力弘扬领导苦抓、教师苦教、学生苦学、家长苦供、社会苦帮的"五苦"精神，以提高教育质量为重点，以统筹教育资源为抓手，全面实施素质教育，加快教育创新步伐，强化教育管理，推进教育公平，促进全县教育事业健康有序发展，开创教育扶贫渭源样板。

　　一是强化组织保障，坚持高位推动。成立由县委、县政府分管领导任组长，教育局负责牵头抓总，各相关部门协调配合落实行业扶贫责任的教育扶贫专责工作推进小组，统筹推进教育扶贫工作；县教育局成立教育扶贫工作领导小组，各中学、学区、县直学校配备教育扶贫专干，组建教育扶贫工作专班，分别从人力、物力、财力等方面为教育扶贫工作提供有力保障。

　　二是创新推进机制，确保政策落实。建立教育扶贫"月督查、月研判"机制，县教育局每月对基层学校教育扶贫工作开展一次全面督查，组织教育、公安、扶贫、残联等部门每学期开展两次数据质量提升联合比对，抓好问题整改，持续跟踪推进教育扶贫工作，确保扶贫政策全部落实到位。

　　三是扎实安排部署，靠实责任分工。制定《渭源县教育精准扶贫工作责任制》及教育脱贫攻坚责任清单，实行教育局班子成员包乡镇、学校校长包村、教师包户、班主任包班级制度，压实各分管领导、教育局职工、学校、教师的责任，形成了一级抓一级、层层抓落实的工作机制。

　　四是深化教育改革，促进城乡发展。创新开展集团化办学改革，加强和完善集团化（联盟）办学工作机制，积极巩固义务教育均衡发展成果，通过督促集团、盟区总校组织开展活动，加大对农村学校教师的培养培训力度，带动全县教育教学质量的整体提升，促进城乡教育一体化发展。

【延伸案例】

联控联保出实招　劝返复学见成效

——王娟劝返复学侧记

　　王娟，女，12岁，新寨镇剪子岔小学五年级学生。2019年春季学期开学后王娟未按时报到，经教师入户了解到王娟父母于2015年4月离婚，2019年寒假被母亲带走，无法取得联系。控辍保学是"义务教育有保障"的重中之重，王娟未入学的事情引起各级领导的重点关注，新寨镇成立了由镇政府、派出所、学区、剪子岔村相关人员组成的工作组，以全力做好劝返工作。

　　工作组几经周折，2019年4月20日，联系到王娟母亲，工作人员及时与其沟通并对其做思想工作，但王娟母亲仍然不愿提供详细情况，只透露了自己在内蒙古。4月24日，工作人员赴内蒙古各琦苏木镇西部铜业有限公司矿场找到王娟母亲，耐心细致地进行思想动员，终于使王娟母亲答应将孩子送入学校读书。但由于打工地离县城近150公里，加上王娟的特殊情况，王娟母亲仍有很多的顾虑，迟迟未送王娟就近入学。

　　5月14日，县政府再次派工作组赴内蒙古巴彦淖尔市乌拉特后旗开展劝返复学工作。走进王娟母亲的住处时，工作组开门见山直奔主题，从谈话中了解到王娟及其母亲的真实想法后打消了她们的众多顾虑。工作组在当地给王娟联系就读学校，在内蒙古巴彦淖尔市乌拉特后旗教育局，工作人员陈述了王娟的坎坷遭遇以及渭源县控辍保学工作的开展情况，当地教育局对王娟的入学予以大力支持，立即安排王娟到乌拉特后旗呼和温都尔镇学校就读。学校为王娟办理入学手续，安排分班、住宿等各项工作。该校是一所乡镇九年制寄宿制学校，占地面积8万多平方米，有85名教职工，300多名学生。看到宽敞的校园、整齐的校舍、标准化的配套设施，王娟母女俩脸上露出了久违的笑容。

　　工作组圆满完成劝返任务返程，临别时，王娟母亲动情地说："感谢党和政府为王娟找到了上学的路，我一定要安心打工，让孩子完成学业，直至考上大学。"

【专家点评】

　　渭源县是甘肃省 23 个深度贫困县之一，它按照习近平总书记关于"扶贫先扶志""扶贫必扶智"的重要论述，探索出西部深度贫困县教育扶贫攻坚的"渭源模式"，在阻断贫困代际传递上取得初步成效，得到了老百姓的普遍赞誉，获得了党和国家的高度认可。

　　渭源县创新教育脱贫攻坚工作机制，通过制定对策、落实责任清单、建立研判机制、健全联控联保机制等举措，积极推进"义务教育有保障"脱贫攻坚目标任务，不断提升办学品质，取得了可喜的成就，为推进更加公平、更有质量的教育迈出了更加坚实的一步。

　　（点评专家：黄兆信，教育学博士、二级教授、博士生导师。现任杭州师范大学副校长，教育部长江学者特聘教授、青年长江学者、入选国家百千万人才工程和教育部"新世纪优秀人才支持计划"、国家有突出贡献中青年专家、国务院政府特殊津贴专家、浙江省特级专家；兼任教育部高等学校创新创业教育指导委员会委员、浙江省高校创业教育教学指导委员会副主任，国家社会科学基金项目评审专家等。）

【医疗】

注重基层基础　保障健康扶贫

摘　要：渭源县健康扶贫工作着眼医疗卫生事业发展，全面落实基本医疗有保障各项政策，夯实公共医疗基础，确保贫困人口看病有地方；加大人才培养，确保贫困人口看病有医生；因病分类施策，综合防控深入人心；落实医保政策，确保贫困人口看病有制度保障；创新医保机制，多层面提升服务质量。随着健康扶贫工作的推进，全县医疗卫生服务水平稳步提高，贫困群众就医负担逐步减轻，建立起了阻止"因病致贫，因病返贫"的"铁门槛"。

关键词：医疗卫生　医保　健康扶贫

一　引言

过去，村里没有标准化的村卫生室，没有适宜的药品和必要的医疗器械，没有合格村医，卫生院没有必要的设备，医保体系不完善、手续繁多……渭源县坚持"常见病、慢性病和地方病能够在县乡村三级医疗机构及时诊治，得了大病、重病后基本生活仍然有保障"这条主线，着眼健康扶贫工作发展，全面落实基本医疗有保障各项政策，特别是对贫困群众的倾斜政策。通过努力，全县医疗卫生服务水平稳步提高，贫困群众医疗负担逐步减轻，建立起了阻止"因病致贫，因病返贫"的"铁门槛"。

二　模式与做法

（一）夯实公共医疗基础，确保贫困人口看病有地方

2014 年以来，渭源县争取和投入资金 2.83 亿元，完成了县乡村三级医疗卫生机构的基础设施建设。217 个村卫生室建设全面到位，均达到了面积 60 平方米、四室分开的标准，能正常开展基本医疗和公共卫生服务；乡镇卫生院建设快马加鞭，在显著改善医疗环境的同时，配备了 DR 机、彩超机、数字心电图机、生化分析仪等医疗设备；县级医院建设强势推进，三所县级医院均达到了二级甲等医院标准。

图 1　渭源县人民医院

图 2　渭源县五竹卫生院

（二）加大人才培养，确保贫困人口看病有医生

多年来，医疗人才紧缺一直制约着渭源县健康扶贫的推进。为吸引优秀人才，渭源县在机构编制条例规定范围内优先保障引才用编。2015 年以来累计引进农村订单定向免费医学生 26 名，引进紧缺型技术人才 16 名，通过县级医疗机构留岗、基层医疗机构服务的方式招聘特岗全科医生 13 名，每个乡镇卫生院均配有全科医生；积极拓宽村医招录渠道，通过公开招聘、村室院管、落实村医待遇等方式，吸收优秀村医在村卫生室工作；健全人才培训进修机制，2016 年以来，共选派 216 名专业技术人员到上级医院进修培训学习，用五年时间安排 217 名村医以轮训的形式顺利完成 6 个月的全脱产培训。

图 3　开展村医培训

（三）因病分类施策，综合防控深入人心

针对大病，渭源县印发《大病集中救治告知书》，利用家庭医生签约团队，积极宣传引导贫困人口中大病患者到定点医疗机构救治。大病救治定点医院对自愿就医患者，按照"四定两加强"（定临床路径、定救治医院、定单病种费用、定报销比例，加强救治管理、加强责任落实）规定措施，进行救治；"糖尿病、高血压、精神病、肺结核"是常见的慢性病，也是大多数家庭因病致贫的主要原因，渭源县依托国家基本公共卫生服务项目对"四病"人群每年进行一次体格检查，利用家庭医生签约服务团队

每季度对患病人群进行一次随访，对症下药，因病施策，对"四病"人员进行全面管理；严格落实农村妇女"两癌"筛查工作与贫困地区儿童营养改善项目，加强出生缺陷综合防治，让广大妇女儿童享受到了健康扶贫政策的特别关爱，也为提升全民健康素质奠定了基础。

图 4　开展家庭医生签约服务

图 5　发放儿童营养包

（四）落实医保政策，确保贫困人口看病有制度保障

确保群众能参保。贫困人口医疗保险以参加城乡居民基本医疗保险为主，因务工等原因外出人员以在异地参加城镇职工医疗保险为辅。城乡居民医疗保险参保缴费采用"县、乡、村、社"四级联动机制，通过政策制定、安排部署、宣传引导、动员收缴、参保资助、信息核对、异地参保证明审核、重点催收等方式全力开展群众参保工作，建档立卡贫困人口参保率连年实现100%。

确保参保有资助。对贫困人口参加城乡居民基本医疗保险个人缴费部分实施全覆盖资助政策，资助标准根据筹资水平逐年提高，不同贫困人口类型资助标准不同，由原来的每人30元、120元提高到了现在的120元、280元，累计资助资金持续增长。

确保落实有保障。实行基本医保、大病保险、医疗救助"三重保障"，贫困患者住院时，实行"先诊疗后付费"和"一站式即时结报"制度，患者只需在出院时结清个人自付部分费用。

确保报销有倾斜。对建档立卡贫困人口补偿实行优惠政策，基本医保住院补偿比例提高5%，大病保险、医疗救助起付线均降低50%，同时补偿比例提高5%，大病保险上不封顶（意外伤害情况除外）。同时，落实普通门诊和慢性病门诊、两病门诊等门诊补偿政策，对患者在定点医疗机构门诊发生的费用根据疾病的种类、严重程度等分类按比例予以补偿，进一步降低贫困患者就医负担，降低因病返贫的风险。

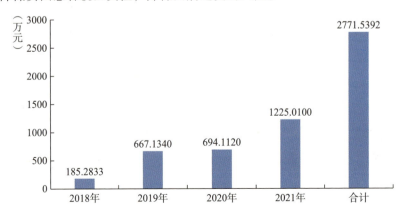

图6　2018～2021年城乡居民基本医疗保险参保资助情况

（五）创新医保机制，多层面提升服务质量

信息比对，筑牢服务基础。建立"四方"（公安、扶贫、民政、医保）数据比对机制，提高医保信息系统数据质量，提升医疗保障精细化管理水平，每10天开展一次信息比对，核改错误信息。

持续改进，健全服务体系。全县217个村实现了医保报销系统全网通，实现了村卫生室药品零差额销售，实行了"一站式"即时结报。

"两下一上"，管好基础台账。创新电子台账动态管理办法，按季度或年度打印纸质台账，即县级数据两次下发乡村，乡村核实数据一次向上反馈的模式。

深入基层，巧解保障难题。通过调研、基层干部反馈、待遇落实比对，掌握群众待遇落实情况，定期或不定期组织干部入户上门调查核实，收集报销资料，解决了一大批特困群众实际报销问题，同时也解决了一些群众生活难题。

广泛宣传，提升政策知晓率。围绕"生病找谁看、大病怎么转、报销怎么办"等群众关心的问题，多渠道、多层次开展医保政策宣传。各级医疗机构设置"医保扶贫政策宣传"专栏，将医保政策和办事流程归集在该栏目中，向广大群众公布，确保群众方便查阅，改变群众不科学的就诊就医观念。

三　实施成效

实现了贫困人口看病有地方、有医生。县乡村三级医疗机构基础设施达到了建设标准，设备配备能够满足基本医疗和公共卫生服务需要，每个医疗机构均有合格医生，能提供基本医疗服务。

医疗机构服务能力进一步提升：①分级诊疗病种不断增加（县医院由2017年的179种增加到了2020年的267种），业务范围持续扩大；②医联体建设工作全面推进，县人民医院与乡镇卫生院成立了胸痛中心、危重孕产妇救治中心、危重儿童和新生儿救治中心、卒中中心等医共体专科联盟，县医院与省级医院、县医院与乡镇卫生院直接远程会诊系统的接通，实现了优质医疗资源的有效运用；③乡村一体化管理全面推进，按照"六

图7　开展医保扶贫政策宣传

统一"对村卫生室进行全面管理，进一步明确了村医职责，全面落实村医待遇，提高了村医的工作积极性。

医疗保障水平显著提高：①全县贫困人口参保实现全覆盖；②基本医保、大病保险、医疗救助"三重保障"全面实现，建档立卡贫困人口住院合规费用报销比例达90%以上；③省域内异地转诊转院、异地安置备案、异地就医"一站式"即时结算全面落实。便利的就医渠道，便捷的报销程序，使得常见病不出村、小病不出乡、大病不出县、重大疾病有保障的看病理念深入人心。

居民健康水平得到改善：①农村妇女宫颈癌与乳腺癌筛查项目、国家免费孕前优生健康检查均全面完成；②贫困地区儿童营养改善、新生儿疾病筛查实现了全覆盖；③大病、传染病、地方病患者得到了及时救治，慢病患者有了签约医生。科学的健康理念逐渐融入人们生活，群众健康水平得到了有效提升。

筑牢网底　保障民生

在田家河乡韦家河村，年近七旬的村医张宏伟，早晨七点准时打开村卫生室大门，开始每天的工作。这样的日子，他已经过了40多年。韦家河村离县城45公里，多年来村里只有他1名村医，村民们有个头疼脑热，第一个想到的就是他。有时候夜里接到村民的电话，摸黑出诊也是常事。在最早的时候，村里没有卫生室，没有适宜的药品和必要的医疗器械，他将自己家的房间改造成卫生室，并四处奔波，向各村民小组"化缘"，采购药品、器械等，免费为乡亲们服务。2014年脱贫攻坚以来，政府投资建设了村卫生室，60平方米、四室分开，并配备了常用诊疗设备和常用药品，村卫生室诊疗环境得到了极大的改善，常见病、多发病、慢性病都能得到及时诊治。由于张宏伟年龄大了，卫生室又招聘了1名村医，和他一起工作。他们一起凭借高尚的医德、良好的医风、过硬的医术，守护着一方百姓的安康。

脱贫攻坚以来，为了解决基层群众看病难问题，让人民群众享受到安全、便捷、优质的医疗服务，争取"小病不出村"，渭源县紧盯基本医疗有保障标准，致力于实现贫困人口看病有地方、有医生，具体采取了以下措施。

一是严格对标，实现一村一室。全县217个行政村，每个村均有1所标准化村卫生室，60平方米、四室分开，每个村卫生室至少有1名合格村医在岗执业，均能正常开展基本医疗和公共卫生服务。

二是村室院管，落实村医待遇。乡镇卫生院与村医签订聘用合同，对村医按照乡镇卫生院的临聘人员进行管理，为其购买企业职工养老保险。村医工作日每天上午8：30至12：00、下午2：30至6：00要正常在岗，开展入户随访、体检等。不在岗时在村卫生室醒目位置张贴随访、巡诊时间安排表和联系方式，并24小时保持手机畅通，随时为群众提供上门服务。全面落实村医待遇有关政策，按照服务人口1000人以上的村医2000元/月、服务人口1000人以下的村医1000元/月标准为在岗村医预支基本

图8　村卫生室

工资，每季度根据绩效考核结果落实绩效工资，村医基本工资和绩效工资全部通过银行卡发放。村医待遇由五部分构成：省级定额补助，国家基本药物制度补助，基本公共卫生服务项目补助，村医按照西医5元/人次、中医6元/人次的标准收取的一般诊疗费，中医药适宜技术治疗收入。同时为离岗村医落实了养老补助政策。

图9　入户体检

三是结合实际，提高医疗质量。使村医掌握急性上呼吸道感染、扁桃体炎的诊治，急性气管－支气管炎、胃炎的诊治，胆囊炎、感染性腹泻、尿路感染的识别与治疗，原发性高血压的诊疗基础，糖尿病的药物治疗管理和膝关节骨关节炎防治等10个常见多发病的规范诊治技术。同时，至少掌握艾灸、拔罐、刮痧等3项中医适宜技术；提供疾病的初步诊查和常见病、多发病的基本诊疗以及康复指导、护理服务，危急重症病人的初步现场急救和转诊服务。

图10　开展中医适宜技术培训

　　四是签约服务，开展公共服务。提供健康教育、预防保健等公共卫生服务。完成0~6岁儿童、老年人及慢性"四病"（高血压、2型糖尿病、严重精神障碍、肺结核）等6类重点人群健康管理村级任务。同时积极开展家庭医生签约服务工作，按照"应签尽签"的原则，以建档立卡贫困人口中的慢性"四病"患者为核心、患病人群为重点、签约质量为关键，由家庭医生签约团队为贫困人口精准制定"一人一策""一病一方"家庭医生签约健康帮扶措施，提供个性化家庭医生签约服务，并通过"健康甘肃"手机App动态监测工作进展、监管措施落实情况、评估签约帮扶质量。

　　五是即时结报，方便群众就诊。217个村卫生室全部纳入了城乡居民定点医疗机构，患者就诊后，实行网络直报，患者只需支付个人自付部分费用即可。

图 11　家庭医生签约服务

图 12　村卫生室（一）

六是强化培训，提升村医水平。加强乡村医生在岗培训，从 2016 年开始，每年选派一定比例的在岗乡村医生参加全省乡村医生为期 6 个月的全脱产培训；同时落实了乡村医生每月到乡镇卫生院上一周班或一周上一天班的工作制度，乡村医生每周 1 天或每月 4 天到乡镇卫生院开展临床实践，或由乡镇卫生院定期选派业务骨干到村卫生室坐诊，开展临床带教指导，切实帮助乡村医生提高服务能力和技术水平。

图 13　村卫生室（二）

【延伸案例】之二

三重组合保障　护航全面小康

苏振强，现年 27 岁，属建档立卡贫困户，家庭人口共 4 人，通过政府帮扶于 2018 年实现脱贫。虽然苏振强的爷爷已经 80 多岁，母亲因心肌梗死做了支架手术，无劳动能力，并且患有糖尿病、高血压，需要常年打胰岛素维持病情，但苏振强信心足，农闲时便外出务工，父亲勤劳，积极发展种植业，家庭收入还算好，一家人生活也还算幸福。然而，2020 年 5

月，苏振强因头部不适住院，首次被确诊为颅内占位性病变，辗转多家医院后被确诊为颅内恶性肿瘤、脑积水；仅2020年，苏振强就跑了6家医院，先后7次住院接受治疗。他先在郑州大学第一附属医院做了手术，后又在兰州大学第二医院等医院接受后续治疗，病情好转后，现在联勤保障部队940医院住院化疗。2020年苏振强已结算住院总费用累计37.44万元，"三重保障"的政策组合，累计为苏振强报销医药费33.03万元，总费用报销比例达到88.22%，其中基本医疗保险报销8万元，大病救助报销19.16万元，医疗救助补偿5.87万元，有效防止了苏振强一家因病返贫。在苏振强的后续治疗中，"三重保障"将持续发力，应报尽报，直至其完全康复。

通过多年努力，渭源在基本医疗方面构建起了"三重保障"，即群众住院后可通过基本医疗、大病保险、医疗救助三重政策报销住院费用，严防贫困群众"因病致贫，因病返贫"。基本医保报销封顶线为每年8万元，大病保险除外伤伤害最高报销2万元外，其他病种报销上不封顶，最后由医疗救助对剩余费用再次报销，普通疾病封顶每年4万元，重特大疾病报销封顶每年8万元。通过实行这一套组合政策，既满足了建档立卡户普通病种保障需要，又充分保障了重特大疾病患者需求，最大限度地发挥了基本医疗有保障的政策效益，基本医疗有保障托底任务全面实现。

【专家点评】

实现贫困人口基本医疗有保障是"两不愁、三保障"的重要内容，是贫困人口脱贫的基本要求和核心指标之一，不仅事关贫困人口的健康权益和脱贫攻坚的成败，而且事关健康中国建设进程和如期全面建成小康社会。因而，斩断"因病致贫，因贫返贫"的有效办法就是"靶向治疗"——寻找切合本地实际的健康扶贫最优路径。

渭源县卫生健康系统、医保系统把保障全县人民的身体健康作为自身的应有职责，勠力同心，高效利用优惠政策，摸索出了健康扶贫"渭源经验"，提升了基层医疗机构服务能力，对因病致贫人群分类施策、全面落实医疗保障优惠补偿，使健康扶贫的制度得以创新、政策得以优化。健康扶贫的渭源经验表明，基本医疗有保障不只可以实现"三个一批"（大病集中救治一批、慢病签约服务管理一批、重病兜底保障一批）和"健康有人管，患病有人治，治病能报销，大病有救助"，还可再上台阶做得更好，使这项民生工程成为百姓幸福路上的护身符，从而营造更为融洽和谐的社会环境。

（**点评专家**：李红梅，研究员，高级政工师，现任海南师范大学党委书记，省委候补委员，海南省社会科学界联合会副主席，教育部安全委员会副主任委员，多项研究成果获省社科成果一等奖、省五个一精神文明奖等。）

昔日苦瘠甲于天下　如今甜水泽润万家

摘　要：纾解民困，水利先行。为解决贫困地区群众生产生活用水问题，渭源县采取六项举措精准发力：完善供水网络、实施巩固提升项目、补助用水资金、夯实供水水质、强化管护保障、确保产业供水。渭源县对水利建设工程的精准定位与精准指导，使得全县农村饮水安全问题得以全面解决，打赢了饮水安全脱贫攻坚战。

关键词：扶贫开发　水利建设　农村饮水

一　引言

渭源县地处黄土高原、西秦岭和青藏高原三大地质板块的交会地带，北部干旱少雨、南部高寒阴湿，年平均降雨量小于 400 毫米，蒸发量大于降雨量近 2 倍，北部地区内大小河流均无常流水，水质多为苦咸水。集中供水工程建成前半夜起床"抢水"是北部山区群众每天最重要的劳作内容之一，"一方水土难养一方人"是渭源县曾经的真实状况。

二　做法及成效

（一）吃水为先，完善供水网络

解决贫困地区农村饮水安全问题，是脱贫攻坚"两不愁、三保障"的重要任务之一，也是筑牢"民生底线"至关重要的一环。脱贫攻坚开展以来，县政府连续 3 年将饮水安全列为向全县人民承诺办理的十件实事之一。

为加快全县农村饮水安全工程的实施进度，渭源累计投入资金 1.89 亿元，完成各类供水管线埋设 8000 多公里，形成了以集中供水工程为重点，小型提水工程和分散式供水为辅助的供水保障体系；工程建设过程中为全力推进自来水入户，最大限度地确保工程效益发挥，让老百姓真正得到实惠，对不能自筹资金完成自来水入户的贫困户，采取"县上投入一部分、乡镇自筹一部分、农户分期缴纳一部分"的方式，解决该部分农户无法支付管线开挖费、设施费用的问题。通过统筹规划、逐年建设、逐年覆盖，确保了农村自来水入户全面覆盖。

图 1　脱贫前元古堆村的孩子们要到供水点抬水

（二）保障为要，确保供水稳定

为全面提升农村饮水安全工程供水保证率，从 2015 年开始累计投入 1.12 亿元实施了 11 项巩固提升项目，解决了北部农村饮水安全工程净水厂处理能力不足、主管线输水能力不足、部分村级管线偏小导致供水不足等问题，改善了东南部农村饮水安全工程水源供水水质和西南部农村供水工程部分村调蓄能力不足及早期建设的人饮解困工程管网老化情况；项目建设期间，渭源县通过国开行贷款、整合扶贫专项资金，足额落实了项目建设资金，保证了工程的顺利完工，全县农村集中供水工程的供水保证率达到了 95% 以上。

图2　清源镇星光村麻登海家吃上了自来水

（三）补助为基，消除吃水贫困

脱贫攻坚"不落一户，不落一人"，小康路上不少一人。渭源县及时安排部署，对全县群众的饮水问题进行全面排摸，通过项目建设减免接通自来水费用和提供自来水入户补助等措施，为全县4230户特殊困难户接通了自来水。渭源水利工作人员真正做到了让自来水"应通尽通，不落一户"，实现了"发展成果由人民群众共享"的目标。

（四）健康为本，夯实供水水质

水通了，水质保障是个新问题。为此，渭源县持续加强饮用水水源地保护和管理，在3个饮用水水源地保护区内设立了明显的警示标志；建设了防护围栏和隔离网；设立了界标、交通警示牌、宣传牌、界桩和排污栅；编制了饮用水水源地突发环境事件应急预案；让各供水厂全部办理供水卫生许可证、管理员健康证。此外，还建成了县农村供水工程水质检测中心，为检测中心落实了实验室工作人员，配备了各类大型检测仪器26台（套），对全县农村集中供水工程水源水、出厂水、末梢水开展水质检测工作。开展常态化水质监测，并为北部、东南部、五竹水厂配备了3台便携式水质监测仪，使所有水质全部符合生活饮用水卫生标准，让群众喝上了

"健康水"。

（五）管理为主，强化管护保障

农村饮水安全工程，建好是基础，管好是关键。为确保工程效益能够得到充分发挥，全县不断创新管理机制，制定印发了《渭源县农村供水调度维护服务管理办法》《渭源县农村饮水安全工程运行管理办法》，成立了农村饮水安全工程运行管理总站，16个乡镇和水厂供水工程全部成立了专管机构，217个行政村全部配备了水管员这一公益性岗位人员；渭源县按照乡镇、村社划分了管网巡查区域并确定由专人负责，村社成立用水监管小组协助管护；在微信、QQ等平台将各乡镇水利站责任人及联系方式予以公布，方便群众将供水方面的问题及时反馈给各乡镇水利站，确保群众饮用水供应能够及时得到保障；印制脱贫攻坚宣传漫画、农村饮水安全用水户明白卡、《脱贫攻坚农村饮水安全若干问题解答》等饮水安全宣传资料，在全县范围内进行了宣传，做到政策宣传到村、到社、到户，提升了脱贫攻坚农村饮水安全政策知晓率和群众满意度，确保"最后一米"管护到位。

（六）发展为重，确保产业供水

为切实解决产业发展缺水问题，全县先后投资1010.93万元组织实施了农田水利设施建设项目（2016年度）、北寨镇前进村经济林高效节水灌溉项目等高效节水工程。同时，合理调整水资源分配和配置供水管网建设，为全县兴起的花卉、蔬菜、食用菌、金丝皇菊、金鸡、中药材等10大新型富民产业提供供水保障，实现了从"水比油贵"到"水来产业兴"的转变，实现了从满足人畜饮水到"富水兴产业"的历史性跨越。

截至2020年底，全县217个行政村1560个自然村自来水覆盖率均达到了100%，安全饮水达标率100%，累计完成自来水入户7.6万户（其中建档立卡贫困户2.44万户），全县自来水普及率达到97.6%，较2013年提高28.9%，全面解决了农户安全饮水问题。

三　水利脱贫攻坚典范

今年71岁的牛淑芳老人，家住渭源县最北部、最干旱山区的大安乡大涝子村。说起当年缺水的情况，老人记忆犹新："那时候，白天在地里干活，晚上到 2 公里外的地方挑水，人多的时候要排队，连觉都睡不好。"由于丈夫去世得早，牛淑芳成了家里唯一的劳动力，说起当年的吃水情况她眼眶还泛着泪花。丈夫在她 36 岁的时候留下 3 个年幼的孩子去世了，那时候的农村只能靠种地维持生计，种庄稼也是靠天吃饭，为了让 3 个孩子有肉吃，牛淑芳在家养了头猪，这样用水量就大了，需要凌晨 4 点多起床到山的另一边沟里挑泉水，即便是这样到天亮也只能挑两趟水，因为往往第二趟水挑完泉里就没水了，再想挑水就要排队等很久而且水是"稠"的；挑来的水也是用了再用，洗菜和刷锅的水用来喂猪，衣服要攒到农闲的时候才能洗，或者下了雨接了雨水才能有水洗衣服，而且是一盆水反复用；"脏水洗不脏衣服"是当地人为了节约水经常挂在嘴边的一句话，洗澡、洗头更是很奢侈的事情，"吃水难"成了牛淑芳老人一生抹不去的记忆。

2000 年左右的时候，国家实施"母亲水窖"和"121 雨水集流工程"，北部山区的群众陆续建起了水窖，将雨水集起来供全家人生产生活使用。自从水窖建起来，牛淑芳就不用天天起早排队去挑水了，可是水窖也是靠天吃水，遇上干旱，水窖里还是没有足够的水供全家人用，还是要去排队挑水。慢慢地牛淑芳年龄大了也挑不动了，直到 2012 年，大安乡完成集中供水覆盖后，挑了几十年水的牛淑芳终于吃上了甘甜的自来水，"吃水难"终于成为历史。为了让建成的供水工程运行好，渭源县批复设立了大安水利站，承担起大安乡和邻近北寨镇部分村 2500 多户群众的供水保障工作。水利站的工作人员每天要检查一次泵站运行情况。水利站服务区域面积达 161 平方公里，巡查主管线 29 公里，支管线 486 公里，由于山大沟深、群众居住分散，到最远的农户驱车巡查一次得 4 个小时，但为了让群众吃上水，他们日复一日地坚守着。但是随着工程运行年限的增加和群众生活水平的提高，需水量越来越大，大安乡又处于整个供水工程的末端，到了夏季尤其遇上干旱年，如果供水管线前端的用水户利用自来水浇菜地、建房子，水就到不了住在管线最末端的农户家中。为了解决停水期间的吃水问题，牛淑芳只能将自来水放到水窖里面存起来使用。随着 2017 年北部农村饮水安全巩固提升项目的建设，供水保证率大幅度提升，牛淑芳说："去年家中的自来水没有停过一次。"有了"富裕水"，牛淑芳的儿子贾福胜在家搞起了养殖，养了 9 头牛还有几十只羊，年收入

6 万多元，彻底摆脱了贫困。

图 3　农户喝上了香甜的自来水　　图 4　农户正在饲养政府配套的产业牛

【专家点评】

　　水利是国民经济的命脉。我国水资源短缺，人均占有量低，但水利工作涉及人民群众最切身的利益，事关城乡之间、区域之间、经济与社会、人与自然等多方面的和谐发展，在贫困地区经济社会发展中具有重要的支撑作用。经过数年连续攻坚，渭源县的农村饮水安全工作取得突出进展，贫困地区农村饮用水安全达标，农田水利基础设施条件得以改善，逐步落实了水利支持幸福美丽新村建设工程。在具体做法上，渭源县的经验值得贫困地区借鉴。

　　渭源实行领导责任制，形成层层抓落实的工程建设推进机制，完善供水网络，实施饮水安全巩固提升项目等举措，保障了农村饮水安全工程持久运行，实现了"细水长流"；产业供水建设项目为新型富民产业提供了供水保障，有效促进了产业兴旺发达，饮用水也变成了"致富水"。渭源县开展的饮水安全工程建设管理和巩固提升工作，切实保障了农村饮水安全，为乡村振兴注入了"源头活水"。

　　（点评专家：陈向军，管理学博士，二级教授，现任黄冈师范学院校长，中南财经政法大学合作博士研究生导师，中国商业经济学会副会长，湖北省商业经济学会会长，湖北省教育厅中青年科技创新团队负责人，曾获湖北省优秀教学成果奖、湖北省社会科学优秀成果奖等省部级奖励。）

第四部分

脱贫措施

厚植根本抓产业　创新机制促脱贫

摘　要： 渭源县产业扶贫益贫带贫机制的主要内容和经验做法，可归结为"一个模式＋三个机制"，即"四位一体"生产经营模式及市场主体"双层一体化"联合运营机制、"五统一分"带贫参与机制、"三保底再分红"管理分配机制，为形成当地十大产业发展格局保驾护航，为建立防贫返贫长效机制奠定基础，成为渭源县打赢脱贫攻坚战的有力支撑。

关键词： 产业扶贫　收益分配　扶贫机制

一　引言

渭源县是中国马铃薯良种之乡、中国党参之乡，发展马铃薯种薯、中医药产业。近年来，渭源县牢记习近平总书记嘱托，以构建产业扶贫益贫带贫机制为支撑，以创新扶贫资产管理使用为抓手，以强化基层治理体系为基础，深入开展了一场"机制创新引领、干群合力推动、脱贫效应显现"的决战决胜脱贫攻坚生动实践。

在产业扶贫的过程中，渭源县创新了"龙头企业＋合作社＋基地＋农户"的四位一体产业发展模式，构建了市场主体"双层一体化"联合运营机制，建立了统一规划地块、统一开展培训、统一提供良种和农资、统一技术管理、统一产销对接和分户生产经营受益的"五统一分"带贫参与机制，构建保贫困户最低收入、保底价收购、保证补贴资金变股金循环成本，合作社盈余按股权分配和交易量分红的"三保底再分红"管理分配机制，建立健全种养产业、自然灾害和市场波动风险保障机制。

二　模式与做法

（一）"四位一体"产业发展模式

在产业扶贫过程中，渭源县积极发展贫困户入社，打造"龙头企业＋合作社＋基地＋农户"的产业联结体，创建"四位一体"的生产经营模式，由政府主导组建24家国有农业投资公司，联合37家龙头企业，成立了48家联合社，组织1046家合作社，带动2.2万户贫困群众参与基地建设，充分发挥"携手扶贫"等载体作用，推动特色优势产业规模不断壮大，主导产业向专业化、标准化、品牌化方向发展，为"致富一家、带动一片"营造了良好氛围。

（二）市场主体"双层一体化"联合运营机制

为了提高产业发展的市场化程度，渭源县按照"政府主导、市场主体、企业主力"的原则，创建市场主体"双层一体化"联合运营机制，组织县乡两级国投公司与龙头企业、合作社开展联合经营，动员各类龙头企业参与组建和改组改造合作社，全县16个乡镇1614家合作社完成了改组改造、规范提升，规范运营的合作社达到1614家，与5.76万户农户以订单方式建立了产销对接关系，促进种养、生产、加工、研发、销售有效衔接，形成上接市场、下联农户的整体联动模式。

（三）"五统一分"带贫参与机制

为了提高贫困群众自我发展能力，保证贫困群众依托产业稳定增收，渭源县组织龙头企业和合作社根据市场需求，创建了"五统一分"带贫参与机制，即统一规划地块、统一开展培训、统一提供良种和农资、统一技术管理、统一产销对接和分户生产经营受益，充分调动贫困群众参与产业发展的积极性，每年开展技术培训4.6万人次，提供良种3万多吨，配送农资1万多吨，合作社与31家企业签订销售协议，农户通过参与生产经营获得收益。

（四）"三保底再分红"管理分配机制

为了规范合作社运营，长效发挥带贫效应，渭源县创建"三保底再分红"管理分配机制。"三保底"指的是保贫困户最低收入、保底价收购、保证补贴资金变循环股金，"再分红"指的是合作社盈余按股权分配和交易量分红；全县累计投入循环股金 1.28 亿元，贫困户参与市场主体生产经营获得收益，其中参与食用菌、花卉等新兴产业的 1550 户年保底收益在6000 元以上，参与养殖业的 3197 户年保底收益在 1000 元以上，参与马铃薯产业的 3500 户每亩保底收益 1500 元以上，参与小杂粮产业的 450 户每亩保底收益 2000 元以上。

三 经验分析

正是因为有脱贫攻坚的政策支持，有产业扶贫的资金投入，渭源县在产业扶贫中打造支撑点，构建了完备的产业体系，建立健全符合县情实际的益贫带贫机制，从根本上解决了贫困户产业发展中在技术、资金、管理、市场和信息等方面存在的一系列瓶颈问题，把贫困户深度嵌入产业发展链条和环节上，在市场主体和贫困户之间建立合理的利益分配机制，充分调动企业和贫困户双方的积极性，激发农村发展活力，为贫困群众稳定增收脱贫提供了有效支撑。

（一）立足优势，发展扶贫产业

渭源县始终坚持将产业扶贫作为实现脱贫的治本之策，充分挖掘产业资源，尊重农户意愿，培育形成了特色优势产业主导、新兴产业补充的产业发展格局。

2020 年，马铃薯种薯产业种植面积达到 40 万亩，年产脱毒苗 4.8 亿株、原种 5 亿粒、各级种薯 80 万吨；中医药产业种植面积达 35 万亩，年产干药 8.84 万吨；草牧产业养殖数量、产品质量、养殖效益同步增长，全县牛羊猪禽饲养量分别达到 8.28 万头、32.49 万只、18.9 万头、417 万只，肉蛋奶总产量 2.94 万吨；文化旅游产业突出精品景区打造、提升接待能力、培育旅游品牌，大力发展具有渭源特色的乡村旅游，全县累计发展农家乐116家，文化旅游企业达144家；光伏产业着力构建以智能光伏、生态农业、乡村旅游为一体的全产业链光伏扶贫体系，全县共建设村级光伏扶贫电站81个，总装机规模60.249兆瓦，累计结算光伏收益1.08亿元；食用菌产业是新兴富民产业，全县建成食用菌生产示范园区15个，种植面积达347.5亩，种植菌棒达539万棒，产值达到0.76亿元；电商产业着力健全完善电商服务体系，全县累计建成网店700家，本地网购平台2个（西部中药材网、中国黄芪网），电子商务交易额达9387万元，网络零售额达36688万元；蔬菜产业种植面积达到8万亩，产值达到6.2亿元；花卉林木方面，发展迅速，花卉种植面积达1500多亩，在莲峰镇和上湾镇建成优质鲜切花产业园基地，年营业收入达3919万元，全县育苗总面积7200亩，年产苗量8700万株，苗木总产值3550万元。

（二）因户施策，激发内生动力

渭源县坚持因户施策，将扶贫产业作为夯实贫困群众增收脱贫的基础，注重发挥群众在产业发展中的主体地位，激活贫困群众"造血"机制。2018年以来，全县落实产业到户扶持资金3.38亿元（其中产业到户奖补资金2.1亿元，入股配股资金1.28亿元），户均达到2.46万元，人均达到6592元，充分调动贫困群众参与产业发展的积极性。实施种植业奖补到户项目，带动全县2.5万户建档立卡贫困人口参与社会化大生产；着力提升产业发展的组织化、规模化和市场化程度，建立农业产业化基地75个4.3万亩；采用政府补贴、农户自筹相结合及到户托养的方式，扶持1.7万户建档立卡贫困户发展牛羊猪蜂养殖，累计引进良种牛1万多头、良种羊1.6万多只、良种猪247头、中蜂3033箱，新建圈舍2072户、改建圈舍2317户。

（三）建立机制，巩固脱贫成效

渭源县按照"因地制宜、先行试点"的办法，创新收益分配模式，建立了稳定的带贫机制。

1. 创新以奖代补机制

在种植业方面，制定《渭源县产业扶贫种植业以奖代补实施方案》，对贫困户新增马铃薯、中药材、蔬菜种植面积及采用新技术新品种的按照一定标准进行奖补，并实施农业保险补贴政策，引导农户调整种植业结构，扩大经济作物种植面积，实现农户稳定增收；动员 2.5 万户贫困户参与农业标准化种植，与农民专业合作社签订种植协议，组织合作社与龙头企业签订订单收购合同。

在养殖业方面，制定《渭源县产业扶贫养殖业以奖代补实施方案》，采用政府多投、农户少投的方式，鼓励组织 1.7 万户农户大力发展牛、羊、猪、蜂到户产业。这不仅调整优化了产业结构，加快了到户产业培育步伐，而且降低了农户生产经营成本，调动了农民发展生产的积极主动性。

2. 探索益贫带贫机制

按照农民跟着合作社走、合作社跟着龙头企业走、龙头企业跟着市场走的发展思路，渭源构建落实"一模式三机制"产业益贫带贫机制，建立产业基地 13.4 万亩，统一提供马铃薯、蔬菜良种、中药材良种 770 吨，统一提供化肥农药 5708 吨，统一培训 4.5 万人次，组织 2.5 万户贫困户参与生产经营，既实现了贫困户在基地的就近就业，又提高了新兴农业合作组织和农民的组织化程度，健全完善了龙头企业带动、合作社组织、贫困户参与的带贫增收机制，提升了产业发展的规模化、组织化、市场化水平，为带动贫困群众稳定增收提供了保障。

3. 建立收益分配机制

渭源制定出台《渭源县资产收益扶贫资产管理制度（试行）》、《渭源县贫困村集体收益分配使用实施方案》与《渭源县产业扶贫资产收益使用监管办法（试行）》，根据村级集体收入状况，结合"访民意、释民惑、解民困、暖民心"大走访、"沟通面对面、服务零距离、干群心连心"和煦春风、"固本筑堡垒、聚力促脱贫"强基固本三大行动，征集群众意见建议，并由村党支部通过农户自荐、群众推荐的流程和"四议两公开"的办法，提名确定村级公益性岗位人选，按考核结果发放岗位报酬，引导群众参与管理，鼓励群众创业就业。

到 2020 年底，全县共设置农村垃圾清洁、农村公共设施维护等 8 个类别的公益性岗位 5085 个，岗均年实现增收 2000～6000 元。同时，建立道德积美超市并进行考评，开展星级文明户评选并予以表彰奖励，引导激发群众内生动力。严格落实网格化管理制度，确定网格管理员 1.2 万名，开展政策宣讲、民情收集、村民评议、矛盾化解、环境治理等方面的工作，根据考核结果为网格管理员发放报酬，网格管理员人均获得报酬 800 元，探索出新时代乡村治理新模式，密切了党群干群关系，进一步夯实了党在农村的执政根基。

4. 健全风险保障机制

渭源县按照"所有贫困户、贫困户所有种养产业、自然灾害和市场波动风险"三个全覆盖要求，充分发挥乡镇农经站、村级农村金融服务室（简称"农金室"）作用，对保险政策进行大力宣讲，严格执行市政府提出的"党支部（村委会）+ 讲习所 + 农金室 + 村监委会"的工作推进监督机制，同承办机构做好政策性农业保险工作。

同时，渭源成立勘察定损专家组，发挥农业保险托底作用，高质量完成农业保险理赔服务。2018 年以来，累计保费总额 7273.9584 万元，全县（区）已签单实施 22 个保险品种，其中，中央品种 7 个、省级品种 6 个、一县一（多）品特色品种 9 个，投保农户 4.012 万户，其中贫困户 2.233 万户；2018～2020 年，全县种养业累计赔款 5911.5 万元，从中直接受益农户累计 224329 户次。

四　实施成效

2018 年以来，县委县政府按照"立足资源优势、培育市场主体、引导联合经营、构建带贫机制"的扶贫思路，培育形成了以马铃薯种薯、中医药、草牧业三大特色优势产业为主导，文化旅游、光伏、食用菌、电商物流、花卉林木、蔬菜等新兴产业为补充，劳务产业跟进的十大产业发展格局。

2020 年，农村居民人均从马铃薯、中药材、草牧、食用菌等产业中获得收入 5013 元，占当年农民人均可支配收入 8815 元的 56.9%；自脱贫攻坚工作开展以来，依靠产业脱贫的人口达 7.89 万人，占全县脱贫人口的 78.6%；全县依靠不懈的努力和良好的成绩荣获"2020 年全国脱贫攻坚奖组织创新奖"。

渭源县产业扶贫益贫带贫机制的创立既破解了"扶贫到户"难题，又发挥了当地的资源优势，是新时期精准扶贫工作的生动实践。益贫性的强弱，直接决定着脱贫成效的大小，并关乎贫困人口能否按期脱贫、稳定脱贫；如何因地制宜地建立带贫机制，最大限度地发挥产业的益贫性，增加脱贫的可持续性，仍将是我们需要长期面对和解决的问题。

【延伸案例】之一：马铃薯产业

小小马铃薯　富民大产业

一　引言

渭源素有"中国马铃薯良种之乡"的美称，全县年马铃薯种植面积稳定在 40 万亩，年外销种薯达 50 万吨以上，人均从马铃薯产业中获得收入1000 多元。在落实产业扶贫过程中，甘肃田地农业科技有限责任公司（以下简称"田地公司"）积极履行社会责任，创新带贫机制，立足渭源马铃薯种植优势，以贫困户脱贫为核心、以做强马铃薯产业为支撑、以延长产业链为载体，实现了产业发展、贫困户增收、企业壮大的共赢局面，走出了一条企业参与产业扶贫的新路子。2013 年 2 月 3 日，习近平总书记视察田地公司，对公司"企业＋合作社＋基地＋农户"的产业模式给予了充分肯定。

二　主要做法

（一）产业脱贫

田地公司与合作社签订订单，免费为贫困户投放马铃薯种薯。合作社以种植村为单位组织农户建立种植基地，公司派出专业技术人员对贫困户开展马铃薯标准化种植技术及病虫害防治培训，在种薯收获期公司按照高于市价 10% 的价格进行收购。目前，已建立马铃薯良种基地 38000 亩，马铃薯商品薯基地 39000 亩，带动贫困户 8500 户发展马铃薯产业，户均年收入 5200 多元。

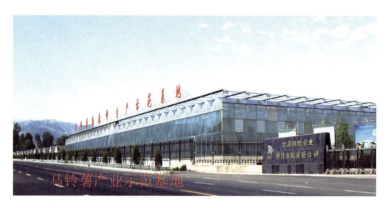

图1　马铃薯原种生产示范基地

（二）就业脱贫

田地公司投资4.85亿元建设马铃薯主食化产品生产车间、马铃薯文化主题生态园、土豆乐园，积极吸纳贫困户到公司务工，解决贫困户稳定就业154人，年人均收入3万元以上，临时务工贫困户2000人次，年人均收入1万元以上。

图2　贫困户在园区务工

（三）科技扶贫

通过项目扶持、政策支持、人才加持等措施，加快创新创业步伐。国际马铃薯研究中心亚太中心渭源工作站成立后，田地公司与其在马铃薯种质资源、新品种选育、技术推广、产品加工及高产栽培技术等方面开展合作交流；对贫困农户免费开展实用技术培训，提升马铃薯产量和质量，提高贫困户种植收入，贫困户亩产增产200公斤，户均增收1000元。

三 脱贫成效

田地公司通过打造马铃薯良种繁育基地、马铃薯主食化产品生产车间、马铃薯文化主题生态园，实现了马铃薯一、二、三产业融合发展，既做大了企业，又壮大了马铃薯产业，更为重要的是带动了贫困户的增产增收和稳定就业；渭源县有 8500 户贫困户参与到田地公司马铃薯产业，占到全县贫困户的 34%，每年从马铃薯产业中获得收入达 5200 多元。

图 3 国际马铃薯中心亚太中心渭源工作站挂牌

图 4 甘肃农业大学实践教学基地授牌

田地公司先后被评为"甘肃省农业产业化重点龙头企业""甘肃省扶贫

龙头企业","田地农业"牌马铃薯良种荣获了"甘肃省名牌产品"荣誉称号。董事长李晓梅女士先后获得"全国五一巾帼标兵""全国自强模范""2015中国消除贫困奖感动奖（提名）""2019年全国脱贫攻坚奖奉献奖""全国三八红旗手"等荣誉。

【延伸案例】之二：中药材产业

中药材产业带动脱贫 渭水源头幸福花开

一 引言

渭源种植中药材历史悠久、品种优良、产量宏丰，素有"渭水当归传两广"之说和"中国党参之乡"的美誉，境内有野生中药材资源485种，已形成规模种植的主要有当归、党参、黄芪、黄芩等十多个品种。2013年以来，渭源县累计投入项目资金7306万元，其中，财政专项扶贫资金4499万元，中央产业发展资金2807万元，紧盯全县135个重点贫困村，按照产业开发与精准扶贫相融合、富民产业培育与到村到户扶持相结合的要求，以种植优势为基础打造产业扶贫阵地，以稳定增收为目标防范化解产业风险，以带贫益贫为核心创新帮扶带动模式，以产业融合为方向推动产业延链补链，以科技助推为保障推进"造血式"产业扶贫，努力把中医药产业加快培育成精准扶贫中纵深发展的首位特色支柱产业，助推贫困农户脱贫增收，按期实现稳定脱贫目标。

二 主要做法

（一）以种植优势为基础打造产业扶贫阵地

1. 坚持因地制宜，扩大种植规模

按照"南归北参川芪"种植格局，通过打造中药材专业村或基地的方式，渭源在会川、田家河、麻家集等南部高寒阴湿区扩大当归种植规模，在莲峰、路园等中部川区扩大黄芪种植规模，在新寨、北寨等北部半干旱山区扩大党参种植规模。

2. 紧盯种植标准，提高药材品质

渭源县大力推广"两证一标识"管理制度，实行配方施肥，病虫害统防统治，加强投入品使用管理，安全适度应用植物生长调节剂，不使用任何违禁农药，全县中药材标准化种植基地面积达 30 万亩，标准化生产率达86%。同时，渭源还加大种子种苗繁育力度，有效降低种植成本，把繁种育苗作为提高药材品质的重要抓手，扶持县内龙头企业和专业合作社每年在道地产区建立党参、黄芪、当归等优良种子种苗繁育基地，2020 年新建基地 3 个；渭源县组织龙头企业采取供良种、供技术和下订单的方式带动周边贫困户集中繁种、育苗，通过提高种子种苗质量和集约化繁供比例，确保药源基地稳定和产品安全优质。此外，渭源县还引进淫羊藿、金银花、京赤芍、唐古特大黄等一些中药材新品种进行推广种植，并形成一定的种植规模，拓宽了增收渠道，增加了种植收入。

（二）　以稳定增收为目标防范化解产业风险

以保障药农利益为核心，渭源创新符合本县中药材种植需求的农业保险产品，遵循"政府引导、市场运作、自主自愿、协同推进、药农受益"的原则，进一步建立完善政府财政补贴扶持、银行配套贷款支持、保险公司提供风险保障的"三位一体"综合保障机制，探索建立政策性农业保险、贷款扶持、项目补贴与标准化种植挂钩机制，解决贫困村药农种植前生产资金短缺问题，防范和化解中药材种植期间的自然风险和收获期市场风险。

（三）　以带贫益贫为核心创新帮扶带动模式

渭源县引进培育一批中医药龙头企业参与精准扶贫工作，创新帮扶带动模式，着力发挥企业辐射功能，带动中药材产业深度开发，延伸中医药产业链，多渠道多形式助推脱贫攻坚、带动农民增收。

1. 建设基地，产销对接促增收

渭源采用"公司＋合作社＋基地＋贫困户"模式，按照"五统一分一标三提高"的带贫机制，由企业在中药材适种区贫困村筹建中药材种植示范基地，合作社负责种苗、肥料等生产资料的供应和技术指导，带动贫困户开展标准化中药材种植；2020 年，弘润、德园堂、亳春堂等 15 家 GMP 中药饮片加工企业建设中药材标准化种植基地 3 万亩；企业和 30 个合作社签订了产销对接合同，保底价订单收购鲜药 1.03 万吨，订单金额 5588 万元，涉及 14 个

乡镇 73 个村 5770 户农户，其中贫困户 2932 户，户均保底收入 9745 元。

2. 吸纳劳力，促进就业利增收

渭源按照"中医药 + 劳务"的思路，把就业培训和吸纳务工作为助推农民增收的重要渠道，推动中医药产业与劳务产业深度融合，鼓励中医药龙头企业吸纳农民劳动力，用工优先考虑聘用建档立卡贫困户，增加其工资性收入；全县中药材加工企业累计带动就业 3800 多人（其中建档立卡贫困户 1760 多人，实现年户均增收 8600 多元），仅加工环节带动就业 2200 人，种植基地带动当地劳动力就业 600 多人；同时，渭源县全力支持贫困农民创业，动员龙头企业帮助贫困户开展中药材产地初加工、贮运等，提高中药材商品化率和入市品级，确保产业增效、农民增收。

3. 延链补链，提升效益助增收

为推动中医药产业转型升级，2018 年 7 月渭源县政府与天津红日药业正式签订投资合作协议，携手兰州佛慈制药在渭源县共同建设总投资 3.26 亿元的配方颗粒及精制饮片项目，进一步提升中药材精深加工能力和产业效益。该项目建成全省首家最大的配方颗粒及精制饮片生产基地，是东西协作产业扶贫的典范。

（四）以产业融合为方向推动产业延链补链

渭源县抢抓"一带一路"建设机遇，利用"互联网 + 中药材"等现代化手段，大力推动"中医药 +"的产业发展模式，不断拓展中药材产业发展方向。

1. "中医药 + 电商"拓宽销路

渭源县紧抓全国电子商务综合示范县项目建设机遇，鼓励支持全县贫困户开设中药材类网店，推动电子商务与中医药产业融合发展，拓展中药材销售渠道，不断扩大全县中药材成交量，增加农民收入。

2. "中医药 + 餐饮"延伸链条

渭源县加快中医药产业与餐饮业融合，培育发展一批饮食保健餐饮企业，大力发展药膳餐饮业及养生保健产品、健康食品，延长中药材产业链条；全县建成了 8 个中医药养生堂、1 个中医药养生文化村、3 个中医药养生休闲食疗农家庄园。

3. "中医药 + 文旅"传承文化

在有条件的贫困村，渭源积极推进发展养生保健型乡村旅游业，注重开发多样化中医药文化及旅游产品，打造中医药文化体验旅游、生态养生旅游、道地中药材科学考察旅游，促进中医药文化传承，编排大型历史秦腔剧《渭水医魂》，在省内外巡演500场次，全方位体现中医药文化元素，不断提高群众对中医药的认同。

（五）以科技助推为保障推进"造血式"产业扶贫

渭源县紧紧围绕"扩基地，伸链条，依靠科技加快实现现代中药材产业的转型跨越，为渭源农民增收致富发挥重要作用"的总体目标，加快推进中药材标准化种植、精深加工、市场交易、产学研深度融合的全产业链发展。

渭源加强与兰州大学、甘肃药业投资集团有限公司等机构的合作，2020年签订《兰州大学与渭源县党参全产业链合作协议书》和《渭源县人民政府与甘肃药业投资集团中药材基地建设暨产业发展合作协议书》，依托国务院扶贫办定点帮扶资金，在以中药材种植为脱贫主导产业的30个贫困村建设3万亩中药材可追溯系统。

此外，渭源县还加大培训力度，在全县各乡镇采取集中办班、现场指导、咨询服务等形式，开展科学化技术普及培训，确保贫困村户均有1人掌握中药材标准化种植技术，每个贫困村培育2～3个产业科技示范户，每个示范户带动10～20个贫困户。为解决县内中药材加工企业中药材加工、检验专业人才紧缺的实际问题，县上安排县职业中专开设了中药材加工及检验专业，专门为县内中药材加工企业免费定向培养中药材加工及检验人才。

三 实施成效

2020年，中药材种植面积达35万亩，其中党参12万亩，当归8万亩，红、黄芪11万亩，其他4万亩，干药产量8.84万吨，总产值16.5亿元，中药材种植农户7万户27.97万人，户均种植5.7亩，人均种植1.4亩，人均从中药材产业中获得收入2045元。

渭源发展中药材专业合作社604家，建成中药材热风烘干房158座，中药材初加工量达到7万吨。全县中药类加工企业达到30家，其中通过GMP认证的企业28家，全县中药材加工企业当年完成产值2.6亿元，实现销售收入2.2亿元，已经形成以渭水源为中心市场，会川江能和三角路、莲峰、新寨四个中药材产地市场及其他农贸市场为网点的中药材营销网络体系，年交易量 10 万吨，交易额 16 亿元。

中药材产业完成了无公害中药材（党参）产地和白条党参原产地地理标记认证，渭源被国家质检总局评为国家级出口农产品（党参、黄芪、当归）质量安全示范区；"渭源白条党参"被认定为中国驰名商标，荣获首届国家电子商务进农村综合示范县农产品对接采购大会最具吸引力农产品第一名，2020 年渭源白条党参被评为"甘味"知名农产品区域公用品牌，渭源成功入选中国特色农产品优势区。

2020 年渭源县鸿裕达中药材农民专业合作社在罗家磨村共建立基地 2500 亩，有效带动贫困户 225 户，全村中药材产值达 1125 万元，其中贫困户产值达 405 万元；与 2017 年相比，罗家磨村中药材种植户数由 50 多户增加到 530 多户，种植面积由 80 多亩增加到 3800 亩，户均中药材收入由 5000 多元增加到 1.8 万余元，中药材种植收入占比由 32% 提高到 68.5%，中药材种植已成为当地人的支柱产业，为乡村振兴奠定了良好基础。

图 5　渭源白条党参荣获中国驰名商标

图 6　原产地地理标记认证

【延伸案例】之三：草牧产业

家家户户养殖忙　赶着牛羊奔小康

一　引言

草牧产业是渭源县传统优势产业。脱贫攻坚以来，全县上下形成了"赶着牛羊奔小康"的发展共识，全力实施养殖业到户补奖、金鸡产业扶贫等项目，草牧生产已从过去"养猪为过年，养牛为耕田，养鸡为油盐钱"的小打小闹向科学规模上档次发展，草牧业由原来的副业转变成为促进农村经济发展、农民脱贫致富的主导产业。全县通过实施养殖业到户项目，累计投入财政专项扶贫资金1.5亿元，占产业到户项目总资金的75%，为建档立卡贫困户引进投放良种牛1万多头、良种羊1.5万只，惠及1.2万余户建档立卡户；同时，针对残疾人户、进城安置户等无养殖能力、无养殖条件的贫困户，产业到户牛羊由龙头企业托养，累计托养良种牛2691头（2691户），托养良种羊4797只（533户），建档立卡户每年获得收益1000元以上；投入资金4.73亿元，采取"政府投资办厂、企业租赁经营"的新型模式投资建设渭源县金鸡产业扶贫项目。2020年，全县牛、羊、猪、禽饲养量分别达8.28万头、32.49万只、18.9万头、417.5万只，人均从草牧产业中获得收入2830元。

二　典型企业：鑫顶渭丰牧业有限公司

（一）公司概况

2019年，为创新扶贫模式、巩固扶贫成果和建立产业扶贫长效机制，渭源县通过招商引资引进武威市顶乐生态牧业有限公司成立了渭源县鑫顶渭丰牧业有限公司，主要发展肉牛产业。公司以带动建档立卡户增收致富为着力点，紧盯《渭源县2019年养殖业产业到户良种牛托养实施方案》，采取"企业+合作社+农户"的运行模式，实现建档立卡户增收与企业发展壮大的双赢局面，走出了一条贫困地区发展产业与建档立卡户稳定增收致富之路。

（二）公司主要做法

（1）保底分红收益。公司对渭源县残疾人户、进城安置户等没有养殖能力和养殖条件的建档立卡贫困户通过产业扶贫引进的良种牛，按照"良种牛托养"方式，实行保底分红的收益分配制，每年每户获得保底收益1000元。同时，每年底在托养户监督知情小组的监督下，在分析托养企业养殖效益的基础上，进行二次收益分配。

（2）土地返租收益。公司租赁农户闲散土地发展规模化养殖，按照土地面积返还红利，增加农户资产性收益，共租赁75户农户（其中建档立卡贫困户39户）土地230亩，每亩每年获得土地租金600元。

（3）订单农业收益。公司与周边500多户农户（其中建档立卡户300户）签订2000亩青贮玉米种植协议，青贮季节以协议价收购玉米秸秆，每亩玉米可使农户增收300元以上。

（4）吸纳劳务就业。公司吸纳建档立卡户劳动力30多人，提供长期或短期工作岗位，拓宽了就业增收渠道。

（5）建立牛犊便民回收站。公司在县内交通便利的北部前进村和川沿三河口村建立牛犊便民回收场所，对4月龄左右的牛犊按保底价6600元/头进行回收，实现了群众只赚不赔、稳定增收。

（6）提供有机肥。公司将优质牛粪经堆积发酵腐熟后形成的有机肥以低于市场价的价格销售给300多户贫困户发展饲用玉米种植，提高种植业收入，变废为宝，户均增收1000元以上。

图 7　托养的良种牛

三　案例缩影：金鸡产业扶贫项目

（一）　项目概况

渭源县金鸡产业扶贫项目，是中央定点帮扶单位国务院扶贫办帮扶引进的一项大型产业扶贫项目，项目采取"政府投资办厂、企业租赁经营"的新型投资建设模式。项目总投资约4.73亿元，其中：渭源县筹资3.48亿元，用于固定资产建设投资；德青源公司配套投入启动资金和流动资金1.25亿元，用于购买鸡苗和生产经营。该项目于2018年8月开工建设，2019年4月实现投产养殖，项目全部建成满负荷生产后，可饲养青年鸡60万只，蛋鸡180万只，年加工壳蛋4.2亿枚，年生产有机肥1.46万吨，年生产加工配合饲料18万吨，年产值7亿元。

（二）　建设内容

（1）青年鸡区。占地140亩，建设鸡舍12栋（每栋1365平方米），每栋可饲养青年鸡5万只，每年可周转饲养三批；建设60立方燃气站1个，500平方米消防池1口；建设燃气锅炉房1座以及其他相关配套设施。

图8　蛋鸡养殖区

图 9　青年鸡养殖区

（2）蛋鸡区。占地 600 亩，建设鸡舍 18 栋（每栋 1731 平方米），每栋可饲养蛋鸡 10 万只；建设 DC 库 1 栋（建筑面积 3252 平方米），年加工壳蛋 4.2 亿枚。

（3）饲料加工区。占地 40 亩，毗邻蛋鸡区，总建筑面积 8749 平方米（地上建筑面积 8365 平方米，地下建筑面积 384 平方米），年生产加工饲料能力 18 万吨；建设 30 立方燃气站 1 个，1000 立方米消防池 1 口；建设办公服务用房及其他配套设施。

（4）废弃物无害化处理区。占地 60 亩，毗邻高速公路，位于蛋鸡区北侧，建设厂房 12710 平方米，建设办公用房 436 平方米及室外附属工程等，年可加工有机肥 1.46 万吨。

（三）运营模式

根据双方签订的合作协议，渭源县每年以固定资产投资 9.5% 的比例作为租金租赁给运营企业经营，租期 15 年，年可获租金约 3000 万元，年可实现产值 7 亿元。项目实行"379"的扶贫模式运营，即企业用工当中贫困户不少于 30%，企业提供订单和贫困户参与物流、运输、饲料基地等关联产业不少于 70%，租金 90% 以上用于全县精准扶贫。

（1）租金分配。项目建成后年租金收益 3000 万元，主要用于全县 9131 户产业未达标贫困户分红、全县 108 个村集体分红、给付土地流转费和银行利息等。

（2）劳务增收。项目吸纳就业人员 300 多人，年实现劳务收入 1000

多万元。

（3）加工增收。成立包装合作社，依托扶贫车间，建设运营蛋托生产、纸箱装订生产线，年实现收入300万元。

（4）种植增收。饲料加工厂年生产饲料18万吨，带动贫困户订单种植玉米10万亩，年收入可达1亿元。

（5）运输增收。运输合作社组织贫困户参与鸡蛋、饲料、鸡粪等运输服务，年实现收入300万元。

【延伸案例】之四：食用菌产业

创新机制抓收益　产业扶贫结硕果

一　引言

渭源县海拔在1930～3941米，年平均气温4.1～7.1℃，全年无霜期135天，年平均降雨量525毫米，境内海拔较高，气候冷凉，极其符合各类食用菌的生长温度要求。按照"联合社（企业）＋合作社＋基地＋农户"的产业发展模式，形成了香菇、滑子菇、金耳、熊掌菇、羊肚菌等多品种相补充，长短周期相结合，多模式全年生产的发展格局。截至2020年，全县有食用菌专业合作社42家，香菇菌棒加工厂4家，烘干房8座，保鲜库43座，库容2.46万吨，冷藏运输车14辆；食用菌种植大棚638座347.5亩，种植各类食用菌539万棒，食用菌鲜品总产量达到4627.35吨，总产值达7618.65万元；带动贫困农户务工累计2982人次，务工收入1833.8万元。

会川镇光伏食用菌产业园位于本庙村，园区占地610多亩，已完成投资1.4亿元，建成了3个农光互补片区和1个农光互补片区的光伏发电部分，光伏发电装机容量8.48兆瓦。园区光伏发电部分由渭源县正源扶贫开发有限公司管理，农业部分由3家龙头企业、1家合作联社、12家村级合作社和175户建档立卡贫困户共同经营，园区全面建成后农业部分年生产食用菌可达6000多吨，年产值超过1000万元，直接带动200多户贫困户，户均增收1万元以上。

二　主要做法

充分利用光伏农业设施大棚种植食用菌，是渭源县光伏农业发展的新产业模式，将太阳能大棚下完全遮光的阴暗条件与食用菌基本不需要光照的特性相结合，成功实践了"棚顶发电，棚下种菇"的崭新模式，做到了土地高效利用，拓宽了农民增收渠道。

（一）　"农光旅" 集约高效互补建园

会川镇按照集约化、规模化、精细化的现代农业发展思路，统筹建设集光伏发电、食用菌产业和体验观光为一体的"农光旅"集约高效互补扶贫产业园区，创新带贫和收益分配机制，有效增加贫困村村级集体经济和贫困人口收入。园区光伏部分，实现光伏发电总装机容量8.48兆瓦，带动全县28个建档立卡贫困村；园区农业部分，建成五连体菌棚12栋60个，单体菌棚85个，年种植各类食用菌56万棒，羊肚菌1.3万多平方米，主要生产香菇、滑子菇、羊肚菌、姬菇、熊掌菇、金耳等食用菌品种；园区旅游部分，将光伏食用菌扶贫产业园区纳入全省旅游线路，打造国家AA级景点，已成为周边观光旅游、采摘体验、学习培训的理想之地；"农光旅"融合发展，形成了一条光伏建园激发群众内生动力、贫困户种植发展新型产业、旅游助推群众增收的良性发展路子。

图10　光伏食用菌扶贫产业园区

（二）　明晰产权创新光伏收益分配机制

统一集中建设，单独经营核算，明确光伏电站的产权在贫困村。园区光伏发电年收益830万元，每年为带动的28个贫困村每村平均增加村级集体经济收益接近30万元。光伏收益主要用于贫困人口、扶贫事业和公共基础事业支出。贫困户主要通过公益性岗位，参加公益劳动领取劳动报酬获得收入，贫困村主要通过公共事务管理激发群众内生动力，提高基层自治能力。

图11　贫困人口通过公益性岗位参加劳动

（三）"五统一保三提高"促进产业发展

按照"统一规划地块、统一开展培训、统一提供良种和农资、统一技术管理、统一产销对接，保群众最低收入，提高贫困户生产专业化程度、提高合作社生产组织化程度、提高龙头企业经营市场化程度"的产业发展思路，形成了"扶贫资金跟着贫困户走、贫困户跟着合作社走、合作社跟着龙头企业走、龙头企业跟着市场走"的产业扶贫路子。龙头企业、合作社、贫困户三方结成利益联结体，即财政扶贫资金为贫困户种植食用菌提供补贴，不足部分由龙头企业按户配套，合作社以集体土地使用权和大棚资产持股，管理龙头企业和贫困户。生产过程中龙头企业负责产前菌种供应、产中技术指导、产后市场销售；合作社负责组织贫困户进入园区参与生产、联结龙头企业结算利润、协调企业进行技术培训，贫困户负责食用菌种植。

（四）"三保底再分红"带贫增收

园区农业部分采取"三保底再分红"的带贫增收机制，即一保贫困户收益最大化，将生产利润的60%首先分红给贫困户；二保最低生产效益，贫困户生产的产品由龙头企业以最低保护价订单收购；三保循环再生产，每年从收益中提取一定资金用于下茬生产再投入，以促进贫困户持续增收。

图12　市县农业专家查看统一提供的菌棒

再分红：利润的60%首次分红后，剩余40%的利润，再按贫困户财政扶贫资金补贴占比、龙头企业配套资金占比、合作社持股占比进行二次分红。

三　脱贫成效

（一）　分配光伏发电收益，村集体经济收入增加

每个贫困村每年可直接获得接近30万元的光伏发电收入。一是按照"四议两公开"程序，为保洁员、道路维护员、乡村绿化员、水电保障员、养老服务员、公益设施管护员等公益性岗位工作人员发放薪酬，直接带动贫困群众增收；二是用于道德积美超市建设、表彰星级文明户，开展困难群众临时救助等公益事业支出，激发贫困群众内生动力；三是用于道路维修、路灯维护等公共设施管护，有效解决"无钱办事"的问题，提升了基层党组织的公信力。

（二）　发展新型产业，贫困户收入显著增加

通过发展新型食用菌产业，为贫困群众提供创业和就业空间。2020年，由合作社牵头，组织全镇12个村的175户贫困户到园区种植食用菌。政府为每户贫困户补贴资金1.2万元购买菌棒3000棒，由龙头企业提供技术指导和培训，贫困户户均获得经济收入1万元左右；园区还吸纳15名贫

困群众长期在园区就业务工，年人均收入超过 3 万元，吸纳贫困人口 120 多人开展季节性务工，平均收入超过 1.2 万元。

图 13　贫困户种植生产食用菌

（三）旅游园区助力，解决食用菌销售难题

2020 年，园区通过发展娱乐采摘、产品体验及休闲观光，接待游客 4900 多人，采摘销售 1 万余斤食用菌，实现销售收入 30 多万元，在提高了食用菌产品价格的同时，也有效解决了食用菌销售难题。如：园区种植的金耳，因其颜色金黄、外形美观、营养丰富、口感润滑、本地独有而深受广大游客的喜爱，在园区能卖出 140 元/公斤的好价格，而且回头客较多，带贫增收作用显著。

图 14　游客选购食用菌

【延伸案例】之五：花卉产业

新兴产业拓渠道　花卉点亮新生活

一　引言

渭源特有的气候条件使其能与国内乃至全球花卉主产区形成错峰生产，因而渭源花卉产业发展具有得天独厚的自然禀赋。渭源县首先紧抓水利脱贫攻坚，完善供水网络，为花卉产业的发展夯实基础，又将独特的自然优势条件和国外先进的花卉生产、经营理念相结合，实现了花卉产业从群众单一自发种植观赏到企业规模化、集约化、品牌化、国际化发展的成功转型；通过培育花卉新兴产业，为贫困群众增收探索出新的路子，积累宝贵经验，为打好打赢脱贫攻坚战，同全市、全省、全国一道步入小康社会奠定坚实的基础。

二　具体内容

（一）花卉产业从无到有的"结茧"

2017年以前，渭源县优质鲜切花产业发展基本为零，花卉产业发展缓慢，全县仅有一家宏源农民专业合作社在莲峰元明村流转土地50亩，用于观赏牡丹的繁育推广。2018年后，渭源县陆续投入财政资金在五竹、上湾等乡镇新建连栋温室45000平方米，主要用于盆栽蝴蝶兰培育、销售。截至2020年底，全县各类花卉种植面积1500多亩，种植玫瑰、满天星、太阳花、洋牡丹等优质鲜切花品种，盆栽蝴蝶兰基地规模40000平方米，金丝皇菊365亩，紫斑牡丹、芍药基地100亩，其他观赏类花卉280亩，多方合力形成鲜切花种植区、食用药用金丝皇菊种植区、盆栽蝴蝶兰种植区，构建了"一园三区"的花卉产业布局，为全县产业扶贫拓宽了增收渠道，注入了新的发展活力。

（二）新型模式在探索中"破茧"

渭源广泛采取"公司＋合作社＋基地（园区）＋农户"的产业扶贫模式和"五统一分一标三提高"的生产机制。

一是通过土地流转增加农户收益。花卉产业园区以土地流转的形式，使用农户土地开展花卉种植，流转种植花卉的土地每亩年收益1200元。二是通过集体资产增加收益。项目建设形成的固定资产归村集体所有，每年按固定资产价值的10%获取租金，作为村集体收入。三是通过密集劳务就业增加收益。在园区基础设施建设、花卉种植、田间管理、采收、加工、包装、储藏、运输全产业链常年用工200人以上，人均年劳务收入在3万元左右。四是通过学习掌握种植技术自主发展花卉种植增加收益。把参与花卉全产业链生产和企业培训作为主要抓手，积极培养本土种植能手和行业专业技术人员50多人，自主发展花卉种植合作社6家。以企业保底收购、合作社订单种植的方式，带动当地50户建档立卡贫困户自主发展花卉种植，每亩年净收入3万元以上，群众参与花卉产业的热情越来越高。

图15　繁忙的花卉加工车间

三　产业成效

2018年，云南禾韵公司在渭源经过三个多月的试验，最终使得满天星种植取得圆满成功，比国际产地厄瓜多尔的满天星品质更好，产量更高，单株产出多产1~2枝，达到5~6枝，单枝重量增加10克以上，达到45~50克，同年8月23日，渭源县优质鲜切花试验示范园高品质"满天星"首批销往上海国际花市。

据统计，仅2019年莲峰镇和上湾镇花卉产业园，年生产鲜切花就达

300 万枝以上，销售收入 270 多万元；五竹镇和清源镇蝴蝶兰产量为 144 万枝，销售收入达到 4460 万元；带动渭源县 5000 多名建档立卡贫困户人均年增收 3500 元以上，当地群众都乐开了花。

2020 年 8 月 5 日，渭源县与阿里巴巴脱贫基金在莲峰镇老庄村花卉产业园举办了主题为"扶贫花开，渭梦而来"的首届高原玫瑰节暨鲜花基地产销签约仪式，通过新媒体传播、淘宝直播现场直播、邀约现场打卡网红制作"花海"系列短视频等手段，大力宣传推广渭源县花卉产业。

图 16　仓库中正待发往上海的优质满天星

【延伸案例】之六：旅游产业

"百美村宿"打造特色乡村旅游

一　引言

"百美村宿"是渭源县通过挖掘贫困村自然景观、特定产业、绿色产品、人文传统等特有资源，以村"两委"、新型合作社为依托，协助引入社会资金、信息和人才等要素，推动乡村可持续发展的创新型产业扶贫项目。该项目既发挥了自身特色，又较为有效地拉动了相关产业的发展，为乡村振兴和贫困人口就业、创业、增收提供了持续稳定的平台，是"复合型"精准扶贫的有效探索。

二　具体内容和机制

（一）目标

"百美村宿"项目立足于提升渭源县村庄的公共服务和村民文化水平、提高农村民生保障水平，塑造美丽乡村新风貌，致力于实现乡村"产业兴旺、生态宜居、乡风文明、治理有效、生活富裕"的战略目标，以罗家磨村的自然风貌、农耕文化、风土人情作为支撑，营造出一处集田野生活体验、自然艺术教育、多村实践交流及乡村团建功能于一体的"自然教育艺术基地"；结合精准扶贫和"乡村振兴战略"的大背景，利用渭源县当地的相关产业、文化资源和自然资源，以"专业合作社"为平台，给予村庄成员公平的发展机会，推动村庄产业发展，提高村民收入，增强村庄凝聚力，进而推动村庄的可持续发展。在"百美村宿"项目整体推进的过程中，政府、企业、社会公益组织和村庄等各类资源得以有效整合，多方力量共同推进村庄建设、产业培育与合作社经济组织建设，打造渭源乡村旅游和"乡村振兴"的示范点和样板地。

（二）建设内容

"百美村宿"项目的总体策划为"两道携一河，两心串四带"。"两道"指212国道和罗家磨村村道；"一河"指罗家磨村漫坝河；"两心"指罗家磨主村核心区和罗家磨口子门精品民宿核心区；"四带"指河滩景观带、观光农业带、研学林带、草场带。具体区域可分为：漫滩河谷、西坡渭源、小村文创、会川药圃、药王谷、原住民生活体验区、陇耕天下。

（三）管理体制

2020年3月，由罗家磨村"两委"主导组建成立罗家磨福民文化旅游专业合作社，合作社建立以"网格化十户一体"的管理体系，由15位一级网格长联动58位二级网格长，58位二级网格长联动627户村民。在实现有效管理、政策宣导的同时，倡导大家互通有无，互相帮助，产生了良好的凝聚力。

图 17　渭源县会川镇罗家磨"百美村宿"乡村旅游示范项目

（四）分红机制

渭源罗家磨村福民文化旅游专业合作社分配机制本着"一个基本，三个原则"的分配方式进行利益分配。"一个基本"指全体村民共享；"三个原则"指多投多得、多劳多得和帮扶贫困。发展初期，规定了产生的收益按照"5311"原则分配，即当年收益的 50% 用于全村分红；当年收益的30% 作为公积金，用于村庄发展；当年收益的 10% 用于村庄公共事务或帮扶弱势群体；当年收益的 10% 作为公益传导基金，帮扶其他村庄。在此基础上，合作社将逐步实施一系列措施，重点按照多劳多得原则，鼓励村民积极参与劳动，让更多的人获得更多的收益。

三　项目成效

（一）经济效益

"百美村宿"项目建成后，有效提升了罗家磨村的基础设施条件，改善了村容村貌，提升了村民生活水平，增加了地方财政收入，旅游经济效益明显。同时，项目创造就业岗位 110 余个，间接带动当地贫困户数达 267 户，受益贫困人数达 1083 人，为当地农户带来可观的经济收入。

（二）生态效益

项目区的开发建设秉持生态保护为第一原则，项目区资源得到进一步的保护，乡村环境得到进一步的优化和美化，提高了当地生态环境质量，实现了当地的可持续发展。项目实施有助于塑造村域景观节点，提升乡村整体风貌，对于加强乡村风貌控制，完善乡村功能，发展生态旅游具有重要意义。

【专家点评】

关于如何扶贫，习总书记指出，要实施"五个一批"工程，其中立足当地资源，"通过扶持发展特色产业，实现就地脱贫"，是解决贫困问题的重要方式，也能够支撑实现乡村振兴。产业扶贫关键在于发现和培育特色优势产业项目，引进产业主体，对接生产主体，形成生产经营机制和利益分配机制，从而构建系统多维的产业扶贫益贫带贫机制。

西北贫困地区，环境恶劣，资源贫瘠，产业落后，市场主体分散，产销机制不畅，开展产业扶贫具有先天的劣势。如何发掘资源优势，培育市场主体，形成特色产业，建构营销链条，解决利益分配问题，考验着地方领导和扶贫干部的智慧。

渭源县按照"能合则合、抱团联合"的原则，推动农民合作社重组和资源整合，实行公私联营规范化改造；通过创新收益分配模式，建立了稳定的带贫机制；通过让群众参与产业发展链条全过程，激活了贫困群众"造血"机能，让贫困群众在自我参与过程中受益。更为重要的是，在扶贫实践中，渭源县创造性地探索出一个模式与三个机制，既在经营层面上形成了生产经营模式和联合运营机制，又在操作层面上形成带贫参与机制、管理分配机制，建构了以政府为主导，以政策为保障，以企业为市场主体，以农民合作社为生产主体，以资金的有效投入、科学管理以及效益的合理分配为推动的产业扶贫体制和机制，产生了良好的扶贫效果，其益贫机制的完善与创新为其他贫困地区产业脱贫的机制保障建设提供了重要参考。

甘肃省渭源县利用当地资源，培育形成了十大特色优势产业格局。其中，渭源通过推动马铃薯产业规模日益扩大，将其拓展成为富民产业，在当地贫困户致富增收过程中发挥带动和示范的作用，走出了一条依靠科技进步推动产业升级、实现贫困地区农民致富的不平凡道路。在本地传统中药材产业发展上，渭源县充分利用种植优势、机制优势，辅以科技助力，以提质增效、农民增收为目标，不断延伸产业链，将贫困农户镶嵌进产业发展的每一个环节，建立紧密的利益联结体系，推动中药材产业化发展的同时带动当地贫困户脱贫致富。通过养殖业到户奖补、金鸡产业扶贫项目等，渭源传统的草牧产业面貌焕然一新，逐渐向规模化发展，成为本地经济发展、农民脱贫致富的主导产业。"食用菌＋光伏"农光互补生产模式取得良好成效，在提高土地综合利用率和种植收益的同时，污染少、排放低，成为渭源县节约土地、高效生产的典范。花卉产业扶贫以"五统一分一标三提高"带贫机制为发力点，成功打开了鲜切花的巨大外部市场，从而完成了花卉产业"从无到有，从有到优"的可喜蜕变。旅游业扶贫上，"百美村宿"特色旅游项目中蕴含着浓郁的"渭源风味"，其后续的建设和发展同样可期。但我们仍需要意识到，因各种不确定因素和外在冲击而导致的返贫现象也是极有可能发生的。当下所建立起的"互惠共赢"扶贫机制，既是生机蓬勃的又是羽翼薄弱的。因此，如何更进一步地建立起稳定、长效的精准扶贫整体机制，打造一套坚硬的扶贫框架，仍需要当地政府乃至党和国家从经济、教育、法律等诸多层面进行综合考量。

（**点评专家**：刘颙，现任陕西理工大学副校长，校助力脱贫攻坚领导小组常务副组长。曾任陕西省汉中市西乡县县长，汉中市发改委主任。陕西省十一届人大代表，陕西省十二届党代会代表。）

构建就业保障体系　拓宽就业增收渠道

摘　要：就业作为"五个一批"脱贫路径中"产业发展脱贫一批""社会保障兜底一批"的重要组成部分，是解决深度贫困地区问题的重要举措。渭源县将"就业扶贫脱贫一批"作为脱贫攻坚的主要措施，构建"556"就业保障体系机制，推广渭源县"双层一体"劳务产业发展模式，加大就业补助资金筹集和监管力度，多元化推动贫困劳动力就业增收，取得了良好的增收和脱贫效果。

关键词：就业扶贫　就业政策　"556"就业保障体系机制

一　引言

就业，一头连着百姓饭碗，一头连着经济社会发展。2013年以来，渭源县牢记总书记"让咱们一块儿努力，把日子越过越红火"的嘱托，认真贯彻中央和省市县就业政策措施，积极构建"556"就业保障体系机制，克服"7·22""5·10"等重大自然灾害，应对疫情不利影响，千方百计稳定就业总量，着力于以就业扶贫、东西部劳务协作等工作措施合力施策，精准发力、多点发力、组合发力，打通就业政策落实"最后一公里"，切实将各项就业工作落实到位，先后被国家确定为西部地区农民创业促进工程示范县、国家结合新型城镇化支持农民工等人员返乡创业试点县。全县就业工作立足全县脱贫攻坚大局，紧扣"两不愁三保障"和贫困村、贫困户退出各项指标，加强就业与脱贫攻坚任务全方位衔接，以稳定就业增收渠道为根本，全面构建覆盖全员、城乡统筹、保障适度，高质量、可持续的多层次就业保障体系，充分发挥了就业在脱贫攻坚中的增收、托底和保障作用，助力精准脱贫计划圆满完成。

回望过去的八年，是渭源县牢记嘱托、主动作为，以就业政策滋润民心、数字诠释巨变、百姓见证历程的八年，也是渭源县就业工作面对困难、经受考验、迎接挑战的八年，更是渭源县就业工作纵横砥砺、奋进跨越、硕果累累的八年。大到助力事关全县经济社会发展大局的中心工作，小到解决百姓关注的热点难点就业问题，全县就业工作在经济社会转型跨越发展的征程上留下了闪亮足迹，书写了尽心履职、同频共振、情系民生的精彩篇章。

二　模式与做法

（一）构建"556"就业保障体系机制

第一个"5"即建立分类管理精准就业体系、转移就业服务网络体系、多元驱动就业增收体系、覆盖全民社保扶贫体系、"131"就业网络宣传体系；第二个"5"即健全就业工作责任机制、就业形势研判机制、就业资金保障机制，完善就业工作风险机制、就业形势监测机制；"6"即探索"精准就业"发展模式、"产业就业"融合模式、"市政＋单位"就业模式、"创业促就业"增量模式、"就业基地＋"拓量模式、"公岗＋就业"托底模式。

（二）打造"双层一体"劳务产业发展模式

第一层：布局层面实施"两极一带一增"，紧盯福州、新疆两极，带上省内县内，增加就业岗位；第二层：工作层面执行"两抓一带一增"，抓好输入地、输出地对接，带动企业吸纳，增加工资性收入；第三成效：达到"两个实现"，即实现"一超过两个不少于"，实现外出务工、有意愿外出尚未外出人员和外出务工返乡回流二次未就业人员"双清零"。

（三）制定"一看四查三问"公岗管理工作法

发挥公益性岗位"救急难、托底线"作用，采取"一岗一户一人"安置方式，实行"三无两有人员＋公益性岗位"安置就业模式，总结出"一看四查三问"工作法。进村一看："看"村级资料台账、聘用资料、聘用程序、考核管理、考核结果是否完善、健全、合规、合理、公示。入户四查："查"聘用人员是否外出务工、存在顶替上岗；"查"聘用人员选聘时是否按照"四议两公开"和聘用6道程序选聘，更换和退出时是否执行退出机制和留存印证资料；"查"专管小组是否开展日常考核和考勤，每个岗位做到劳动付出与劳动报酬合理匹配。现场三问："问"聘用人员看公告、写申请、定身份、签协议情况；"问"聘用人员是否知晓其聘用时间、岗位类别、主管部门、补贴标准、工作职责、工作时间、工作范围；"问"聘用人员是否知晓考核方式及考核结果。

三　经验与成效

（一）政策联动，体系规范

就业是最大的民生，促进就业是经济持续发展的必要条件。渭源县强化就业政策与经济政策、产业政策、社会政策之间的协同联动，全面构建了横向到边、纵向到底的就业"五大体系"，做到"五建一抓"，确保就业工作的科学性和规范性。

1. 建立分类管理精准就业体系

针对不同致贫原因，精准帮扶。对完全或部分丧失劳动能力、无业可扶、无增收渠道的贫困户，优先安排农村公益性岗位就业托底；对贫困程度较深、有一定劳动能力的贫困户，结合产业扶贫落实就业扶贫双扶持措施；对贫困程度一般、就业能力较强的贫困户，采取支持创业和外出就业两种形式，增强就业创业稳定性。

2. 建立转移就业服务网络体系

下移就业工作重心，进一步建立完善县、乡、村纵向三级就业服务网络，在16个乡镇专门设立乡镇劳务招工网点（咨询台、登记站），配齐乡村劳务专干和招工专员，适时发布用工信息，利用当地赶集日开展现场招工，并做好求职人员现场登记，建立用工需求档案信息库。2020年，全县实现了扶贫统计口径下贫困人口应转尽转。

3. 建立多元驱动就业增收体系

坚持就业长短结合，确保贫困户既有长期脱贫产业，又有短期就业增收渠道，主要是围绕马铃薯、中药材、草牧业等传统优势产业，瞄定文化旅游、电商等新兴富民产业，落实就业扶贫措施，推动形成了就业强产业、促增收的发展格局。据测算，2020年底，渭源县建档立卡贫困人口依托产业就业获得的人均工资性收入将达到1.5万元左右。

4. 建立覆盖全民社保扶贫体系

构建了城乡统筹、保障兜底、覆盖全民的多层次社保扶贫体系。2018年以来，全县为"五类人群"代缴最低档次城乡居民养老保险费2171.9万元，为60岁以上享受待遇领取人员发放养老费5428.1万元，实现了贫困人员城乡居民养老保险全覆盖。同时，加大社保扶贫与工伤保险、失业保险扶贫衔接力度，全县90个建筑施工企业为2092名农民工缴纳工伤保险金56.06万元，发放失业保险金78.99万元，最大限度地保障了农民工权益。

5. 建立"131"就业网络宣传体系

营造良好的就业环境，是社会稳定的重要保障。"131"就业网格宣传体系就是依托渭源县党政门户网站，开通"渭源人社""渭源就业服务""渭源劳务""渭源社保——你身边的社保"微信公众号，利用微信建立县乡村三级就业微信群开展线上宣传，发布就业政策、招聘信息、工作动态等各类信息3500条，网民浏览量达到10万次以上，形成了就业网络宣传矩阵。

6. 抓就业与扶贫开发有效衔接

将就业各项制度政策和扶贫开发政策有效衔接，对有意愿外出、无法离乡、无业可扶的农村贫困家庭劳动力通过使其就业帮助其实现脱贫，做到政策衔接、标准衔接、对象衔接、管理衔接；积极推进就业扶贫与社保扶贫、消费扶贫、易地搬迁等政策的衔接协同，综合解决贫困人口的"两不愁、三保障"问题。如在会川镇、清源镇、五竹镇等大型易地搬迁点开发178个公益性岗位，并做好后续管理服务。

（二）稳中求进，从容发展

就业稳住，发展才能从容、坚定、有底气。求木之长者，必固其根本。渭源县在就业工作中健全完善了"五项机制"，做到"三个坚持"，并把"稳就业"和"保收入"作为对冲灾情疫情影响、稳定群众增收的关键举措，确保大灾大疫之年群众收入不下降、有增长。

1. 健全就业工作责任机制

构建县、乡、村、社以及部门合力攻坚的就业责任体系。成立了渭源县就业扶贫专责领导小组，组建扶贫专岗就业服务等 5 个工作专责组，在乡镇设立劳务工作站；实行县级领导联系包抓乡镇责任制，实现乡镇、村领导包抓全覆盖；建立了联席会议、目标管理、考核奖惩 3 项工作制度，落实就业扶贫专责领导小组"月督查、月通报"和劳务输转"日报告日调度日通报周评比"制度，特别为疫情期间实行"点对点、一站式"组织输转提供工作保障。

2. 健全就业形势研判机制

发挥渭源人社部门牵头抓总、行业协会统筹协调和劳务中介（8 家）服务组织作用，对接全国劳务基地 92 家（省内 32 家，省外 60 家），密切关注省内和本地就业形势变化，引导全县贫困劳动力及时、有序返岗复工。同时，利用驻村帮扶工作队力量，全面开展农村劳动力转移就业工作。2020 年全县返岗 1.56 万人。

3. 健全就业资金保障机制

加大就业补助资金筹集力度，强化就业资金监管，专款专用，确保资金使用安全高效。在财政部抽评扶贫资金项目中，扶贫车间、劳动力培训、公益性岗位等项目都通过了绩效管理评价。同时，对符合就业奖补条件的人员做到应补尽补，坚决避免出现奖补政策兑现落实不平衡的问题。

4. 完善就业工作风险机制

制定了农民工工作风险应对预案，采取提高稳岗返还标准、开展以工代训、组织跨区域劳务对接、合理降低企业用人成本、延长领取失业保险金期限、开展生活帮扶等措施，防范化解失业风险。同时，建立了政策扶持、创业服务、创业培训"三位一体"创业促就业工作机制，进一步降低就业风险。

5. 完善就业形势监测机制

县人社局、工信局、教育局、市场监管局等部门多维度开展重点区域、重点群体、重点行业、重点企业就业监测，加强大数据比对分析，准确掌握劳动力省外和县内就业情况，及时调整工作措施，建立劳动力信息数据库和乡镇、村贫困劳动力劳务输转"六张清单"，形成了渭源县建档立卡劳动力分析报告（表）。

6. 坚持走内外并举招工路子

树立"大劳务"观念，利用市场化手段，通过政府搭建服务平台，充分发挥渭源县驻晋安、新疆工作站作用，确定12家人力资源公司，一面立足本县走村串户招工，一面跨县出省开展长期劳务协作，提高组织化输转程度。同时，深入各协作企业发动员工回乡招工，使每个员工都成为企业的招工宣传员。

7. 坚持培训输转一体化路子

聚焦扶贫需求，科学设置培训内容，在全县有培训实力并需要招工的企业打造培训就业基地，实行"订单式""定向式""校企合作"等培训形式，实现了培训与学员岗位、专业和自身需求有效对接；拓宽"一主四线"就业渠道，向外主要紧盯劳务基地招录，向内依托劳务市场、开发公岗、扶贫车间、本地企业四条就业主线，实现培训与就业的有机统一。

8. 坚持不来即享的就业服务

实施"人社业务快办"服务，积极推行就业扶贫政策"县乡同办、一城通办"，使群众享受同等同质服务，切实把各类就业优惠政策落实好；巩固创建充分就业社区成果，清源社区被评为市级充分就业社区，会川社区、新城社区分别于2018年、2020年被评为省级充分就业社区。

（三）创新路径，赋能增量

"饭碗"端稳，日子才能安定、踏实、有奔头。志不求易者成，事不避难者进。围绕精准化精细化服务目标深耕细作，创新探索出"六种"就业模式，注重"四个强化"，做到赋权扩能，赋能增量，赋量提质，走出了一条符合渭源县贫困群众持续稳定就业的新方法、新路径。

1. 探索出"精准就业"发展模式

尊重就业群体意愿，宜工则工、宜农则农、宜留则留。在就业群体上，对青壮年劳动力、就业困难群体、新成长劳动力分类施策；在就业空间上，统筹推进县外转移、县内安置、居家就业；在就业措施上，通过支持返岗复工，引导招聘录用，动员投身农业，扶持创业带动，鼓励项目吸纳，开发公岗安置多措并举；在就业时间上，突出长期稳定就业，兼顾短期就业、灵活就业、临时就业。

2. 探索出"产业就业"融合模式

发挥全县富余农村劳动力多的优势，结合全县产业发展强劲势头，推动对企业或合作社扶贫车间的认定，通过扶贫车间奖补等优惠政策促使企业吸纳就业，实现建档立卡贫困户家门口就业；由中央定点帮扶单位国务院扶贫办引进的德青源、佛慈红日、和韵花卉等企业，通过企业用工备案，实行弹性上班、计件工资，使贫困劳动者得以兼顾进厂工作、农业生产和照顾家庭，推动农民向农业产业工人转型。

3. 探索出"市政＋单位"就业模式

加大力度兴办公益事业，完善住宅小区、城区停车场市政配套设施等，利用社会福利院、学校食堂、社区服务等事业单位用工就业缺口，增加城镇公益性就业岗位，优先为贫困劳动者提供人性化就业服务，实现开发就业岗位与服务社会有机融合。

4. 探索出"创业促就业"增量模式

发挥创业促就业的倍增效应，以全县外出创业成功人士、致富带头人为载体，利用创业担保贷款等政策，激活餐饮、住宿、电商等各行业领域增收创收项目，增加就业岗位，实现创业者自身稳定就业，带动大学生、退役军人、下岗职工等其他困难群众就业。

5. 探索出"就业基地＋"拓量模式

发挥就业基地的示范效应，加强就业基地"双轮驱动"。向外依托92家全国劳务（就业）基地，与福州、浙江、新疆就业基地企业签订就业合作协议，"点对点"组织贫困劳动力转移就业；向内利用全县50家就业基地，积极向就业基地周边用工企业辐射，拓展合作企业数量，加大村企共建力度，增设生产加工点，为贫困劳动者提供更多就业岗位和就业机会。

6. 探索出"公岗 + 就业"托底模式

利用人社、农业农村、林草等部门专项资金和村集体经济光伏收益，针对无法离乡、无业可扶、无力脱贫等重点扶贫对象，结合人居环境改善、美丽乡村建设等工作，开发环境整治、水利交通、疫情防控等方面公益性岗位 2177 个，有效破解了贫困群众就业门路少、转移就业难、增收渠道窄等问题。

7. 强化重点群体就业

多渠道激活就业动能，广开就业门路，建立"一人一台账"就业帮扶计划，确保精准就业。对农民工返乡"回流"人员实行"一站式"动态清零组织输转；对未就业高校毕业生实施大学生进企业服务，引导贫困家庭毕业生到福州市国有企业和事业单位就业；对下岗失业人员提供基本公共就业服务、落实失业保险扩围政策。同时，统筹做好退役军人、残疾人等群体就业工作。

8. 强化政策兑现落实

按照就业奖补政策项目化要求，通过脱贫攻坚领导小组办公会、领导小组会、县政府常务会、县委常委会，落实调度劳务奖补、进疆安置奖补、一次性创业补贴、援企稳岗等就业政策，推动奖补政策及时落地见效。同时，全力推动"双创"，抓好创业担保贷款、就业见习等扶持创业促进就业工作，扶持创业项目孵化。

9. 强化数据动态管理

注重大数据应用，全面推行大数据平台建设分析研判联席会和行业部门数据比对分析调度会，使劳务输转数据跟大就业系统和国扶系统线上紧密相连的同时，往基层延伸，形成数据信息闭环，使乡村的数据上得来、政策下得去，有效保证了就业人员信息准确率。

10. 强化齐抓共管格局

全县人社系统树立"一盘棋"思想，构建了人社大系统格局，各部门既能各司其职、各负其责，又能密切配合，协调作战，找准劳务输转、扶贫车间、培训提技、奖补兑现、公益性岗位管理等就业工作突破口，共同承担起就业扶贫工作的责任。

"巾帼"助力扶贫车间

产业发展是脱贫攻坚强有力的"助推器",渭源乘着东西部扶贫协作的东风,抢抓机遇建成扶贫车间发展产业,并为周边的贫困户提供岗位,吸纳他们到车间就业,为他们提供致富新门路,群众从此有了适合自己的"铁饭碗"。全县28个东西部扶贫协作车间,共吸纳1418名群众就近务工增收,其中建档立卡贫困人口有732人。2018年以来,渭源县妇联紧紧围绕全县扶贫车间建设总体部署,全力配合支持各乡镇党委、政府和企业打造建设"巾帼扶贫车间"。全县创建"巾帼扶贫车间"19个,吸纳带动700多名贫困妇女就业,辐射带动周边3000多名妇女发展相关产业,真正做到了"就业一人,脱贫一户,带动一片"。

为顺利推进扶贫车间建设,渭源县坚持分类指导,通过设立示范典型,以点带面,全面铺开全县就业扶贫车间建设,重点探索推广了四种就业扶贫车间模式。一是厂房式就业扶贫车间。引导企业通过建设、购买或租用标准厂房或其他构筑物,从事农产品加工、手工业、来料加工等生产加工活动,吸纳贫困人口实现就业增收脱贫。二是居家式就业扶贫车间。引导企业通过挖掘地方民族文化内涵,发挥民族手工业、民族特色产品加工业等传统产业集群优势,与贫困人口建立承揽关系,吸纳贫困人口分散加工,实现增收脱贫。三是种养式就业扶贫车间。引导企业以种植基地、养殖基地为依托,通过用工或"公司(合作社)+贫困户"方式与贫困户建立稳定的利益联结机制,带动贫困人口发展产业实现增收脱贫。四是贸易流通式就业扶贫车间。借助新型流通业态,按照"农村农产品进城、工业品下乡"双向流通思路,建立特色农产品集中交易市场,提升冷库库容,完善电子信息平台,建设服务站点,推进线上线下结合,打造"一村一品"的"互联网+扶贫"模式,与贫困户建立稳定的产销关系,帮助贫困人口实现增收脱贫。

图1　渭源县扶贫车间（一）

一　实现家门口就业

对于无法外出的当地妇女和就业人员，如何帮助他们增收？福州市引导劳动密集型企业或手工工艺型企业到定西市投资，建立分公司或加工车间，带动无法外出务工的贫困群众就地就近就业。为进一步推进全县东西部协作"扶贫车间"建设工作，县人社局由党组成员担任组长，对创建扶贫车间工作加以引导和推进，形成了"统一安排领导、相互统筹协调、各自抓好落实"的良好格局。

在渭源县上湾镇侯家寺村，2019年8月，由晋安区和渭源县共同建立的"东西协作巾帼扶贫车间"，引进兰州曼斯特服装服饰有限责任公司，与泉州鑫榕制衣有限公司建成制衣车间。在宽敞明亮的厂房内，整齐地摆放着30多台缝纫机，40多名女工坐在缝纫机前，忙着赶制衣服。"老公在外面打工，我在家门口上班，一个月可赚2000多元，还能照顾老人孩子，真不错！"女工孙玉玲说。在会川工业园区衡顺堂药业扶贫车间加工中药饮片的会川镇本庙村贫困户南花说："在扶贫车间上班，离家近，既能顾家，又能挣钱，还能在农忙时间照顾上自己的庄稼，平均每天工资一百元左右，挣钱务工两不误。"

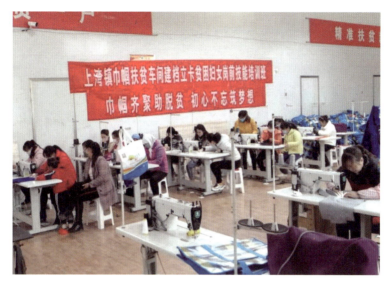

图 2　渭源县扶贫车间（二）

二　"阳光房"里育新农

阳光房使许多人联想到明亮舒适的休闲玻璃房，身处其中，幸福感油然而生。而在渭源，也有一座座阳光房，让一个贫困户收获满满的幸福感。这些阳光房，其实是田间的种植房。在渭源县祁家庙镇便有一座——祁家庙田园生态农业产业农民专业合作社。合作社依托产业扶贫政策支持，充分利用东西部扶贫协作资金及国务院扶贫办定点帮扶资金等 750 万元，建成了占地 75 亩的食用菌种植基地三处，食用菌种植培育大棚 78 个，总面积 52000 平方米，其中建成香菇出菇棚 62 座，香菇育菌棚 11 座；堆料场 600 平方米、生产接种车间 600 平方米、装袋车间 600 平方米、蒸装车间 500 平方米、存放车间 600 平方米、筛选加工车间 600 平方米，平均每日预计产量 10000 棒左右；自筹资金 560 万元建成日生产两万棒的食用菌菌棒生产加工培育流水线一处及东西部协作扶贫车间一处，带动祁家庙辖区 213 户贫困户增收，户均年收入达到 1.9 万元以上，食用菌产业的培育和发展初见成效。

图3　渭源县扶贫车间（三）

三　扶贫车间药草飘香

在扶贫车间工作的渭源县祁家庙镇官路村贫困户王挺雷，因腿脚不便，既不能和村里青壮年一样外出务工，又无法从事费劳力的本地传统中草药种植，只能靠种植小麦养家糊口，年收入不到2000元。2019年4月，他听说村里要建阳光房，便报名参加菌菇种植。"我抱着试试看的想法报了名，没想到不到一年就赚了1万多元"，王挺雷高兴地说。

就业一人，脱贫一家。在会川镇对口帮扶的东西部扶贫车间"送岗上门、就近就地就业"的扶贫模式，既壮大和发展了会川镇中药材产业，又为会川镇贫困户稳定脱贫奠定了基础，产生了良好的经济和社会效益。

会川镇德园堂扶贫车间马成军非常满意地说："我在扶贫车间开车，空余时间帮忙干些体力活，一个月下来能有4500元的收入，不用外面到处跑，家门口就把钱挣了，挣钱顾家都不耽搁，日子越来越有盼头了。"

在会川镇衡顺堂分拣车间内，52岁的王百宁边麻利地分拣黄芪中的柴草，边说："家里的娃娃都在外打工，庄稼人闲不住，每天来这儿工作8小时，每月能收入2000元贴补家用，多好！"

图 4　渭源县扶贫车间（四）

图 5　渭源县扶贫车间（五）

四　扶贫车间耐人寻味

扶贫车间是培育农村新型农民、斩断贫困代际传递的现实需要。农村留守贫困人口文化程度普遍偏低，缺少一技之长，除了种地、照顾家庭之外，常年空闲在家，还有一些因病因残无法外出务工。扶贫车间将"工厂"建到家门口，就业时间灵活，用工门槛较低，留守人口既可以到服装、药厂等工厂上班，也可以将订单带回家生产，还可以选择到加工厂上班或到特色种养基地务工。通过统一标准生产、统一流程管理、统一技术培训，提升技能、积累经验，提高了贫困劳动力的综合素质，推动农民从"务农"向"务工"转变，让农民变身为新型产业工人。同时，让贫困人口在家门口参与体面劳动，凭自己的双手脱贫致富，既增强了自立自强、靠奋斗创造美好生活的信心和志气，又增加了他们的幸福感和获得感。

上湾镇尖山村村民孙玉玲，家里老人体弱多病，丈夫常年在外打工，照顾小孩、老人的责任就落在了她身上。她说："常想着要是既能顾得上家，又能挣点钱补贴家用就好了。"扶贫车间建成后，吸纳了附近村镇42名村民就业，其中建档立卡贫困户20人，孙玉玲就是其中之一。孙玉玲说："培训期一个月有1300元的收入，过了培训期实行计件工资，平均每个月2000多元，赚钱顾家两不误，挺好的。"五竹镇五竹村扶贫车间是一个智能化蝴蝶兰日光温室。从2018年10月起，这里生产的鲜花开始售往全国各地，年产蝴蝶兰65万株。郭文秀是村里的建档立卡贫困户，家就在车间附近，步行只要10多分钟，"来这里干活5个月，每月工资2000元，家里收入一下子增加了不少"。马桂兰，莲峰镇团结村人，做事勤快，已经在绽坡村"巾帼扶贫车间"务工4年了，她家就在扶贫车间旁边，务工顾家两不误。马桂兰说："主要是农闲时务工，活很轻，就是摘捡蘑菇，翻菌棒，每天有70多元的收入，去年挣了1万多元。"

图6　渭源县扶贫车间（六）

【专家点评】

就业，事关"小康路上一个也不掉队"庄严承诺的兑现。一人就业，全家脱贫。渭源县顺应人民新期待，以不断满足人民日益增长的美好生活需要为出发点，通过提高稳岗返还标准、开展以工代训、组织跨区域劳务对接、合理降低企业用人成本、延长领取失业保险金期限、开展生活帮扶等措施，持续改善就业环境，各类就业群体工资性收入水平稳定提高，全县群众的获得感、幸福感、安全感更强，生活更加充实、更有保障、更可持续。渭源县注重上下协同，按照高质量可持续脱贫要求，与当前就业工作相结合，与"十四五"规划相结合，与巩固脱贫成果相结合，与接续推进乡村振兴相结合，认真寻求工作着力点。

习近平总书记指出，"在中国人民追求美好生活的过程中，每一位妇女都有人生出彩和梦想成真的机会。"渭源县妇联积极发挥党联系妇女群众的桥梁纽带作用，关注、关心、关爱普通妇女群众，帮助她们解决最关心最直接最现实的利益问题，团结带领广大妇女群众在脱贫攻坚主战场、在乡村振兴第一线、在美丽中国最基层干事创业、创新创造，彰显出自强不息、坚韧刚毅、智慧豁达的新时代女性风采，勾勒出一幅充满活力的"她画卷"。奋斗是新时代最美丽的词语，也是新女性最美丽的姿态。当前，世界百年未有之大变局进入加速演变期，全面建设社会主义现代化国家已经开启新征程，大量艰巨繁重的任务还等着我们去攻坚克难，妇女既是现实的生产力和重要人力资源，更关系到千家万户的幸福和国家民族的未来。实践充分证明，"妇女能顶半边天"，只有广泛凝聚"她力量"、不断集纳"她智慧"、积极发扬"她精神"，才能让更多妇女在全面建设社会主义现代化国家的新征程中抒写无愧于时代的巾帼华章。

（**点评专家**：李俊，法学博士，二级教授，博士生导师。现任信阳师范学院校长，河南省精准扶贫与乡村振兴软科学研究基地主任，河南省科学社会主义学会副会长、教育部人文社会科学重点研究基地山东大学当代社会主义研究所兼职研究员，享受国务院政府特殊津贴专家，河南省优秀专家。）

易地扶贫政策好　搬出幸福新生活

摘　要：中国许多贫困地区生态脆弱、自然资源严重不足，造成"一方水土不能养育一方人口"，帮助他们脱贫的最有效方式就是将这些地区的贫困人口搬迁出去。易地扶贫搬迁是"五个一批"精准扶贫工程中最难啃的硬骨头，渭源县通过一系列有效举措解决了偏远贫困地区贫困群众易地搬迁稳定脱贫问题，实现了易地搬迁"一年建设，两年搬迁，三年稳定脱贫"的目标。

关键词：易地搬迁　精准脱贫　产业扶持　就业扶持

一　引言

易地扶贫搬迁最早开始于 1983 年的"三西"（甘肃的定西、河西和宁夏的西海固地区）扶贫，20 世纪 80 年代到 90 年代中期，主要在粤北、广西的部分地区实施，到 20 世纪 90 年代末和 21 世纪初，易地扶贫搬迁模式逐渐铺开。从 2001 年开始，国家发展和改革委员会安排专项资金，在全国范围内组织开展易地扶贫搬迁试点工程。作为脱贫攻坚重要手段，易地扶贫搬迁是打赢精准脱贫攻坚战最难啃的"硬骨头"，一方面它是解决"一方水土养不起一方人"的治本之策，另一方面由于改变了移民的生产生活方式、人际关系等，也容易带来文化冲突、移民难以维持生计及心理不适应等各方面问题。"十三五"期间，渭源县易地扶贫搬迁共计实施建档立卡户 2267 户 9755 人，新建集中安置点 12 个 590 户 2741 人，分散安置1677 户 7014 人（其中进城分散安置 468 户 2173 人），项目涉及 16 个乡镇，总投资 5.98 亿元，建成住宅工程 2267 套，配套建设了道路、护坡、饮水、农电、排水、绿化亮化、环境整治、文化广场等基础设施和公共服务设施，同时着力解决搬迁群众"靠什么脱贫"和"两头跑"问题，实现了易地搬迁"一年建设，两年搬迁，三年稳定脱贫"的目标。

二　主要做法

（一）扎实落实易地搬迁政策

（1）精准确定搬迁对象。渭源县将符合异地搬迁的建档立卡贫困群众2267户9755人全部纳入全省易地扶贫搬迁"十三五"规划，并在国务院扶贫办系统的"五个一批"里进行关联标注，确保所有符合条件的贫困户都能够通过易地扶贫搬迁项目受益。

（2）依据国家标准确定人均住房面积。根据甘肃省发展和改革委员会《关于进一步规范易地扶贫搬迁项目管理切实做好问题整改工作的通知》（甘发改赈迁〔2017〕547号），渭源县建档立卡人口易地扶贫搬迁住房建设面积严格按照国家标准进行执行。

（3）制定相关政策落实项目资金。渭源县根据省级相关文件，制定了《"十三五"期间易地扶贫搬迁项目资金管理办法（修订）》（渭政办发〔2019〕96号），资金补助标准严格按照国家及省市要求执行。

（4）政府担当贷款还款主体。贷款本金及利息由省政府统贷统还，未转嫁到搬迁农户身上。

（二）严格安置住房鉴定及验收

根据渭源县人民政府办公室《关于印发"易地扶贫搬迁项目竣工验收工作方案的通知》（渭政办发〔2018〕124号）文件精神，渭源县"十三五"期间实施的易地扶贫搬迁项目已全部完成县级初验并通过市发改部门综合验收。渭源县委托甘肃兰达铁科工程检测有限公司对"十三五"期间实施易地扶贫搬迁项目的2267户全部完成检测并出具了住宅工程质量检测报告和住房安全等级认定（鉴定）报告，涉及的易地扶贫搬迁住宅工程均为安全住房。

（三）推进后续产业就业

（1）后续产业扶持。渭源县共计安排 9905 万元配套了户用光伏、种养殖暖棚、日光温室、农业联栋温室、切药机、农产品交易大棚、村级光伏等后续产业项目，不断增强搬迁群众的自我发展能力。

（2）后续就业扶持。渭源县"十三五"期间，共搬迁建档立卡贫困户 2267 户 9755 人。按人建立了异地搬迁就业信息台账并按期进行调度，使得有劳动能力且有就业意愿的 2151 户全部实现至少有 1 人就业的目标，无劳动能力的全部纳入低保兜底保障范围。

（四）多渠道筹措搬迁资金

（1）中央预算内资金，中央财政下拨的中央预算内基本建设资金人均 8000 元。

（2）地方政府债券资金，省财政发行的省级政府债券资金人均 9740 元。

（3）专项建设基金，国家发行的专项建设基金人均 5000 元。

（4）长期贴息贷款，政策性银行和开发性银行贷款人均 3.5 万元，由省政府统贷统还。

（5）贫困户自筹资金，人均住房建设自筹资金不得超过 0.25 万元。

（6）2018 年易地扶贫搬迁资金来源根据省关于融资方式规范调整的政策，除人均 8000 元的中央预算内资金，其余的人均 4.974 万元全部为地方政府债券资金。

（五）动态调整补助资金

（1）2016 年项目、2017 年项目人均补助 3 万元，其中：中央预算内资金 0.8 万元、地方政府债券资金 0.974 万元、专项建设基金 0.5 万元、长期贴息贷款 3.5 万元；5 人及以上户按照 5 人户进行补助，最高补助 15 万元。

（2）2018 年插花安置和集中安置住房建设补助人均 4.3 万元，其中，中央预算内资金 0.8 万元、地方政府债券 3.5 万元。

（3）2018 年进城安置人均补助 5.774 万元，其中，中央预算内资金 0.8 万元、地方政府债券资金 4.974 万元。

三　案例缩影——南谷新村安置点

上湾镇投资 1.3 亿元实施了易地扶贫搬迁工程，集中建设了定西市最大的一处易地扶贫搬迁集中安置点——南谷新村安置点，把全镇偏远地区的贫困群众统一搬迁到交通便利、公共服务设施齐全的镇政府所在地。从 2014 年实施易地扶贫搬迁以来，共搬迁群众 668 户 3006 人，其中贫困户 402 户 1609 人。在 402 户贫困户中，有 302 户通过劳务输出增加收入，占比 75.12%；172 户参与发展设施农业增加收入，占比 42.79%；142 户利用光伏增加收入，占比 35.32%。2019 年底，搬迁户人均收入从搬迁初的 3300 元增加到 1 万元以上，搬迁群众的幸福感、获得感不断增强。

图 1　上湾镇易地扶贫搬迁集中安置点

上湾镇在安置点建设过程中，坚持配套产业与安置点建设同步推进，充分尊重搬迁贫困户意愿，因户落实后续扶持措施。针对有外出意愿的，大力组织劳务输转，增加搬迁贫困户劳务收入；针对不愿意外出的，一方面建设扶贫车间，使其就近就业增收，另一方面建设农业设施，增加搬迁贫困户产业收入。

（1）产业扶持。"与种地不一样，种花需要注意的环节多。最关键的是温度控制。不同的玫瑰品种，对温度的要求也不一样"，方万录说。他家的温室大棚，位于上湾镇南谷玫瑰园。在黄土地里折腾了半辈子，他怎么也没想到，种小麦都难成活的旱地竟然还能种玫瑰花，自己还成了玫瑰花种植的技术员。两年前，方万录还在工地拧钢筋、和水泥。有一次拧钢筋伤了腰椎，在家休养时他发现村里盖起了钢架大棚。这是福建省福州市晋安区帮扶上湾镇，在村里打造的玫瑰鲜切花产业园，建档立卡贫困户可以免费承包一个大棚，花苗、管理、销路都有保障。

就这样，这位憨厚朴实的西北汉子种起了玫瑰花。方万录开始通过参加合作社培训、在手机各类平台学习等多种方式学习玫瑰花种植技术。2019年，方万录种花收入超过3万元，高出村里种花平均收入近万元，也比他外出务工收入高。由于花种得好，他还被邀请担任合作社技术员，培训和指导村民种植玫瑰花。尝到甜头的不只有方万录，当地还有110户建档立卡贫困户依靠种植玫瑰花增收。南谷玫瑰园还成为当地的"网红地"，每逢周末或节假日游人如织，一些村民看到商机，还打算办农家乐发展乡村旅游。

（2）就业扶持。对有需求的搬迁贫困户进行全覆盖式技能培训。向新疆、福建等地输转就业162人，年人均收入2.6万元。就近就地就业354人，其中，投资6200万元引进陇源红生物科技有限公司，吸纳搬迁贫困户15人稳定就业，20人季节性就业，年人均收入分别为3万元和1.5万元左右；投资1200万元，建成了天启、曼斯特、南谷田园3个扶贫车间，吸纳贫困户82人稳定就业，年人均收入2万元左右；南谷玫瑰园吸纳搬迁贫困户20人稳定就业，年人均收入2万元左右；统筹搬迁贫困村集体收入130.4万元，在安置点设置保洁、道路维护等公益性岗位217个，吸纳217名搬迁贫困户就业，年人均收入0.6万元；充分依托上湾镇光照资源丰富的优势，投资340.8万元，在142户搬迁户每户屋顶安装3千瓦光伏电板，让贫困户参与光伏管理、维护等相关工作，户均年获得收益3000元左右。

四　实施成效

（一）基础设施得到改善

安置点配套建设硬化道路、砂化道路、人饮入户、农电线路、农电入户、排水工程、场地平整、院落硬化、安置点绿化、太阳能路灯、垃圾收集点、农村环境整治等基础设施和公共服务设施，实现所有搬迁户喝自来水、走水泥路、住安全房的目标，其生产生活条件进一步得到改善。

（二） 增收门路不断拓宽

通过易地扶贫搬迁与区域生产开发相结合的举措，不断增强搬迁群众的自我发展能力。一是有 1799 户通过发展种养加产业增收，其中以中药材种植收入为主导的有 967 户，以马铃薯种植收入为主导的有 476 户，以蔬菜种植收入为主导的有 122 户，以牛羊养殖收入为主导的有 128 户，以农产品加工收入为主导的有 106 户，年人均实现就业增收 5000 元以上；二是有 1837 户通过劳务就业增收，其中培训输转外出务工 3390 人，扶贫车间就业 160 人，就近临时务工 390 人，年人均实现就业增收 20000 元以上；三是有 969 户通过村级公益性岗位参与劳动获取薪酬方式增收，岗均年收入 3500 元左右；四是有 661 户配套建设户用光伏发电增收，每户装机 5 千瓦，每年可发电 5000 度左右，年稳定增收 3000 元以上。通过以上措施，实现易地扶贫搬迁后续产业全覆盖，户均落实后续产业 2 个以上，实现户户有产业、人人有岗位、家家能增收的目标。

（三） 生活质量稳步提高

通过实施易地扶贫搬迁项目，搬迁群众的生产方式和生活质量发生了显著变化。热水器、宽带等进入家家户户，就医、上学、出行条件均得到明显改善；基层组织建设不断完善，进一步促进搬迁群众的社会融入。

（四） 生态环境得到改善

对迁出区的旧宅基地进行复垦，改善了当地生态环境。搬迁对象自身素质明显提高，房前屋后的人居环境明显改善，群众的精神面貌明显提升。

截至 2020 年底，渭源县 2267 户建档立卡搬迁群众已全部完成易地扶贫搬迁，验收达到认定标准并真正实现搬迁群众"稳得住、有就业、逐步能致富"的目标。

【专家点评】

渭源县通过"易地搬迁"，借助国家扶贫政策筹措资金开展产业扶持，为搬迁群众就业打下基础；开展就业培训专项行动，不断扩大搬迁群众劳务输出规模；积极开发公益性岗位，拓宽就地就近就业门路；引导区域生产开发，不断增强搬迁群众的自我发展能力，较好解决了"一方水土养不起一方人"的难题。渭源县搬迁扶贫最为成功之处，就在于有效利用国家扶贫政策，改善安置区的生产生活条件、调整经济结构、拓展增收渠道，不仅让贫困户能"安居"，更让他们能"乐业"。通过这些举措，当地基础设施得到改善，贫困户增收门路拓宽，群众生活质量进一步提高，生态环境得到改善，搬迁群众的幸福感、获得感不断增强，有效激发了贫困群众的内生动力，使贫困群众逐步走上富裕之路。

需要注意的是，当前各地易地扶贫搬迁取得的成绩还不是很稳定。渭源县在易地扶贫搬迁中多措并举，不仅解决搬迁贫困户就地就业问题，而且使得看病就医、孩子上学、住房和饮水安全等"两不愁、三保障"问题也一并得到改善，实现了偏远贫困地区贫困群众稳定脱贫，可视为易地扶贫搬迁的成功案例。新时期易地扶贫搬迁是脱贫攻坚"五个一批"中的重要一批，是"头号工程"。要把易地扶贫搬迁与乡村振兴战略有机结合，做好搬迁后续工作，扎实推进乡村振兴。

（点评专家：闵永新，法学博士，教授，博士生导师。现任安庆师范大学校长，安庆师范大学大别山区域发展研究院研究员，大别山革命老区红色文化研究中心研究员，安徽省科学社会主义学会副会长，大别山革命老区高校联盟"红色园丁"教育研究中心主任。）

【兜底保障】

多策关爱弱势群体　兜牢民生救助底线

摘　要：渭源县牢牢把握"兜底保民生"基本底线，坚持做好助残脱贫、养老救助和社保脱贫三大方面的兜底保障工作，认真落实贫困残疾人"两项补贴"、推进残疾人就业创业等工作，提升养老服务质量，解决"视觉贫困"问题，按照"4444"思路，构建城乡统筹、保障兜底、覆盖全民的多层次社会保障体系。

关键词：兜底保障　助残脱贫　养老救助　社保扶贫

一　引言

兜底保障脱贫攻坚政策主要针对无法依靠产业扶持和就业帮助脱贫的家庭和个人，尤其是对患有重病、重残、无劳动能力的对象要优先按照程序认定其为兜底保障对象，实施兜底保障工作。渭源县以兜底保障应保尽保作为贫困户基本生活保障的着力点，从助残脱贫、养老救助和社会保障三大方面全面保障了困难群众的基本生活，不断提高渭源脱贫攻坚的质量、水平和底线。

渭源县有建档立卡残疾人户 3340 户 3811 人。自脱贫攻坚以来，渭源县全面落实助残脱贫措施，做到了一个不漏、一个不错的全方位覆盖。发放贫困残疾人两项补贴共计 9679 人 2686.24 万元；投入产业扶持资金 1260 万元，带动 711 户建档立卡残疾人户增收，占全县建档立卡残疾人户的 21.28%；投入资金 120 万元，扶持新建残疾人就业创业基地 3 个，扶持新建盲人按摩示范店 1 家、文化创意实体店 1 家，扶持个体创业 9 人、个体企业 4 家，带动 76 户贫困残疾户增收；投入资金 77.65 万元，为 219 户建档立卡残疾人户实施无障碍设施改造项目；投入资金181.48万元，免费为3659名贫困残疾人提供康复服务和辅助器具适配，占全县建档立卡残疾人数的96%，资助在校建档立卡户残疾学生98名；开展建档立卡残疾人农业实用技术和职业技能培训，培训建档立卡残疾人1548人，占全县建档立卡残疾人数的40.61%。

二　经验与做法

渭源县在常态化工作的基础上，采取多种形式，提升养老服务质量，使得特困供养人员的"视觉贫困"问题得到了有效解决，获得感、幸福感进一步增强。

一是政府购买服务，由第三方机构为全县2061名分散特困供养人员提供日常起居护理、住院照料看护服务和"六勤"（勤理发、勤洗手、勤洗衣服、勤剪指甲、勤洗澡、勤刮胡须）服务。

二是安排农村养老服务岗位，配备农村养老服务员，为分散特困供养对象提供居住环境卫生清理、个人卫生清洁、被褥衣物清洗、生活照料、住院陪护、精神慰藉和安全排查等关爱服务，每个农村养老服务员服务3名对象，做到了服务全覆盖。

三是全县不定期组织开展"环境卫生大扫除、个人卫生大清洗、脏乱衣被大撤换"行动。2019年至2020年共为全县特困供养对象及一、二类低保对象发放衣服类物资15852份，床上用品、厨房用具、米面油物资8060份，为分散特困供养对象发放2117份杂物柜（衣柜）、就餐桌椅（一桌四椅一柜）和床上用品。

四是大力发展康养服务产业，成立了渭源县博爱康养中心、怡祥苑老年人服务中心、夕阳红养老综合服务中心医养服务机构，为全县困难群众提供养老服务、残疾人养护服务、健康养生咨询、健康管理、心理疏导等服务，有效解决了失能、半失能和失智人员的护理问题。

在具体推动落实中，按照"4444"工作思路，即"完善四项制度机制、落细四项参保工作、开展四大行动、做好四个衔接"，抓紧抓实抓好社保扶贫工作。

图1　政府购买服务人员为分散特困供养对象服务

完善四项制度机制。一是健全资金保障工作机制。抓好预算和支出进度管控两道关口，将代缴资金列入财政预算，于年初按时拨付，一次性拨入个人账户，为贫困人口养老保险代缴提供了资金保障。二是建立联席会议制度。强化与县财政局、扶贫办、民政局、残联、卫健等部门的工作联动，实施联席会议制度，按照"月比对、季调度、季分析"管理制度，分析讨论贫困人口参保障碍，聚力破解参保难题。三是加强信息共享机制。县扶贫办专门为人社部门设立扶贫大数据查询账号，县财政、教育、司法、民政、公安及退役军人管理等相关部门在关键时间节点配合县社保中心加大"五类"人群协查，方便了贫困人口实时信息查询和比对。四是建立宣传长效工作机制。统一印制城乡居民养老保险宣传折页，并发放至村（社区）及每个建档立卡贫困户。畅通宣传发动渠道，通过村级广播、人社服务平台、微信群、村务宣传栏进行宣传，同时乡镇社保专干、驻村工作队利用赶集日发放宣传资料，讲解政策，实现政策宣传全覆盖。

落细四项参保工作。一是落实城乡居民养老保险"应代尽代"。认真执行政府代缴政策，按100元/（人·年）的标准为建档立卡贫困人口、低保对象、特困人员、计生两户、重度残疾人代缴最低缴费档次的城乡居民养老保险费。二是夯实基础数据做到"应保尽保"。在做好人口核查工作的基础上，建立五张清单，确保"五类"人群全部被纳入。三是紧盯目标人群做到"应参尽参"。按照每周提取最新数据的要求，加强与扶贫等部门的信息共享，及时对部级人社扶贫信息平台反馈的、渭源县建档立卡贫困人口等困难群体未参加基本养老保险和未享受基本养老保险待遇的数据信息全面进行比对核实，持续推进新增人员实时参保。四是加大出口支付做到"应发尽发"。每月对贫困人口"过筛子"，对筛选出的新增未领取待遇人员，及时核定养老保险待遇并发放养老金，确保新增一个纳入一个，到龄一个发放一个。

开展四大行动。一是通过加强数据比对，对疑似符合条件未参保的人员，逐户逐人核实和动员参保，全力做到"不漏一户、不漏一人"，让符合条件的建档立卡贫困人口100%参加城乡居民养老保险。目前，符合参保条件的贫困人口已全部参加了基本养老保险。二是精准开展临界人员"清零行动"。密切关注符合领取待遇条件的临界人员，对即将年满60周岁的建档立卡贫困人口进行数据筛查，锁定当年应领取待遇人员的范围，确保符合领取待遇条件的人员100%领取城乡居民养老保险待遇。目前，全县建档立卡贫困人口中，符合领取基本养老保险金的人员已全部足额享受待遇。三是精准开展各项数据"清零行动"。实行社保业务人员包抓乡镇制度，针对每月对比中发现的问题数据，由各乡镇包抓人员联系乡镇"清零销号"，及时将新增人员纳入参保范围，剔除建档立卡调整人员，按时对16岁到龄人员进行参保代缴，并修改人社部扶贫信息平台信息，确保各项数据实现"动态清零"，确保贫困人口100%准确享受财政代缴政策。四是开展社保"票据"到户"清零行动"。在夯实数据台账的基础上，先后组织副县级领导、人社部门主要负责人、就业专责组成员单位负责人开展到户核查工作，并按照"缺什么补什么，边核查边整改"的要求，及时通知乡镇将代缴票据或通知书与家庭其他成员中满16周岁但不符合参保条件人员的佐证材料全部装入贫困户家庭档案资料，确保贫困户户内资料100%完整。

做好四个衔接。一是拓展社保扶贫与工伤保险扶贫衔接宽度，发挥工伤保险作用，推动按建设项目参加工伤保险工作，切实解决农民工中的建档立卡贫困务工人员伤残保障问题。二是加大社保扶贫与失业保险扶贫衔接力度，落实失业保险基金支持脱贫攻坚政策，最大限度地保障农民合同

图 2　渭源县社保中心主任单凯军安排社保扶贫重点工作

图 3　甘肃省社保局副局长周强检查指导社保扶贫工作

制工人失业保险待遇。三是加深社保扶贫与脱贫攻坚任务全方位衔接程度，力促农村低保、特困人员救助供养、医疗救助、临时救助等社会政策合力施策，精准发力、多点发力、组合发力。四是加大社保扶贫与乡村振兴有机衔接强度，锚定乡村全面振兴这个目标，在不折不扣完成脱贫攻坚任务的基础上，推进社保工作高质量发展，切实做到政策衔接、标准衔接、对象衔接、管理衔接等与乡村振兴任务相吻合。

图4　渭源县在甘肃省人社重点工作会议上就社保扶贫工作做交流发言

三　实施成效

截至2020年底，全县建档立卡贫困人口101701人，其中16周岁以下14826人，16周岁以上在校学生7945人，符合参加城乡居民养老保险的77360人（其中60周岁以上待遇领取人员15461人，16～59岁应参保人员61899人），其他1570人则不符合参保条件（其中1295人参加企业职工养老保险，266人参加机关事业养老保险，9人参军）。截至2020年底，共有77360人实现了全覆盖参保，15461人100%领取养老保险待遇。

2018～2020年，渭源县共计代缴金额2171.9万元，有效减轻了贫困人员缴费负担；为全县贫困人口中60周岁以上待遇领取人员15461人，累计发放养老金5428.1万元，切实提高了贫困人口的家庭收入，全县所有贫困村和符合条件的贫困人口均加入了城乡居民养老保险。

【案例缩影一·特困供养人员杨虎成的蜕变之路】

杨虎成，男，渭源县祁家庙镇边家堡村边家堡社人，常年和弟弟一起生活，家庭比较贫困，一直享受农村最低生活保障。2018年3月，杨虎成离家出走，家人和县民政部门积极寻找，4月，杨虎成被家人找到。2018年5月，在县救助站和亲人的努力下，杨虎成被送到县医院进行智力鉴定，办理了智力二级残疾证，由县民政部门审批核定为集中特困供养对象。渭源县社会福利服务中心的工作人员及时疏导、劝慰杨虎成，帮助其克服负面心理情绪尽快适应集中供养生活，帮杨虎成剪指甲、理发、换洗衣服，鼓励杨虎成积极参与中心每天组织的唱歌、做游戏等娱乐活动，及时掌握杨虎成的心理动态，定期与他谈心、沟通交流，目前杨虎成的精神面貌和生活质量都有了很大改善。

图 5　杨虎成入住渭源县社会福利服务中心前后对比

【案例缩影二·雪中送炭显党恩】

渭源县峡城乡康家村张东林家两年三次因病享受城乡居民临时救助。

张东林家中有 4 口人，妻子贤惠勤劳，儿女双全且乖巧听话，收入稳定，一家人原本生活得其乐融融。2017 年 3 月的一天，张东林的女儿张亚娟突然腹部剧烈疼痛，无法忍受。张东林急忙带女儿到临洮县人民医院进行检查，诊断结果为急性胰腺炎，住院治疗 23 天，病情有所好转后回家休养。几天后，女儿张亚娟再次感觉身体不适，头晕目眩、浑身乏力，张东林感觉女儿身体可能有比较严重的问题，于是带女儿赴兰州大学第二医院进行检查，诊断结果为再障性贫血，这一结果对于一个农村家庭来说，简直是晴天霹雳，一度平静的生活瞬间被打破。经过近 8 个月的治疗，女儿张亚娟的病情虽有所好转，但依然头晕目眩、浑身乏力，治疗效果不太明显。2017 年 12 月，张东林携妻女 3 人远赴山东济南血液病医院进行治疗。自 2017 年 3 月女儿患病以来，张东林一家先后花费 50 多万元治疗费，经济负担沉重。更为不幸的是，2019 年 7 月的一天，张东林的儿子张伟博也突发腹部剧烈疼痛，经兰州大学第一医院检查后被诊断为胰管结石，后于 2020 年 7 月赴上海治疗。儿子张伟博患病 1 年以来，治疗取药花费共计 2 万多元，这进一步加重了张东林的家庭经济负担。

峡城乡党委、政府得知此事后，及时入户走访看望，积极衔接县民政部门，主动落实社会救助政策，于 2018 年 6 月将张东林整户纳入农村二类低保，保障他们一家的基本生活。为进一步有效解决张东林一家因病致贫的困境，乡党委、政府和村委会高度关注、主动作为，在相关医保政策的基础上，2018 年 10 月为其家庭申请大额城乡居民临时救助资金 25000 元，2019 年 6 月再次申请同类资金 10272 元，11 月申请"救急难"型临时救助资金 10272 元。三年来，共申请城乡居民临时救助资金 45544 元，为张东林一家正常生活的维持提供了保障，张东林一家的生活困难得到了较为有效的解决，女儿张亚娟的病情持续稳步好转，精神面貌日趋良好；儿子张伟博也因能够继续赴上海治疗，病情得到了有效的控制。

【案例缩影三·为村民赵克制一家送去温暖】

渭源县庆坪镇老王沟村的赵克制，是个 70 多岁的高龄老人，自己患有脑梗死，身体状况较差。赵克制家中有 6 口人，老伴陈会琴，患有神经官能症，夫妻俩常年生病，药不离口，完全没有劳动能力。儿子赵继军智力三级残疾，儿媳李湖梅也有智力问题，经常出走。大孙子赵佛佑上小学，小孙子赵天佑上幼儿园。家中耕地 7 亩，均为山坡地，条件艰苦。对于这样的特殊困难家庭，渭源县主动及时落实社会救助政策，将赵克制一家整户纳入了农村低保一类对象，将赵继军和李湖梅纳入了"残疾人两项补贴"对象，将赵佛佑、赵天佑纳入了事实无人抚养儿童对象。现在，赵克制全家每月领取 2214 元低保资金、300 元"残疾人两项补贴"、2000 元事实无人抚养儿童基本生活补贴，全年能领到各类社会救助资金 54168 元。2020 年 6 月，经赵克制个人申请又给予了其 5000 元临时救助。如今的赵克制一家，都住上了新房子，添置了沙发、茶几等新家具，居住环境焕然一新。赵克制逢人就说："如果不是现在的好政策，我这样的家庭早就垮了。"

图6　政府及时为赵克制家送去基本生活物资

【专家点评】

　　围绕实现党中央提出的"确保农村贫困人口全部脱贫，确保高质量打赢脱贫攻坚战"目标，民政部门承担着为脱贫攻坚进行兜底保障的重要任务。民政扶贫脱贫工作相较其他部门，最显著的特点是扶助对象属于无法依靠自身力量实现脱贫的极度困难群体，民政救助也是社会公平正义和人道主义关怀的最后一道防线。因此，在我国决胜全面建成小康社会取得决定性成就的过程中，民政部门在扶贫脱贫工作中发挥的兜底作用显得至关重要。

　　渭源县很好地展现了基层民政部门应如何整合资源、狠抓落实，积极建立低保与扶贫开发综合保障衔接机制，全面落实好各项民政兜底保障工作。完全或部分丧失劳动能力且无法依靠自身努力实现脱贫的困难群众是脱贫攻坚工作的重中之重、难中之难。渭源县能够充分发挥部门优势，结合本地实际情况，着力构建以社会保险、社会救助、社会福利为主体，以社会帮扶、社工助力为辅助的综合兜底保障体系，实现了对困难群众"应保尽保""应养尽养""应补尽补""应救尽救"，切实做到了兜准底、兜住底、兜牢底、兜好底。渭源县在脱贫攻坚实践中实施的政府购买服务、消除"视觉贫困"、促进医养结合等工作措施，都为全国民政部门常态化推进脱贫攻坚和进一步服务乡村振兴战略提供了参考借鉴。

（**点评专家**：孙绵涛，哲学博士，二级教授，博士生导师。现为沈阳师范大学教育改革与教育效能研究院院长，教育部政策法规司咨询专家，全国教育科学规划教育管理学科专家组成员，中国教育发展战略学会学术委员会委员兼现代教育管理专业委员会理事长。1991 年起享受国务院政府特殊津贴。）

党建引领强保障 创新机制促脱贫

摘 要：渭源县坚持"融入扶贫抓党建、抓好党建促脱贫"，把党的领导优势和组织优势嵌入脱贫攻坚各方面、全过程，在选干部配班子、育人才聚贤能、抓基层打基础上创新制度机制，为全县打赢打好脱贫攻坚战提供了坚强的组织保证。

关键词：党建扶贫 机制创新 基层治理

一 引言

"群众富不富，关键看支部。"打赢脱贫攻坚战，关键靠党的领导，发挥好党组织的领导核心作用。渭源县抓党建促决战决胜脱贫攻坚的一系列举措，有力增强了农村党组织的凝聚力、战斗力，形成了专项扶贫、行业扶贫、社会扶贫大格局，构建了群众主动参与、相互监督、共同管理的长效机制，大大增强了贫困群众的主人翁意识，凝聚了"社会帮扶、干部推动、群众主体"全力攻坚战胜贫困，勠力同心巩固脱贫成果的强大力量。

二 主要做法

（一）筑牢一线战斗堡垒

在脱贫攻坚过程中，全县深入开展"双引双带"（党建引领、典型引领与党组织带动、党员带头）党建扶贫工程，大力推进农村"三链"建设，探索"党组织＋经营主体＋贫困户"助推产业发展、带动农民增收模式，全面推行"党员能人组团带动型""党员责任区帮带型"等扶贫模式，开展能人引领"1＋1"帮扶活动，新成立农村产业党组织57个，集聚1149名致富能人、党员引领贫困户持股入社、分红受益；充分发挥农村党组织在推进脱贫攻坚和乡村振兴中的领导核心作用，引导村党组织书记、村"两委"班子成员和农民党员带头领办、创办企业、合作社等农村经济组织590个。

2013年以来，渭源县田家河乡元古堆村群众实现了由从土里刨粮到从土中寻"金"的转变。郭连兵就是其中变化很大的一位。习近平总书记考察元古堆村时与郭连兵亲切握手，让他备受鼓舞。郭连兵积极响应乡里号召，报名参加了前往福建蓉中村的学习培训班，思想观念发生了质的变化。回村后，他积极参与村里的基础设施建设和产业发展，并成功当选村委会主任，实现了从"倔驴"到"老黄牛"再到"领头羊"的转变。在试种的基础上，他与村党支部副书记董建新联手领办了元古堆村种植农民专业合作社，建造羊肚菌种植大棚25座，合作社以"公司＋合作社＋农户"方式带动80户贫困户实现增收。

（二）配强一线"两委"班子

在党建扶贫过程中，全县坚持问题导向、拓宽选任渠道、突出优化提升，通过选优配强、教育培训、帮带培养、激励保障等措施，努力培养和锻造了一支守信念、讲奉献、有本领、重品行的村党组织带头人队伍。截至2020年底，已有177名村党组织书记"一肩挑"担任村委会主任，占比达81.7%，村党组织书记平均年龄下降到37.8岁，45岁以下的占比达到79.3%，有39名村党组织书记通过参加学历教育取得大专文凭，大专及以上学历党组织书记占比达66.4%。

"90后"小伙王攀，阳光帅气、英气逼人，作为一名前途无量的乡镇优秀年轻干部，他毅然选择了扎根基层、服务"三农"，在老王沟这片贫瘠的土地上大展身手，实现自己的人生价值。面对专职化村党组织书记这个"沉甸甸"的职务，他没有退却、没有胆怯，作为老王沟村这个全县仅剩的5个未出列贫困村之一的党组织"一把手"，面对严峻的脱贫形势和繁重的脱贫任务以及接二连三的督查检查，他向信赖自己的组织、器重自己的领导、关心自己的亲人以及自己时刻心系的贫困群众展现了一名年轻党员干部应有的政治担当。王攀具有清晰的工作思路、务实的工作举措、扎实的工作作风，面对各级督查检查，他镇定从容，应对自如，对村情户情"如数家珍"，对村上的发展眼光高远，对解决群众的疾苦更是做到了力所能及、无微不至。"这个年轻人有想法、有干劲，我看到了老王沟村发展的希望，我们愿意跟着王攀，为老王沟村的百姓造福"，一名任职多年的老社长向这位任职仅半年的村党支部书记竖起了大拇指。

（三）选好一线帮扶队伍

严格落实驻村帮扶工作队靠得实靠得牢靠得住"1＋4"管理办法和"4＋2"管理举措，实行统筹、分级、调度、纪实、督导、告知、考核、问责八项管理制度。按照"固强补弱、应派尽派"的原则和省市贫困村"每个驻村帮扶工作队县以上各级机关、企事业单位选派干部不少于3人"的要求，为全县135支贫困村驻村帮扶工作队共选派驻村帮扶干部409名。82个非贫困村由各乡镇统筹选派驻村帮扶干部。同时，坚持分级负责、全员培训、务求实效的原则，对驻村帮扶工作队队长、驻村帮扶干部进行集中培训，组织贫困村第一书记、驻村帮扶工作队队长赴福州等地参加脱贫攻坚能力素质提升培训班，进一步提升驻村帮扶工作队脱贫攻坚政策水平和帮扶工作能力。

2017年9月，张程鹏被省财政厅选派到渭源县莲峰镇下寨村任第一书记兼驻村帮扶工作队队长。驻村以来，他牢记"抓帮扶、促脱贫"的责任和使命，团结带领村"两委"及帮扶工作队一班人，脚踏实地抓帮扶，竭尽全力促脱贫，使得帮扶工作取得突出成效；下寨村全村建档立卡贫困人口2013年有144户652人，自得到省财政厅的帮扶以来，2019年底实现全村脱贫摘帽。在国家脱贫攻坚普查中，群众满意度达到100%。下寨村被县委组织部、县扶贫办表彰为"党建扶贫示范村"。张程鹏个人先后被表彰为2017年度、2019年度"渭源县优秀驻村帮扶工作队队长"以及"2017年度定西市优秀驻村帮扶工作队队长"、"2018年度全省脱贫攻坚先进个人"。

（四）创新党建引领基层治理机制

坚持基层党建与脱贫攻坚中心大局深度融合、精准对接，全力推进农村党支部建设标准化和"四抓两整治"举措落实，精准整顿提升软弱涣散党组织 104 个，累计投入资金 0.9 亿元改造提升村级阵地 197 个。强化村党组织对村级集体经济组织的领导，鼓励村党组织书记、班子成员兼任集体经济组织负责人，推动全县累计形成村级光伏电站、金鸡产业园、投入市场主体的设施农业固定资产等扶贫资产价值 11.65 亿元，确保已出列贫困村每年收入 50 万元以上，一般村每年 10 万元以上；强化村党组织对村集体收入的分配管理，创新贫困户参与共享机制，利用集体经济收益开发保洁岗、护路岗等 8 类村级公益性岗位 5085 个，使得在家有劳动能力的 1.8 万名贫困群众参与村级公益事业劳动、获取报酬，特别是元古堆村级光伏电站建设运营做法被列为中央政治局集体学习十大典型扶贫案例之一，被《中办通报》附件印发全国借鉴；强化村党组织领导下的村级民主管理，创新基层网格化治理长效机制，以"两长、两员"为主要方式，全县共划分农村小网格 9750 个，党支部主导、党员带头、群众参与的共治共建基层治理格局逐步形成。

三 实施成效

（一） 基层组织凝聚力显著提升

牢固树立大抓基层的鲜明导向，党支部建设标准化、党建工作信息化水平得到全面提升，农村党组织战斗堡垒作用得到充分发挥，在组织群众、宣传群众、凝聚群众、服务群众上更加有力，带领群众增收致富、促进农村宜居宜业的本领更强。

（二） 党员干部战斗力明显增强

着力打造了一支守信念、讲奉献、有本领、重品行的高素质干部队伍，乡镇、部门领导班子和村"两委"班子进一步优化，领导力和执行力得到有效提升；激励党员干部在脱贫攻坚一线勇于担当作为，真正让踏实勤奋、有担当、有作为的优秀干部得到提拔重用，有效激发了党员干部干事创业的内生动力。

（三）人才队伍奉献力有效发挥

引才、育才、用才机制进一步健全，人才总量得到大幅扩充，人才队伍结构进一步优化。激励机制得以有效运用，爱才用才环境更加优化，各类人才服务脱贫攻坚主动性明显增强；培训方式多种多样，引进来、走出去效果明显，各类人才能力水平得到不断提升，人才队伍服务脱贫攻坚和经济社会发展的智力支撑和技术保障作用更加凸显。

四　经验启示

（一）吃下党建"定心丸"，党建引领是保障

只有把强党建的责任记在心里、抓在手上、落实在行动中，才能牢牢抓好党建引领这条主线。在思想上坚定信念、在学习上狠下功夫、在行动上深化拓展，激发党员干部争当脱贫攻坚先锋、争当干事创业先锋、争当志愿服务先锋的斗志。

（二）找准工作"落脚点"，建强组织是基础

一个支部就是一座堡垒，一名党员就是一面旗帜。各级党组织要以党建促脱贫攻坚这条主线为核心，找准"切入点"，把党建工作与脱贫攻坚紧密结合，切实发挥党建引领作用，在选干部、配班子、强组织、聚人才方面精准发力，充分发挥党的政治优势、组织优势、群众工作优势，切实把组织优势、组织资源、组织力量转化为推动脱贫攻坚的发展优势、发展资源、发展力量。

（三）扛起脱贫"千斤担"，干部队伍是关键

如期完成脱贫攻坚任务，离不开一批有担当、敢作为的高素质干部队伍。抓党建促脱贫攻坚，必须在干部队伍建设上下功夫。这就要求党员干部要把贫困群众当亲人、把脱贫事当家事，带着真挚感情搞扶贫，用"绣花"功夫抓扶贫，将责任扛在肩上，把对党的忠诚体现到不折不扣抓好脱贫攻坚各项工作上，更好地在脱贫攻坚的战场上发挥带头作用，以基层党

建全面进步、全面过硬促经济社会高质量发展。

【专家点评】

习近平总书记强调，抓好党建促脱贫攻坚，是贫困地区脱贫致富的重要经验。越是深入推进脱贫攻坚，越是要加强和改善党的领导。打赢脱贫攻坚战，必须切实加强党的建设，发挥党的政治优势、组织优势和密切联系群众优势，聚焦提升基层党组织组织力，切实把党建优势转化为扶贫优势，将组织活力转化为攻坚动力，汇聚起万众一心抓脱贫的强大动能。渭源县坚持以党建引领脱贫攻坚工作，按照"围绕扶贫抓党建，抓好党建促脱贫"的理念，把党建工作融入脱贫攻坚全过程，在攻坚一线充分发挥基层党组织的战斗堡垒作用和党员的先锋模范作用，为打赢脱贫攻坚战提供了坚强有力的组织保证。

（**点评专家**：张琦，北京师范大学经济与资源管理研究院党总支书记、教授、博士生导师，北京师范大学中国扶贫研究院院长。国务院扶贫开发领导小组专家咨询委员会委员。教育部教育扶贫与乡村振兴专家人才库专家、住房与城乡建设部农房与村镇建设专业委员会委员，获 2020 年全国脱贫攻坚奖创新奖。）

精准扶贫专项贷款　解决发展资金难题

摘　要：自 2015 年精准扶贫专项贷款工程实施以来，渭源县抓住机遇，统筹谋划，积极行动，始终把贷款管理工作作为提升专项贷款资金使用效益和确保资金安全的重要抓手，建立健全贷前、贷中、贷后管理制度，确保贷款投放、使用、管控精准，破解贫困户贷款难题，助力贫困户产业发展。

关键词：金融扶贫　专项贷款　小额信贷

一　引言

强化金融支撑，实施精准扶贫专项贷款工程，是我国围绕实施精准扶贫、精准脱贫战略所采取的重要举措，是为广大贫困群众雪中送炭的惠民政策，是解决贫困户贷款困难、帮助扶贫对象脱贫致富的关键。渭源县通过"精准扶贫专项贷款"破解贫困户贷款难题，有效助力贫困户产业发展。

二　主要做法

按照扶贫小额信贷"5 万元以下，3 年期以内，免担保免抵押，基准利率放贷，财政贴息，县建风险补偿金"的总体要求，渭源县紧紧围绕贫困户产业发展资金需求，做到贷款对象精准、贷款流程规范、贷款类型明确、贷款发放回收及时。

（一） 精准发放贷款

（1） 贷款对象确定精准。相关部门全覆盖式进村入户走访贫困户宣传解读政策，重点对扶贫小额信贷的目的意义、政策措施、对象用途、方法步骤等进行宣讲，让扶贫小额信贷工作家喻户晓，充分调动起了贫困户参与扶贫小额信贷工作的积极性和主动性；同时确定帮扶类型，根据贷款对象是否具有自主发展能力，统一制定精准扶贫贷款征求意见表，采取"贷款意愿与实际相结合"的原则，逐户征求全县 1.8 万建档立卡贫困户的贷款意愿，由贫困户自愿确定贷款类型；针对全县建档立卡贫困户中有产业项目、有创业潜质、有经营能力、有贷款意愿、有较强信用意识的贫困户，不设前置条件，做到"应贷尽贷"。

（2） 贷款发放流程精准。按照"全覆盖"和"三年兜底，五年平衡，普惠与特惠兼顾，贫困户不落一户"的总体要求，坚持自然灾害风险和市场风险共保原则，积极推动种养产业综合"四公开、两公示"，即贷款对象、额度、期限、用途公开，贷款申报公示、审定后公示；公示无异议后，及时组织金融机构深入村与贫困户面签合同、现场发放贷款。

（3） 贷款使用类型精准。扶贫小额信贷分为自用型贷款和带动型贷款两类。其中自用型贷款投放 12337 户 6.16 亿元，主要用于发展中药材、马铃薯种植、加工贩运和牛、羊养殖等特色优势产业；带动型贷款投放 4879 户 2.44 亿元，涉及全县 58 家龙头企业（合作社），主要用于发展中药材加工及饮品制作、规模养殖牛羊、农家乐餐饮服务、食用菌种植、健康纯净水饮品及沙棘饮料等地方特色优势产业。

（二） 及时回收贷款

（1） 提前提醒预警。对所有贷款贫困户，在贷款到期前 6 个月开始提醒，引导农户把资金用于"短、平、快"的项目，尽快实现收益；贷款到期前 3 个月、1 个月再次进行短信、口头提醒预警；贷款到期前 1 周，向农户发放书面告知书，同时由乡镇、村干部上门提醒，对有还款能力且无续贷需求的农户引导其及时还款。

（2） 工作组上门服务。由乡镇人民政府、县扶贫办、县财政局、县金融办等部门以及放贷银行组成工作组，靠实乡镇主体责任和部门监管责任，主动上门服务，宣讲政策，推动贷款偿还。

（3）提前办理到期续贷。对有续贷需求且符合续贷条件的农户，通过个人申请、乡镇推荐、公开公示、银行审核、面签合同、发放贷款的流程，提前办理续贷手续。截至 2020 年底，共办理续贷 8618 户 34764.26 万元，占比 40.42%。

（4）做好风险补偿预期。把贷款资金安全作为重要任务，筹措扶贫小额信贷风险补偿金 860 万元，着力化解金融风险，守住安全底线。

（5）建立部门联动机制。针对带动型贷款，定期组织职能部门召开扶贫小额信贷联席会议，专题研究发展带动型贷款回收事宜，讨论解决贷款管理回收相关问题。

（6）转贷商业贷款。积极协调商业银行，将符合商业贷款条件的企业带动型贷款及时转为商业贷款。

（7）依法执行清偿。对既不按期归还又不愿续贷的，或信用记录不良、在金融机构有大额贷款的，逾期 10 天以上的，通过司法程序，进行征缴本金和利息，不断优化全县金融服务环境。

（三）建立配套机制

（1）建立追踪监督机制。乡镇包村领导、驻村工作队和村社干部定期或不定期走访贷款贫困户，调查掌握资金使用情况，帮助贫困户理清思路，发展适合自身特点的特色产业，引导贫困户合理有效使用贷款资金，实现贷款从发放到收回全程监管。

（2）确立风险补偿机制。按照"成本垫底、收益托底、六大产业保险"制度，着力推进全县农业保险增品、扩面、提标、降费，构建多层次、多方式的保险保障体系，实现贷款贫困户产业保险全覆盖，有效防范了贫困户在发展农业生产过程中产生的意外风险。

（3）落实财政贴息政策。协助组建了多家信用担保公司，引进工商银行、甘肃银行设立了支行，争取农发行土地储备贷款、"中合农信"小额信贷、六期世行贷款等，探索"互助增信"扶贫互助资金运行新模式。多渠道筹措资金，积极落实扶贫小额贷款贴息政策，进一步扩大贷款资金使用效益，增加贫困群众收入，农民"担保难"与"贷款难"问题逐步得到解决。2015 年以来，累计落实贴息资金 15851.32 万元，惠及 17216 户建档立卡贫困户和带动组织。

三　贷款成效

（一）　破解了产业资金短缺的难题

扶贫小额信贷不仅解决了贫困群众脱贫致富资金短缺的问题，而且带动了特色产业和区域经济发展，成为贫困群众发家致富的有效举措和精准扶贫精准脱贫的有力抓手。

路园镇三河口村贫困户马建功 2013 年被纳入建档立卡贫困户，2016年 5 月渭源县为马建功落实 5 万元精准扶贫专项贷款，帮助他发展牛羊养殖，他引进 3 头牛、4 只羊，修建圈舍一处。2018 年渭源县产业奖补政策实施后，马建功积极申请资金扶持，又引进 2 头良种牛，并对圈舍进行了改建；2019 年种植金丝皇菊 1.5 亩，获得奖补资金 6000 元、德青源金鸡配股 5000 元，多渠道增加收入，2019 年积极还清了到期的 5 万元精准扶贫专项贷款。现在马建功家中养 6 头牛、40 只羊，2020 年人均收入达到16000 元以上，实现了稳定脱贫。如今他逢人便说："非常感谢党和政府，感谢国家的扶贫政策，金融扶贫给了我发展产业的资金支持；产业扶贫给了我脱贫致富的机会；教育扶贫解决了孩子上学的后顾之忧。"

（二）　促进了银企户产业融合发展

在政府引导、企业带动、贷款农户的示范引领下，渭源开创了扶贫开发的新模式，实现了由"输血"向"造血"的转变。通过特惠金融，引导银行资金进入扶贫领域，开辟了扶贫开发新的资金渠道，为农村金融市场注入了活力，既推动了脱贫攻坚进程，又实现了银行可持续发展；通过贷款集中使用，贫困农户与企业利益紧密结合，企业得到贷款，拓宽了发展空间，增加了贫困农户的收入渠道，实现了贷款农户和企业的双赢；通过基层干部和驻村帮扶工作队入户调查、开展产业引导、积极对接，帮助农户理清脱贫思路，精准使用贷款，找准致富门路，密切了干群关系，增强了贫困农户脱贫增收的信心。

张德昌是路园镇峪岭村二社农民，2013 年被纳入建档立卡贫困户。

2016 年 5 月申请精准扶贫贷款 5 万元用于种植辣椒。近年来，在峪岭村种植合作社的带动下，张德昌积极调整种植业结构，加大蔬菜种植面积，2017 年种植辣椒 1 亩，2018 年种植辣椒 2 亩，2019 年 5 月续贷 4 万元种植辣椒 4 亩。张德昌在精准扶贫贷款的帮助下，尝到了通过辣椒种植增加家庭收入的甜头，2019 年度实现了稳定脱贫，2020 年收入达到 37100 元。

（三）提高了农户自我发展能力

扶贫小额信贷的注入，问政于民、问计于民、问需于民的典型基层实践，成为渭源精准扶贫精准脱贫的有力抓手，不仅提高了低收入群众的自我管理、自我组织能力，也为生产发展注入了一定的活力，为农民发展创业提供了有力的资金支撑，有效提高了农户的自我发展能力，初步形成了政、银、企、社、民联合推动的"五位一体"扶贫开发新格局。

【专家点评】

渭源县将扶贫小额信贷作为金融扶贫的有效抓手，协同金融机构联手为建档立卡贫困户打造了小额贷款惠民平台，使农民"担保难""贷款难"等突出问题逐步得到解决，是金融支持精准扶贫的创新性尝试。通过建立借贷服务机制，实现贷款对象、发放流程、使用类型的精准聚焦，实现了贷款投放的精准；通过建立"追踪监督、风险保障、财政贴息"三项机制确保了贷款使用的精准。渭源县精准扶贫专项贷款的最大亮点是摸索出了"政府引导—企业带动—贷款农户示范"的扶贫开发模式，极大地调动了贫困群众脱贫增收的生产积极性；同时通过特惠金融，引导银行资金进入扶贫领域，创造了贫困群众脱贫与银行可持续发展"双赢"的局面，开辟了脱贫攻坚进程与企业效益共同发展的新思路。需要注意的是，要扼制贫穷、杜绝返贫，实现高质量的脱贫攻坚一定要提高对贫困群众长久脱贫能力的重视。因此，渭源县下一步工作应关注人均收入在贫困线之上，但与贫困户之间差距甚微的潜在贫困"边缘户"。此外，还应聚焦金融扶贫机制创新实施的科学问题、群众经济困难真实问题、不断拓展跨领域金融合作、找准多方利益结合点等重大问题，引领渭源县金融扶贫走向纵深。

　　（**点评专家**：金雄，博士，教授，博士生导师。现任延边大学校长。吉林省社会科学界联合会副主席、中国少数民族教育学会副会长、教育部科技委管理学部委员。吉林省十一届政协委员、吉林省十三届人大代表、十三届全国人大代表，吉林省优秀专家。）

打好监督执纪组合拳
保障脱贫攻坚收官战

摘　要：党的十八大以来，渭源县纪委监委认真贯彻落实党中央决策部署，紧紧围绕全面从严治党和脱贫攻坚重大政治责任落实，坚守政治定位，强化责任担当，忠实履行党章和宪法赋予的职责，盯住关键人、关键事、关键时，深入开展扶贫领域腐败和作风问题专项治理。同时，县纪委创新运用"六张清单"、"片区协作"与"定点进驻"等监督方法，破解"县权、乡情、村点"监督难题；一系列重拳出击和方法创新切实压实了全县各级各部门的脱贫攻坚政治责任，初步发挥了不敢腐的震慑效应，不能腐的制度笼子越扎越紧，不想腐的思想自觉明显增强；集中力量解决了一大批群众关切的痛点、难点、堵点问题，净化了全县决战决胜脱贫攻坚全面建成小康社会的发展环境，为如期实现脱贫目标提供了坚强的纪律保障。

关键词：监督执纪　专项治理　腐败和作风问题

一　引言

深化扶贫领域腐败和作风问题专项治理，一头连着党和国家惠民惠农政策的落实，一头连着贫困群众的冷暖和期盼。2018 年以来，渭源县纪委监委认真履行监督第一职责，坚决贯彻落实中央纪委从 2018 年到 2020 年持续开展扶贫领域腐败和作风问题专项治理的部署要求，深入开展扶贫领域腐败和作风问题专项治理，有效查纠了一批发生在群众身边的腐败和作风问题。

二 主要做法

（一）压实政治责任

渭源县纪检监察组织聚焦脱贫攻坚"一号工程"，严格落实"专起来抓"六项机制，研究制定工作要点和工作计划，多次召开会议全面布局推动专项治理不断走深走实，构建了"齐抓共管、人人有责、权责明晰、追责到位"的脱贫攻坚责任体系。对 32 个党政机关、14 个事业单位、3 家国有企业、16 个乡镇、220 个村居开展了常规巡察、扶贫领域专项巡察、医疗食药领域联动巡察、疫情防控和复工复产"机动式"巡察以及县区交叉巡察等 11 轮县委巡察工作，共发现各类问题 895 个、线索 92 条，给予党纪政务处分 44 人，组织处理 86 人，移送司法机关 1 人，推动解决了一批管党治党"宽松软"及扶贫领域违纪违规问题，巡察"利剑"作用充分彰显。

（二）创新方式方法

紧盯"县权、乡情、村点"三大监督难题，逐项创新监督抓手，推动专项治理工作走深走实。

（1）"六张清单"规范"县权"运行。县纪委监委为 27 个县直有关单位和 16 个乡镇"量身定制"了监督对象、权力、任务、问题、方法、整改"六张清单"，加大了对重点人、重点事、重点问题的监督力度；紧紧聚焦"十件实事"办理、疫情防控、脱贫攻坚百日会战、脱贫攻坚质量提质增效五个专项行动、"六稳""六保"重大决策部署的落实等开展监督检查 11 轮次，发现并督促整改问题 283 个，约谈干部 102 人，切实强化了"县权"监督，规范了"县权"运行。

（2）"片区协作"破除"乡情"干扰。县纪委监委在全市率先探索推行乡镇纪委监督执纪监察协作区工作，蹚出一条行之有效的"渭源之路"。全县紧紧围绕抓力量上的融合、方式上的创新、机制上的完善、实效上的提升，将 16 个乡镇划分为 5 个协作区，建立工作机制、统筹下调推进；协作区工作开展以来，共立案 48 件 66 人，给予党政纪处分 65 人，有效破除"乡情"干扰。协作区创新之举被列为 2019 年甘肃省 28 个深化改革典型

中共渭源县纪律检查委员会文件

渭纪发〔2020〕119号

中共渭源县纪委
印发《关于运用六张清单精准实施政治监督
强化制度执行和权力运行监督试点方案》的通知

各乡镇党委、县直机关党组、党（工）委、总支、支部：
　　现将《关于运用六张清单精准实施政治监督强化制度执行
和权力运行监督试点方案》予以印发，请结合工作实际、认真
抓好贯彻落实。

中共渭源县纪委
2020年6月16日

图1　印发政治监督"六张清单"工作方案

案例之一，入选《甘肃改革案例选编》，先后被中央和省市多家媒体宣传报道，2020年8月成功召开了全市深化运用交叉方法推进纪检监察工作高质量发展现场会，取得了良好效果。

图2　乡镇纪委协作区工作人员在清源镇上磨村入户走访

（3）"定点进驻"破解"村点"难题。县纪委监委紧盯脱贫攻坚任务落实，2020年5月抽调县、乡、村三级监督力量，对全县5个未脱贫村开展了"解剖麻雀"式的全覆盖"定点进驻"监督检查，共发现饮水安全、

易地扶贫搬迁、农村人居环境整治等方面的问题 86 个，通过及时反馈、发函督办、边督边改、跟踪问效，所有反馈问题全部整改落实到位，切实加强了对"村点"的监督。

图 3 "定点进驻"工作人员在麻家集镇土牌湾村入户走访

（4）"两个平台"强化科技监督。紧盯到村到户资金落实，依托农村集体三资管理平台，督促有关部门建立农村集体经济资源、资产和经济合同管理台账，对 217 个行政村集体资产进行确权登记，强化农村集体资金使用"事前、事中、事后"全程监督，实现农村"三资"管理规范化全覆盖。依托省、市扶贫（民生）领域监督平台，强化精准监督，先后采录比对公示 82 类 1389 万余条 123 亿余元扶贫惠农资金，有效打通了扶贫惠农资金监管"最后一公里"。

（三）聚焦监督重点

党中央重大决策部署到哪里、监督检查就跟进到哪里。强化扶贫领域监督执纪问责，整饬"四风"顽疾。聚焦以会议落实会议、以文件落实文件、生搬硬套、照搬照抄，搞"形象工程""政绩工程"，搞"虚假式"脱贫、"算账式"脱贫、"指标式"脱贫、"游走式"脱贫等问题，全县各级各部门共查摆问题 394 个；查处形式主义官僚主义典型案件 2 起，给予党纪处分 6 人；向 7 个乡镇 9 名领导干部下发了《脱贫攻坚履职尽责函告书》，约谈驻村帮扶干部 125 名；发现并督促整改脱贫攻坚质量提质增效五个专项行动落实等方面的各类问题 120 多个，有效遏制了"四风"问题；持续"惩腐打伞"。将专项治理与扫黑除恶专项斗争相结合，共查处涉黑涉恶腐败和"保护伞"事件 6 件 8 人，给予党纪政务处分 8 人，组织处理 27 人次，移送司法机关 1 人，切实铲除了黑恶势力滋生土壤，净化了政治生态环境，为全面打赢脱贫攻坚战清除了障碍。

（四）整治行业乱象

紧盯重点领域和行业实施攻坚整治，开展了卫生健康领域和教育领域专项监督检查，发现问题 88 个、线索 35 条；依托省市扶贫惠农资金监管网开展科技监督，精准发现违规发放惠农资金问题 25 个，追缴违规资金 52992 元；开展"一案一整治一规范一提升"工作，向林业中心、县财政局等相关部门共发出各类督办函 21 份，监察建议书 10 份，纪检监察建议书 1 份，推动解决问题 97 个，督促相关部门完善制度 22 项，处分处理落实监察建议整改不力的党员干部 1 人，真正达到了纵深推进、标本兼治的治理效果。

三　监督成效

渭源县纪检监察组织扎实开展扶贫领域腐败和作风问题专项治理，坚决惩治腐败、深化标本兼治，政治生态和发展环境持续净化，有效保障了脱贫攻坚的全面收官。不敢腐的震慑效应初步显现：注重对典型案例进行通报曝光，通过开展警示教育，从源头上教育引导广大党员干部知敬畏、存戒惧、守底线；不能腐的制度笼子越扎越紧：注重从查办案件中发现制度机制方面的漏洞，督促全县各乡镇各部门完善制度机制，把最大的制度优势转化为最强的治理效能，使广大党员干部在制度机制的管理约束下照章办事、履职尽责；不想腐的思想自觉明显增强：注重把握"关口前移、预防为主、教育在先"的理念，运用"四种形态"、做好"回访教育"、做实"干部澄清"，帮助广大党员干部树立崇高的理想和正确的价值追求，逐渐把外在的强制约束变为内心的高度自觉。

自 2017 年底，中央纪委决定从 2018 年到 2020 年持续开展扶贫领域腐败和作风问题专项治理以来，渭源县各级纪检监察组织严格落实中央纪委国家监委和省市纪委监委的部署要求，充分发挥监督保障执行、促进完善发展作用，聚焦突出问题，盯住关键人、关键事、关键时，强化监督、严格执纪、深化治理，集中力量解决群众关切的痛点、难点、堵点，为全县脱贫攻坚工作提供了坚强纪律保障；专项治理开展以来，全县共受理扶贫领域问题线索 431 条，查处 147 条，给予党政纪处分 224 人次、组织处理 268 人次，移送司法机关 4 人；共召开全县领导干部警示教育大会 6 场次，通报典型案例 81 起 192 人，点名道姓专题通报曝光 22 批次 88 起 230 人。3 年来，扶贫领域线索受理数从 2018 年的 160 条下降到 2020 年的 138 条，信访数从 2018 年的 68 件下降到 2020 年的 14 件，处分人数从 2018 年的 128 人下降到 2020 年的 35 人，各项数据明显下降，专项治理取得真实成效。

四　经验启示

（一）切实提高政治站位，强化政治监督

各级纪检监察组织和纪检监察干部只有始终把政治建设放在首位，不断增强政治自觉，准确把握脱贫攻坚的监督重点，紧盯党委政府主体责任、职能部门监管责任落实开展监督，才能为决战脱贫攻坚、决胜全面小康，奋力推进乡村振兴提供坚强组织保证。

（二）持续加强压力传导，压实主体责任

各级纪检监察组织要切实加强压力传导，督促各级党政班子成员特别是"一把手"把脱贫攻坚作为第一位的工作牢牢抓在手上、落实在行动上，形成"一级做给一级看，一级带着一级干"的良好风气，真正凸显"头雁"作用，层层传导压力，级级压实责任，推动本地区政治生态和作风建设持续向好。

（三）持续创新监督方法，提高监督成效

各级纪检监察组织要继续在探索完善政治监督"六张清单"、推进乡镇监督执纪监察协作区工作、注重培育村级监督力量上下功夫，进一步提升监督工作成效。

（四）持续保持高压态势，减存量遏增量

各级党组织和纪检监察组织要强化管党治党政治担当，准确把握全面从严治党形势和阶段性特征，保持惩治腐败的高压态势，坚持整治群众身边的腐败和作风问题，一体推进不敢腐、不能腐、不想腐，切实减存量遏增量，让党员干部感受到监督常在、震慑常在，让人民群众感受到全面从严治党永远在路上、正风反腐就在身边。

【专家点评】

党的十八大以来，渭源县纪委监委紧紧围绕全面从严治党和脱贫攻坚重大政治责任落实，坚守政治定位，强化责任担当，坚决惩治腐败、深化标本兼治，扎实开展扶贫领域腐败和作风问题专项治理，探索出了一系列有针对性的工作方法和工作机制，有效推进不敢腐、不能腐、不想腐一体化进程，持续净化当地政治生态和发展环境，为脱贫攻坚的全面收官做出了积极贡献，为强化监督执纪、打好作风建设"组合拳"夯实了基础。

（点评专家：龙献忠，教育学博士，二级教授，博士生导师，湖南文理学院校长、教育扶贫与乡村振兴研究中心主任，享受国务院政府特殊津贴专家，入选教育部"新世纪优秀人才支持计划"，湖南省 121 创新人才培养工程第一层次人选，中国高等教育学会常务理事。）

第五部分

社会帮扶

碧桂园集团"干"字当头
"4+X"助推渭源脱贫实践

摘　要： 作为精准扶贫的"十大工程"之一，龙头企业助力扶贫是拉动贫困地区产业经济发展的有效路径。碧桂园集团集中力量，全力助推渭源县脱贫攻坚，在渭源县形成集党建、产业、教育、就业与 X 模式为一体的"4+X"长效扶贫机制。

关键词： 碧桂园集团　"4+X"扶贫机制　党建扶贫

一　引言

百舸争流，奋楫者先。民营企业不仅是经济社会发展的主力军，也是扶贫开发工作中的重要力量。碧桂园集团作为民营企业的杰出代表，心系社会，积极承担社会责任，主动投身于扶贫公益事业。2020 年，经国务院扶贫办协调，碧桂园集团捐助资金 2000 万元助力渭源县脱贫攻坚，履行社会职责，成立了精准扶贫乡村振兴办公室渭源项目部，调派专人负责，与渭源县共同扎实推进脱贫攻坚和后续乡村振兴工作。渭源县在碧桂园集团的帮扶下，围绕"如何发挥基层组织力量助力脱贫攻坚"的基本问题展开探索与实践，不仅较好地发掘并实现了农村基层党组织在脱贫攻坚任务中的重要作用，而且做到以党建扶贫为抓手，充分发挥政府和企业各自的扶贫优势，形成了集党建、产业、教育、就业与 X 模式为一体的"4+X"长效扶贫机制，为脱贫攻坚做出了积极贡献。

二 "4＋X"扶贫机制的主要内容

碧桂园集团在努力"建设老百姓买得起的好房子"的同时，明确"做党和政府扶贫工作的有益补充"的定位，把党建扶贫列为扶贫工作的首要措施，立足贫困地区实际，充分发挥自身优势，因人因地施策，在扶贫探索中，形成了一套可造血、可复制、可持续的精准扶贫长效机制。

党建扶贫。治贫先治愚，扶贫先扶智。碧桂园集团积极创新"党建＋扶贫"模式，发挥党组织在脱贫攻坚中的核心领导作用，激发贫困村党支部活力，从思想入手，让党的旗帜、"红色基因"引领乡村振兴，以党建助力贫困人口脱真贫、真脱贫。2020年，碧桂园集团充分借鉴各地开展党建扶贫的经验做法，发挥集团人才、技术、资源优势，支持基层农村党组织进一步拓展创新党建扶贫模式，在渭源县开展评先评优、支部共建、能力建设等党建扶贫系列活动，为脱贫攻坚注入了新的活力。《碧桂园集团支持渭源县开展党建扶贫活动实施方案的通知》也为党建扶贫的实施规范了流程、奠定了基础。

图 1 "村支书研学班"学员在习总书记讲话的大石头前（连樟村）合影

碧桂园集团推动贫困村党组织结对共建，努力把贫困村基层党组织建设成为脱贫攻坚的坚强战斗堡垒，把党员队伍锻造成脱贫攻坚的先锋力量。全县 217 个行政村全面落实村级事务"四议两公开"民主决策程序，设置村级公益岗位以解决贫困人口就业问题；组织开展星级文明户评选，用表现换积分和物品促进乡风文明；实行网格化管理，及时了解并解决群众反映强烈的突出问题；开展能力建设，进一步提高村"两委"的治理能力和水平，为决胜全面建成小康社会、实施乡村振兴战略提供坚强有力的组织保障。从 2020 年 4 月开始，按照乡镇初报，由县委组织部、县扶贫办、碧桂园集团等各相关单位组成工作小组的方式，由县级领导带队，针对各乡镇基层治理、公益性岗位评选和乡风文明建设等工作，通过实地查看、查阅资料、入户调研、召开座谈会等逐一进行复核评选，全年共评选出 22 个党建扶贫示范村，26 个在基层治理、公益性岗位、乡风文明单项工作中成绩优异的行政村，并予以表彰奖励；积极组织贫困村"两委"干部走进碧桂园集团，进行党建工作、乡村振兴工作理论知识的学习活动，提高乡村振兴"带头人"的实际能力，共组织开展了四期"村支书研学提升班"，先后培训 105 人次。

产业扶贫。扶贫开发的重点是产业扶贫，产业扶贫的关键是培育和发展能带动贫困群众稳定增收的致富产业。渭源县素有"中国马铃薯良种之乡"的美称，结合这一优势产业，碧桂园集团投入产业帮扶资金，会同渭源县五竹马铃薯良种繁育专业合作社共建马铃薯良种繁育基地。在五竹镇和会川镇建设 500 亩良种繁育基地，在秦祁乡建设 4000 亩商品薯生产基地。合作社为带动贫困户发展，免费发放原种、一级种，收获后由合作社统一回收，建立的马铃薯溯源体系为基础产业的长效发展奠定了扎实基础。帮助渭源县成立养殖联合社，投入资金为联合社带动的 400 户贫困户购买育肥羔羊和饲料，并鼓励贫困户育肥羊，出栏后由联合社统一收购出售。2020 年底，联合社结合"基础分红＋交易量分红"带动模式，向带动贫困户发放分红资金达 9 万元，极大地调动了贫困户的养殖积极性，提升了产品附加值。为提高渭源县返乡扎根创业青年引领脱贫攻坚的能力，带动全县产业发展，碧桂园集团联合清华大学、中山大学组织开展返乡创业青年研修班，培训渭源县返乡扎根创业青年 67 名，打造了一批"懂农业、爱农村、爱农民"的创富带贫带头人，帮助他们开阔眼界、开发思维、开拓市场，提高创富带贫能力。

就业扶贫。做好贫困地区劳动力就近就业工作，是打赢脱贫攻坚战的重要环节之一。碧桂园集团联合渭源县就业服务中心开展为期一周的"爱心理发员"培训班，在全县 217 个行政村各开发一个村级爱心理发公益岗位，聘用贫困户担任理发员，为全村建档立卡户、特困供养人员、残疾人、高龄老人及有需求的群众提供免费理发、剃须等服务。2020 年 10 月底，217 个村爱心理发员全部上岗就业。就业后，爱心理发员的管理和考核由村"两委"按照"四议两公开"程序进行民主决策，并出台相应的管理和考核办法。2020 年 10 月，碧桂园集团携手渭源县商务局举办为期 15 天的电商扶贫培训班，培训全县消费扶贫企业、合作社负责人 80 余名，帮助更多合作社掌握农产品包装设计、物流仓储、冷链代销及线上营销知识，将渭源特色农产品推向全国；11 月，碧桂园集团携手渭源县妇联，依托当地服装加工车间，对会川镇、上湾镇、锹峪镇、北寨镇、大安乡、峡城乡农村富余女劳动力 197 名进行纺织品、服装加工理论教学、车间实操等就业技能培训。通过培训，帮助培训对象掌握服装加工技能，培训合格后，乡镇服装加工车间按照招工需求，择优吸纳优秀学员就近就业，保底人均月工资 1470 元，年务工收入 1.5 万元以上。

教育与健康扶贫。脱贫攻坚，关键在人，人才成长，重在教育。碧桂园集团提供有力资源，挑选 84 名优秀贫困学生开展两期"阳光少年成长营"活动，带领学生走出家乡，了解广东的人文历史，感受城市的发展、科技的进步，增长见闻，在参观体验中开阔视野，在寓教于乐中增长才干。为加快推进渭源县的健康扶贫，助力基层医疗工作，提高基层服务水平和老百姓健康质量，碧桂园集团分两期在渭源县人民医院、上湾镇、大安乡、秦祁乡和北寨镇的 45 个行政村建设"互联网＋健康扶贫"项目，为 4 个乡镇卫生院和 45 个村医务室建设远程会诊中心，发放云巡诊包 45 套，配置流动医院车 1 辆。2020 年 12 月底，数字流动医院健康体检人数达 1356 人次，家庭医生签约 8953 人次。为巩固脱贫攻坚成果，防止返贫骤增，渭源县人民政府和碧桂园集团与太平洋保险公司签订防贫项目协议，从碧桂园集团捐赠资金中出资，为全县 6 万名处于贫困边缘的农村低收入和人均收入不高、不稳定的脱贫户购买防贫险，防止因病、因学、因灾等导致返贫致贫，从源头上筑起返贫"拦水坝"。

"X"扶贫模式。这里所指的"X"扶贫模式，包括但不限于消费扶贫模式，意在通过龙头企业的帮扶与支撑，创新产业扶贫模式，助力贫困地区全方位、深层次、多角度地完成不同领域的脱贫攻坚任务。例如，碧桂园集团全力支持渭源县新兴产业的培育与发展、通过促进消费的模式来拉动经济增长。碧桂园集团联合会川镇爱民合作社，组织收购31吨共计6000袋马铃薯发往湖北咸宁6个社区6000户社区住户，带动全县建档立卡贫困户118户实现增收，消费扶贫金额达9.919万元。"X"扶贫模式推进了消费扶贫系列活动的全面启动，帮助贫困农民打通农产品从产到销的"最后一公里"，让贫困地区的好产品真正转化为老百姓实实在在的收入。

三 碧桂园集团帮扶成效

以渭源县会川镇干乍村村民张国福为例，他在碧桂园集团的"4＋X"帮扶机制下切实经历了变化，并收获了幸福。他曾说："现在的政策好得很，走的路是水泥路，吃的水是通到院子里的自来水，住的房子是砖瓦房，照的电灯比以前亮了好多倍，方便得很。说实话，这些就是农民最实惠、最真正的小康啊。"

干乍村所发生的变化只是渭源县扶贫工作所取得的成效的一个缩影。随着党建扶贫工作的推动与进一步夯实，渭源县16个乡镇基层党组织在思想和行动上都发生了日新月异的变化，并带领群众奔赴小康路，基层党组织领导下的脱贫攻坚机制发挥了大作用。

（一）基层思想认识获得明显提升

各乡镇的基层治理能力普遍提高，主体责任清晰明确。针对在评选过程中存在的突出问题，各乡镇督促辖区村及时落实切实可行的整改措施，补齐短板漏项。

（二）相关人员统筹规划能力得到有效加强

按照属地管理原则，明确网格区域和责任人，根据网格工作量的大小，配备网格单元格管理人员，加大考核奖惩力度，不断激发管理人员工作积极性，更好地提升网格化管理的精细化、长效化水平；按岗设位，加强了对公益性岗位的规范设置和管理，进一步完善村规民约，避免了在公益性岗位方面他人冒名顶替、拿钱不干事等现象的发生，最大限度地发挥村规民约在基层社会协同共治中的作用；不断规范道德积美超市的运转，激发群众参与的积极性，帮助农村形成健康文明新风尚，为下一步乡村振兴工作奠定良好基础。

（三）优秀村带头作用得到有效发挥

对优秀村的表彰奖励，有效激发了评选中落后村开展各项工作的积极性，这些落后村开始主动衔接受到表彰的优秀村，通过组织学习先进村的工作经验和做法，积极向先进看齐，做到了切实把各项工作抓到手中，落到实处。

四 经验启示

碧桂园集团以党建扶贫为主要抓手，配合实施"4＋X"扶贫模式，取得了颇具成效的综合扶贫效果。

（一）必须发挥党建引领作用，增强脱贫攻坚组织保障

切实打赢脱贫攻坚战，坚持党建引领是根本。贫困村脱贫，关键在党组织。脱贫攻坚不是"一个人在战斗"，而是需要基层党组织和广大党员在脱贫攻坚一线对标准、主动做、查薄弱、补短板，以基层党组织的战斗堡垒作用和广大党员的先锋模范作用，引领全体干部、群众投入脱贫攻坚"主战场"中。

（二）必须发挥基层干部在脱贫攻坚中的"领头雁"作用

俗话说："农村富不富，关键看支部。"一个村支部强不强，村党支部书记是关键，只有党支部书记路带正、方向准，才能让党员群众思想与党同心同向，行动上保持同步，实现农村发展、农民增收的目标，发挥党建扶贫的促进作用。通过"关键少数引领绝大多数"的方式，开展村支书研学班，让贫困村干部将所学所思所想带回去，以点带线、以线带面地带动转变建档立卡户观念，激发贫困户的内生动力，增强基层干部脱贫引导力，找准党建和扶贫的结合点，立足党建职能，抓好班子、强化支撑、夯

实基础，以党建统领经济社会发展全局。

（三）必须强化对党支部的建设

党的基层组织是确保党的政策和决策部署得以贯彻落实的基础。只有通过组织开展内容丰富、具有特色的党支部共建活动，充分发挥基层党组织的战斗堡垒作用和党员的先锋模范作用，才能把住党支部建设的根和魂。实践证明，党支部的政治建设抓好了，可起到纲举目张的作用，否则就会走偏方向、失去灵魂。

在持续24年的扶贫公益事业中，碧桂园创始人及集团累计参与社会慈善捐款已超87亿元，并主动参与全国16个省57个县的精准扶贫和乡村振兴工作，已助力49万人脱贫。2019年11月以来，已成功助力渭源县16个乡镇217个行政村2881户建档立卡贫困户的11687人实现脱贫增收。在扶贫实践中探索出的"4＋X"可造血、可复制、可持续精准扶贫长效机制，为创新社会力量参与扶贫机制贡献了碧桂园智慧和方案。虽然渭源县已于2021年2月成功摘掉了"贫困帽"，实现了整县脱贫，但脱贫摘帽并非终点，实现全面小康才是目标。新时代、新气象、新作为，在"十四五"全面到来之际，碧桂园集团将会继续以党建引领为核心，配合产业、教育、就业、健康等各个方面的帮扶，继续为巩固拓展脱贫成果、实现乡村振兴贡献力量。

【延伸案例】

"互联网＋医疗健康" 扶贫新模式

一 引言

脱贫攻坚以来，渭源县紧紧围绕健康扶贫工作部署，持续加强基础设施建设、加快人才培养，大规模的健康扶贫举措取得了巨大的减贫成效。渭源针对全县农村医疗卫生服务存在的高成本、低效率、医疗设备高损耗等问题，积极探索健康扶贫新模式，携手碧桂园集团及微医疗，依托互联网医疗服务平台，积极探索数字健康扶贫新模式，运用互联网、人工智能、大数据，结合智能终端设备，让城市优质医疗资源下沉到基层，为困难群众提供家门口"一站式"智能公共卫生服务，将健康扶贫与智能家庭医生签约和公共卫生服务有机结合，实现精准化、标签化的全方位健康管理，构建了贫困地区"县、乡、村"三级基本医疗保障网络，打通了医疗服务群众的最后一公里，确保受援农村地区"基本医疗有保障"。

二　模式与做法

（一）对农村卫生室进行智能化改造升级，提高农村医疗卫生服务能力

基层医疗卫生服务能力不足是制约解决贫困地区基层群众"看病难"问题的一大因素。"互联网＋医疗健康"扶贫项目，为村医配备具有体温、血压、血氧、12 导心电、脉搏、血糖、尿液检测和结果分析及数据上传功能的云巡诊包，帮助村医进行电子签约建档、数据实时上传、做好慢病管理，预防未病，对村医进行线上全科培训，提升村医水平，为当地建设一支带不走的医疗队伍。

（二）以数字流动巡诊车和智慧乡镇卫生院为服务中心，提升乡镇卫生医疗机构疾病筛查和诊疗能力

数字流动巡诊车配备全自动生化分析仪、彩色超声机、心电图机、远程一体机等设备，可为老人、儿童、孕产妇、慢病患者等重点人群提供 7 大类 53 小项检查。数字流动巡诊车巡回式支持各村的疾病筛查、流行病防控、常见病诊疗、家庭医生签约、会诊转诊、健康宣教等系列工作，将二级医院的检查能力送到百姓家门口，提升乡镇卫生院疾病筛查和诊疗能力，使得基层群众在村里就能完成常见病的检查和基本治疗。

（三）以县域智慧医疗中心作为"健康枢纽"，搭建县域数字化医共体平台

"互联网＋医疗健康"扶贫项目向下打通县、乡、村三级医疗卫生体系脉络，向上连接发达地区优质医疗资源，将发达地区医疗资源上线到对口支援地区的县域智慧医疗中心，通过点对点线上方式，为对口支援地区的医生提供远程会诊服务，为基层群众提供远程问诊服务，有助于实现基层群众"大病不出县、小病不出村"。

（四） 开展精准化动态健康管理，有效防止因病致贫、因病返贫

"互联网＋医疗健康"扶贫项目将健康扶贫与智能家庭医生签约和公共卫生服务绑定，对建档立卡户患者根据健康状况进行筛选分类，开展精准化、标签化、动态化的全方位健康管理，做到早发现、早诊断，早干预、早治疗。每年为脱贫户和边缘户免费做一次健康体检，每季度对患有慢性病的贫困人口开展一次随访，减少大病的发生；建立贫困群众看病就医兜底救助六道保障线，实现建档立卡贫困人口县内住院合规费用零花费，慢病门诊全报销；达到精准目标识别、精准措施到位、精准跟踪服务、精准责任到人、精准成效评估、精准资金使用等六大精准扶贫成效。

（五） 本地化运维，保障项目可持续发展

组织专业技术人员组建本地运营服务团队，负责项目覆盖地的软件和硬件升级维护以及集中式和持续手把手式培训服务。通过提供持续性的运维服务，保障项目功能完全发挥、及时迭代更新，实现项目可持续发展。

图1 县医院医生利用数字流动医院开展高血压、糖尿病普查义诊活动

**图2　利用远程会诊系统帮助偏远地区群众在村里连线县
医院医生进行问诊**

三　实施成效

2020年底，"互联网＋医疗健康"扶贫项目已在上湾镇、大安乡签约8120人次，其中贫困户2328人。项目建设完成县域智慧医疗中心、上湾卫生院和大安卫生院远程会诊中心及21个村医务室远程会诊中心，并将21套云巡诊包配发到每个村医务室，直接服务3万多人口，为助力当地打赢脱贫攻坚战，巩固脱贫攻坚成果提供了强有力的医疗保障。

（一）提高了基层群众的获得感

"互联网＋医疗健康"扶贫项目在充分利用县、乡、村三级医疗网络会诊治病的同时，充分发挥数字流动巡诊车的作用，把数字流动巡诊车开到扶贫车间、居民小区、自然村社，开展免费体检，使群众小病早发现、早诊治，大幅度提高了基层医疗服务能力，增强了基层群众在医疗健康方面的获得感和满意度。

2020年11月6日，为保障青少年学生健康成长，及时准确掌握学生体质动态和身体健康状况，渭源县中西医结合医院、上湾镇卫生院携手

"互联网+健康扶贫"项目微医数字流动巡诊车联合承办健康体检进校园活动，由9名医护人员和"数字流动医院"在渭源县上湾镇常家坪村小学，为全体师生、家长进行健康体检。

体检过程中，医务人员为每位学生建立了健康档案，并进行了认真细致的检查，将体检结果及时反馈给学校和家长，针对具体问题提出合理建议，让家长能及时帮助学生矫治，消除影响学生健康的不良因素。

此次活动共体检学生82人、教师10人、学生家长23人，其中贫困户63人。进一步提高了贫困地区学生及家长的健康意识，建立健全了学生健康档案，让每一位学生清楚了解了自己的健康状况，也让老师、家长更好地掌握了学生身体健康各项指标，为进一步做好疫情防控工作，增强学生健康体质提供了有力保障。

（二）提高基层医疗卫生机构的服务能力

互联网家庭医生签约工作，提高了村医工作效率，避免村医在查表、填表上浪费大量时间。村民能够在村里检查和诊疗常见病，增加了村医的收入；通过互联网与上级医生对患者进行复诊会诊，提升了村医的能力，远程培训和学习，也帮助各级医生及时更新知识和技能。

（三）有利于各类传染疫情的有效防控

家庭医生、流动医院巡回式支持各村的疾病筛查、流行病防控、健康宣教等工作，有助于迅速发现、及时预警疫情。网上咨询、网上问诊、网上医疗等"不见面"医疗服务，有效避免疫情期间轻症患者交叉感染的概率，实现患者就医行为上的"物理隔绝"；构建包含区域内的家庭医生签约、基本公共卫生服务、居民健康体检、居民医疗服务等于一体的健康管理数据库，有助于实现对健康流动人员与潜在疾病风险的实时查控。

（四）为政府公共卫生决策提供数据依据

"互联网+医疗健康"项目的落实，加强了政府卫生监管手段，增加了信息统计来源，提升了信息统计的速度和准确度，也使得政府监督检查越来越到位。通过大数据分析，能有效减少骗保和过度医疗，对地方政府的公共卫生决策提供快速全面的数据支持。

图3 在渭源县上湾镇常家坪村小学医生为学生测量血压

四 经验启示

与"建医院、派专家"等线下健康扶贫模式相比，"互联网＋医疗健康"扶贫优势凸显，对健康扶贫具有重大借鉴意义。

一是推进了渭源县健康扶贫工作，创新了健康扶贫新模式。"互联网＋医疗健康"扶贫助力渭源县健康扶贫实现"线上＋线下"、"少数变多数"与"短期变长期"的拓展，为贫困地区健康扶贫模式创新提供了有益的探索经验。

二是提高基层贫困群众的健康意识。贫困地区百姓健康意识薄弱，对小病慢病不重视。医疗架构的网点做到最大限度的覆盖，在解决贫困群众看病难的同时，整体提升了老百姓的健康意识，使群众形成关注健康、小病慢病要及时介入的社会观念，从而扶贫扶智，从根本上改善了当地卫生健康状况。

三是提高优质医疗资源帮扶能力。数字健康扶贫项目依托平台，通过服务管理，实现基层医疗机构、上层医疗机构等社会优质资源的统筹协调，优势互补；平台通过技术和业务模式双重驱动，实现资源的优化配置，提高资源利用效率，使得"大医院"的"大专家"不"下基层"通过平台即可对贫困地区基层医生进行远程培训或与基层医生开展远程会诊，提升基层医生能力，有效解决"建医院"与"派专家"等已有健康扶贫项目留不住医疗专家的问题。

【专家点评】

碧桂园集团充分发挥企业优势助力精准扶贫，在实践中探索形成"4＋X"帮扶模式并取得了良好的帮扶成效，是企业助力精准扶贫的典型成功案例。

碧桂园集团"4＋X"帮扶模式的核心内容主表现为：首先，以党建为引领，强化基层党组织在脱贫攻坚第一线的力量，增强脱贫攻坚的责任和信心，提高基层党组织的凝聚力和工作自觉性，这一举措为决胜脱贫攻坚提供了强有力的组织保障。其次，充分发挥企业自身比较优势，通过资金支持、合作社培育、技能培训、技术推广等活动全力助推产业扶贫；通过就业培训、扶贫车间创办、就业渠道拓宽等措施全力助推劳动就业；通过开展"阳光少年成长营"等活动推动教育扶贫；通过为边远山区配置流动医院等活动进行健康扶贫；通过为农村低收入和收入不稳定人群购买防贫险进行社会保障扶贫。

碧桂园集团帮助建立的"互联网＋医疗健康"扶贫模式，通过远程培训帮助各级医生更新知识和技能，不仅有效提高了基层医疗卫生机构的服务能力，还增强了基层群众在医疗健康方面的获得感和满意度。与"建医院、派专家"等线下健康扶贫模式相比，这种医疗数字健康模式丰富了政府卫生监管的手段，增加了信息统计的来源，为政府公共卫生决策提供了具体的数据依据，凸显扶贫优势。

碧桂园集团在帮扶过程中，针对贫困人口多元化致贫原因精准发力，真正做到了"真扶贫，扶真贫"，为形成党政领导、行业协同、社会参与、群众参与"四位一体"的大扶贫格局贡献了企业力量；碧桂园集团在精准扶贫过程中探索形成的"4＋X"帮扶模式，为企业参与精准扶贫探索了有效路径，为企业担当社会责任、提升社会价值探索出宝贵的实践经验，为讲好中国扶贫故事提供了丰富的实践素材，为中国反贫困事业发展贡献了企业智慧和力量。

（点评专家：张俊宗，教育学博士，二级教授，博士生导师。现任西北师范大学党委书记，中国高等教育学会常务理事，中国高等教育学会

高等教育管理分会副理事长，甘肃省历史学会副会长，甘肃省宣传文化系统"四个一批"人才。长期从事历史学、管理学、高等教育学等研究工作，在思想政治教育、国家治理体系和治理能力现代化、教育管理、地方社会经济发展等领域形成自身的研究特色，有着突出贡献和社会影响力。）

海归学子献真情　勠力同心助脱贫

摘　要：作为党领导下的人民团体，欧美同学会心系贫困群众、积极回报社会，广泛凝聚海归学子爱国力量，积极发挥群团组织优势，在渭源县脱贫攻坚事业中持续贡献力量。其突出优势创新思路，着力构建大扶贫格局；扶智与扶志相结合，不断激发群众内生动力；产业支撑技术带动，持续增强群众"自我造血"能力；广泛动员真帮实扶，凝集各方力量加大资金扶持力度等做法最终在渭源大地上结满硕果，为渭源县实现脱贫摘帽贡献了巨大力量。

关键词：欧美同学会　社会力量　脱贫助力

一　引言

欧美同学会（中国留学人员联谊会）是中国共产党领导的、以归国留学人员为主体自愿组成的统战性群众团体，是党联系广大留学人员的桥梁和纽带、党和政府做好留学人员工作的助手、广大留学人员之家。近年来，欧美同学会积极发挥组织优势，充分发扬家国情怀，广泛凝聚海归学子爱国力量，以实际行动贯彻落实习近平总书记"看真贫、扶真贫、真扶贫"的号召，持续助力脱贫攻坚，为渭源县脱贫攻坚事业定思路、找方向、献良策、出实招，在渭源这方希望的土地上绘就了一幅生动的喜人画卷。

2018 年，在脱贫攻坚战进入决战决胜的关键时期，欧美同学会将"苦瘠甲天下"的渭源县作为定点帮扶县，并向留学人员发出动员令、吹响集结号。海内外留学人员积极响应，一场行胜于言、情浓于水、因地制宜、精准帮扶的脱贫攻坚行动拉开了序幕。欧美同学会助力脱贫的一系列举措，体现了留学人员全面贯彻落实习近平总书记关于扶贫工作重要论述的高度政治觉悟，体现了欧美同学会心系贫困群众、积极报效祖国的家国情怀，为全社会积极参与脱贫攻坚伟大事业营造了积极向上、团结奋进的良好社会氛围。

图1 欧美同学会脱贫攻坚服务团

二 模式与做法

（一）突出优势创新思路，着力构建大扶贫格局

欧美同学会充分发挥留学人员优势，在实地考察、调研的基础上结合新时期农业农村发展特点，定思路、找方法，制定《欧美同学会关于助力脱贫攻坚的实施意见》，坚持精准要求、靶向施策、因地制宜，有效利用脱贫攻坚资源，实现精确化配置、精准化对接，助力深度贫困地区各项事业发展；坚持"分层分类分步"脱贫攻坚思路，制定层级性扶贫任务和目标安排，根据贫困状况、产业特色以及专家特长等进行分类对接、分步实施，注重提高脱贫攻坚质量；坚持厚植内生动力，推动被动接受扶贫向主动争取脱贫转变，助力深度贫困地区提高自我脱贫发展能力；坚持脱贫攻坚与乡村振兴结合，助力深度贫困地区脱贫攻坚综合效益最大化；坚持发挥留学人员群体作用，调动各级各类组织及广大留学人员的积极性，整合各方资源，形成

上下协同、广泛参与的留学人员助力脱贫攻坚大格局。

2018 年以来，欧美同学会 3 次召开助力渭源脱贫攻坚会和现场会，连续 7 次召开专题会议研究对接帮扶渭源县脱贫攻坚工作，组织留学人员组成海归专家服务团 12 次到渭源县开展定点帮扶交流，为当地引入新型技术和业态，着力提升龙头企业的竞争力，催生和壮大乡村集体经济，不断增强贫困地区农户的"造血"能力。从脱贫攻坚茶叙会、调研会到专题会、现场会，从北京南河沿大街 111 号到贫困地区的田间地头，脱贫攻坚这个关键词把欧美同学会留学人员和渭源县贫困群众紧紧联系在一起，他们深入困难群众中，在危房改造、教育扶贫、医疗卫生等多领域开展重点帮扶，积极探索助力脱贫攻坚和乡村振兴的新思路。

图 2　欧美同学会海归专家服务团帮扶项目对接会

（二）扶智与扶志相结合，不断激发群众内生动力

扶贫、扶智、扶志结合，既培植发展后劲，又挖掘内生动力。欧美同学会充分发挥人才智力优势，通过举办专项培训班，分类分批培训脱贫攻坚一线优秀人才 268 人次，培养了一批创业致富能带动、社会工作素质强、服务三农水平高的人才。举办了欧美同学会助力脱贫攻坚与乡村振兴致富带头人专题培训班交流座谈会，组织"三省区四县三镇一乡"的致富带头

人齐聚北京学习致富经验，共谋发展之道。

图3　欧美同学会留法比分会学长专题讲座

　　坚持扶贫先扶志，以教育扶贫为抓手，对症下药，精准施策，把转变群众思想、更新观念、教育帮扶作为根本之策，持续提高当地家庭子女受教育程度，达到一人提升全家改变的效果。其中，中国青岛国际经济技术合作（集团）有限公司总经理盖婧，向北寨镇兰渭希望小学赠送100套科普书籍及美术教学用具，并建立"齐鲁名师工作站"，设立"中国青岛国际经济技术合作（集团）有限公司教育基金"，用于渭源县北寨镇师生学习培训。北京亿康佳联科技有限公司、武汉睿创优学教育集团，向兰渭希望小学捐赠了"教育信息化"智慧教室多媒体电教设备。有名新学（北京）网络发展有限公司捐赠总价值168.8万元的"互联网课件与学习服务平台"。

（三）产业支撑技术带动，持续增强群众"自我造血"能力

　　北寨镇干旱少雨，植被稀少，水土流失严重，是典型的北部干旱山区，中药材、马铃薯种植面积大，但科技含量和附加值低，经济效益和产业扶贫后劲不足。2018年以来，欧美同学会组织专家，立足各自所在领域，有效对接、分析研判、重点发力，探索更多可持续发展的产业技术扶贫项目，持续增强群众"自我造血"能力。

图4　欧美同学会捐赠教学设备

图5　欧美同学会专家在田间地头查看中药材长势

　　针对北寨镇地达菜扶贫车间烘干设备效率跟不上的突出问题，2018年海归服务团为该车间捐赠了5万元的烘干设备，烘干地达菜产量从每天1000公斤增加到2000多公斤，生产量翻了一番。在北寨镇盐滩村投入车间改造资金10.38万元和价值20.6万元的薯片加工设备，建成了马铃薯脱皮、切片、油炸、搅拌为一体的扶贫车间，并办理食品加工小作坊登记证。同时，欧美同学会牵引渠道，通过京东线下体验店，进一步拓宽了销售渠道，使得马铃薯产品、地达菜市场越来越好。

　　先后举办了欧美同学会凝聚海归人才助力甘肃渭源脱贫攻坚座谈会暨项目对接会；成功举办北京新发地市场渭源农产品推介会，实现了优质农产品成功在首都销售；推动渭源县与 5 家京企签订了总价值 1 亿元的西芹、马铃薯、百合、娃娃菜、食用菌供销合作协议，实现交易额 5000 万元；达成百合订单 23 万元，现场销售中药材、马铃薯制品、食用菌、手工制品等5.7 万元。拓宽了销售渠道，使得营销额实现了翻倍增长。

图 6　欧美同学会专家与地达莱扶贫车间负责人交流

图 7　北京新发地市场渭源县农产品推介会签约仪式

（四）广泛动员真帮实扶，凝集各方力量加大资金扶持力度

充分发挥资源优势，广泛动员社会力量参与扶贫。定点帮扶工作开展以来，欧美同学会累计投入资金 43.6 万元，用于改善渭源县基础设施条件，其中危房改建方面投入资金 34.5 万元。先后捐赠了价值 277 万元的救护车和医疗设备。同时，通过搭建人工智能远程医疗平台，为患病困难群众打开一扇便捷的希望之门。累计投入资金 571.4 万元用于改善渭源教育教学条件和提升渭源县教育教学水平。

图 8　欧美同学会卫生医疗专家服务团座谈会

在欧美同学会爱心海归人员的资助下，北寨镇郑家川村范得川、张家堡村刘建华两户危房改造先后完成，他们告别了以前的土坯房，住进了安全又舒适的新房。如今两家人一心打工挣钱，日子一天比一天红火。据统计，三年来，经欧美同学会衔接联系，社会各界企业家共与渭源县签订帮扶意向协议 33 项，主要涉及产业发展、教育卫生、基础设施等，广泛动员海外留学人员捐款捐物，共计 1124.98 万元，进一步为渭源县打赢打好脱贫攻坚战提供了资金支持。

全国人大常委会副委员长、欧美同学会会长陈竺指出，"脱贫摘帽不是终点，而是新生活新奋斗的起点"。欧美同学会树立乡村振兴与脱贫攻坚有机融合的工作理念，重点解决贫困群众增收脱贫的短期问题和长期稳定致富的长远问题，实现脱贫攻坚与乡村振兴的良性互动和有机衔接。

对于今后的工作，欧美同学会将瞄准巩固脱贫成果、提升脱贫质量和补齐短板弱项三大任务，积极探索并践行以产业扶贫为抓手、以项目带动

为突破、以消费扶贫为依托的帮扶新模式。欧美同学会北京亿康佳联科技有限公司总经理陈海嬿说："脱贫摘帽只是第一步，在之后的乡村振兴走向富裕中，同样大有可为！"

三　帮扶成效

一分耕耘，一分收获。2020 年 2 月 28 日，甘肃省人民政府发布消息：渭源县退出贫困县。与此同时，欧美同学会收到了来自渭源县的感谢信，甘肃省定西市人大常委会副主任、渭源县委书记吉秀说："六年来，在欧美同学会和社会各界的大力帮扶支持下，渭源县累计净减少贫困人口 2.47 万户 10.04 万人，贫困发生率降至 0.43%；累计出列贫困村 130 个，出列贫困村占比达到 96.3%。渭源县实现脱贫摘帽，这其中凝结了欧美同学会和各位学长的真诚帮助，渭源人民将永远铭记！"

"喜悦！感谢！激动！"甘肃省渭源县北寨镇党委书记张海波说："三年来，欧美同学会多次到北寨镇进行实地考察，开展项目对接和产业帮扶，先后投入 400 多万元用于北寨镇脱贫攻坚，北寨镇贫困面由 2013 年底的 28.73% 下降到 0.38%，贫困人口人均可支配收入从 2013 年的 2393 元达到 2019 年的 5253 元，全镇于 2019 年顺利实现整体脱贫摘帽。"

四　经验启示

非政府组织参与扶贫是一个从被动到主动、从治标到治本的过程。从最初为寻求生存空间介入扶贫领域，到逐渐将扶贫作为重要的职责，非政府组织实现了从传统慈善向现代治理的转变。

传统意义上的扶贫模式已经不能完成新时代背景下的扶贫任务，只有广泛动员社会力量参与深度扶贫才能解决根本问题。在渭源县脱贫攻坚中，欧美同学会充分发挥自身优势，积极组织海归专家服务团深入渭源县考察调研，并召开脱贫攻坚现场推进会，不断加大扶贫力度，改进扶贫方式，引进新技术和产业，使得扶贫工作取得显著成效；通过资金捐赠和人才助力，持续推动渭源县的产业发展，重点在危房改建、教育扶贫、医疗卫生等领域帮扶困难群众，坚持"扶贫"与"扶志"相结合，"授人以鱼"，更"授人以渔"，解决贫困地区人口的衣食住行乃至教育等根本民生问题，不断增强贫困户致富能力，进而带动渭源县脱贫；同时，欧美同学会提供了助力脱贫攻坚和乡村振兴的新思路，通过调研渭源县实际情况，探索可持续发展的产业扶贫项目，召开专题会议进行研究，挖掘内生动力，为贫困户自身可持续发展给予了宝贵的意见和建议。

【专家点评】

　　脱贫攻坚与乡村振兴需要动员全社会力量共同参与和推动。欧美同学会充分发挥自身的优势，在助力脱贫攻坚的关键时期，勇担当，善作为，咬定青山不放松，以实际行动诠释新时代归国留学人员的责任与使命，为全社会参与脱贫攻坚树立了典型样本。其帮扶特色和亮点体现在以下几方面：一是以新思路开辟新路径。他们做好顶层设计，制定帮扶计划，分层分类分步实施，方向清，路径明，少做弯路，切实提高脱贫攻坚实效。二是扶智扶志抓根本。坚持扶智扶贫相结合，以教育扶贫为抓手，对症下药，精准施策，把转变思想、更新观念、教育帮扶作为根本之策，提高当地家庭子女受教育程度，达到一人提升全家改变的效果。三是技术支持兴产业。因地制宜，发挥欧美同学会人才和智力优势，研究产业发展突破的新途径新路子，推进产业帮扶，对当地农产品进行深加工，下大力气拓宽产品销售渠道，提升产业发展质效，在脱贫致富的道路上，不断增强人民群众的获得感、幸福感、安全感。四是凝聚社会力量参与脱贫攻坚。把脱贫攻坚作为自身的责任与使命，充分发挥资源优势，广泛动员归国留学人员以及社会力量众志成城、共同参与脱贫攻坚伟大事业，彰显出海外学子学成归来报效祖国的深厚家国情怀。

　　（**点评专家**：吴业春，管理学博士，研究员，现任肇庆学院党委副书记、校长，华南理工大学高等教育研究所研究员，广东省社科联兼职副主席，中国高教学会教育管理分会常务理事，广东省教育学会副会长。主要专业领域为教育理论、高教管理、科技创新等。）

发挥群团优势　合力攻坚克难

　　摘　要：在决战决胜脱贫攻坚过程中，渭源县群团组织充分发挥工作优势，不断创新扶贫帮扶方式，助力全县打赢脱贫攻坚战。县总工会坚持聚集工会力量、利用工会帮扶、开展特色活动；团县委重点聚焦教育扶贫、消费扶贫、就业扶贫；县妇联突出"凝"字下功夫、紧扣"准"字出实招、着眼"联"字做文章。群团组织充分发挥自身特色，为渭源县注入了脱贫致富新动力。

　　关键词：群团组织　工会　团委　妇联　脱贫攻坚

一　引言

　　渭源县总工会、团县委、县妇联等群团组织坚持把脱贫攻坚作为重大政治任务，紧紧围绕增强"政治性、先进性、群众性"，进一步发挥自身优势作用，主动作为、创新模式、精准施策，为全县决战决胜脱贫攻坚集聚更多资源、凝聚更强合力。

二　活动与做法

（一）工会：决战脱贫攻坚，书写工会答卷

　　聚集工会力量。以"党建带工建、党工共建"合力抓重点、突难点的工作路子，坚持新发展理念，全力做好"六稳"工作，落实"六保"任务，组织全县279个工会组织，31589名工会会员，充分发挥工会职能及

党员干部先锋模范作用，倡导消费扶贫，带领困难职工、农民工群众脱贫奔小康。

利用工会帮扶。以"四送"活动、农民工引导性培训、职业技能培训、就业创业指导等工作为抓手，持续唱响"春送岗位、夏送清凉、金秋助学、冬送温暖"四季歌。积极为困难农民工、下岗失业人员、家庭高校毕业生等群体搭建就业服务平台，提供生活、就业和助学帮扶。

图1　渭源县总工会"夏送清凉"慰问活动

开展特色活动。以有奖答题、文艺演出、慰问座谈、职工联谊、职工读书活动等方式，开展"中国梦·劳动美"、"岗位大练兵、业务大比武"、"一封家书"、"书香三八"与"定西工匠dou精彩"职工短视频大赛等活动，开展各类劳动竞赛和文体活动，丰富职工群众精神文化生活，做实"志智"双扶。

（二）共青团：凝聚青春力量，助力脱贫攻坚

聚焦教育扶贫，助力学业资助。2013年来，团县委统筹各类资源，汇聚各方力量，为贫困学生提供学业资助，累计争取希望小学建设项目资金194.185万元；争取"金穗圆梦"助学金、兰石化"扶贫助困·共享阳光"奖学金等各类奖助学金741.26万元，直接惠及贫困学子3326人；争取发放"圆梦微心愿"等爱心助学助困物资193.24万元。

聚焦消费扶贫，助销农特产品。积极培育挖掘青年电商人才，开展定制扶贫活动，拓宽农特产品销路，努力增加贫困群众收入。2018年以来，

图2 定西工匠 dou 精彩活动海报

图3 渭源县"圆梦微心愿"助学助困物资发放活动

团县委和利安人寿等爱心企业达成协议，争取企业对包含渭源县在内的定西市定制扶贫资金达到298.17万元；2020年组织青年网红开展网络直播带货活动7场次，销售渭源农特产品5万余单，累计销售额150多万元。

图4　渭源县政府相关领导和青年网红开展网络直播带货

聚焦就业扶贫，助推青年发展。积极创建青年就业创业培训及见习基地，开展青年就业创业培训，组织青年参加省市县各类就业招聘活动，促进青年就业。2013年来先后成立各类青年就业创业培训基地12个，见习基地8个，组织青年参加各类招聘会20余场次，开展青年创业就业和电子商务等培训班20多期，培训青年5000多名。

（三）妇联：突出"凝"字下功夫，紧扣"准"字出实招，着眼"联"字做文章

突出"凝"字下功夫，当好思想"引领者"。坚持扶贫与扶志、扶智相结合，引导和鼓励广大妇女自力更生，勤劳致富，充分激发广大妇女"想脱贫，能致富"的内生动力。开展"百千万巾帼大宣讲"、"陇原妇女面对面"与"巾帼故事会"等各类宣讲540场次，受益群众4.8万人；"渭源半边天"微信公众号发布信息1540条，阅读转发12.3万余次。推荐评选各级先进集体和个人325个（人），创建"巾帼家美积分超市"143个，创建"美丽庭院"示范村16个、示范户526户，评选"最美家庭"1056户。

紧扣"准"字出实招，当好发展"推动者"。坚持把产业、就业、创业、培训作为摆脱贫困的治本之策，紧抓各类项目扶持，有效提升了广大贫困妇女的自力更生、自主脱贫能力。投入培训资金413.14万元，开展陇原巧手、扶贫车间、家政服务等各类妇女技能培训，培训妇女7749人次；发放妇女小额贴息贷款9676万元，受益妇女1934户；争取项目资金50万

元创建"陇原巧手"巾帼扶贫车间 1 个,引导 700 多名妇女在全县扶贫车间中实现就业;创建全国巾帼脱贫示范基地 1 个,省级"巾帼脱贫示范基地"、"巾帼农业示范基地"、"陇原巧手示范基地"及"巾帼家政示范基地" 4 个;奖补巾帼扶贫车间、巾帼脱贫基地 20 个,补助资金 57.2 万元。

着眼"联"字做文章,当好爱心"守护者"。充分发挥优势,整合利用各类资源,广泛动员各方力量,积极为困难妇女儿童办实事、解难题。组织农村妇女参加"两癌"(宫颈癌、乳腺癌)免费检查 30745 人;救助农村"两癌"患病妇女 165 人,发放救助金 160 万元;实施开展"焕新乐园"、"春蕾计划"、"巾帼暖人心"、"圆梦助学"和"六一慰问"等项目活动,发放救助物资 579.46 万元,惠及妇女儿童 1.3 万余人;疫情期间,筹集防疫用品和生活用品价值 9 万余元,募集现金 1 万元;全县招募志愿者 312 名,组建巾帼志愿者服务队伍开展送服务、送关爱活动 103 次;争取东西部扶贫协作各类援助对口帮扶资金 648.42 万元,惠及贫困妇女儿童 6000 余人。

图 5　渭源县"焕新乐园"项目开展的"新年新衣 温暖行动"

三　经验启示

第一,携手共进,凝聚扶贫新合力。渭源工、青、妇群团组织通过加强与上级组织、相关部门和单位的沟通联系,在深度互动中携手攻坚,凝聚了强大的扶贫合力,在产业扶贫、就业扶贫、精神扶贫、消费扶贫等各领域都取得了显著成绩。

第二，拓宽渠道，增添致富新主力。渭源县充分发挥群团组织优势，通过开展各级各类特色培训，有效提高了广大职工、青年、妇女等群体的劳动力技能水平和就业创业能力。

第三，积分兑换，打造扶智新方式。渭源县巾帼家美积分超市的创建，进一步激发了群众内生动力，拓宽了群众受益面，推动了人居环境改善和人民精神面貌提升，同时有助于在潜移默化中培养群众树立正确的价值观念，提升社会的文明程度。

第四，消费扶贫，注入扶贫新动力。通过完善消费扶贫政策、开展定制扶贫活动、网络直播带货、送清凉送温暖等一系列措施，渭源县有效解决了农特产品滞销卖难问题，为巩固脱贫成果、助力脱贫增收注入了强大的动力。

【专家点评】

渭源县工会、团县委、妇联，从大处着眼、细处着手，以特色活动为载体，创新扶贫模式，形成群团组织扶贫的"渭源经验"。

面向脱贫攻坚主战场，充分发挥群团组织特点，倾听贫困群众呼声，通过产业扶贫、就业扶贫、精神扶贫、消费扶贫等扶贫新模式，凝聚更强合力，集聚更多资源，激发内生动力，展现了群团组织的担当作为。群团组织扶贫的"渭源经验"特色在于，工、青、妇群团组织与困难群众心往一处想、劲往一处使，丰富了扶贫新方式、拓宽了扶贫新渠道、注入了扶贫新动力，群众获得感强、满意度高。

新形势下，要继续按照"党有号召、群团有行动"的总要求，充分发挥群团组织凝聚作用，积极融入大局，从细微处做文章，以期为巩固脱贫攻坚成果和乡村振兴开局提供有力支撑。

（**点评专家：**廖允成，农学博士，二级教授，博士生导师。现任山西农业大学党委书记。入选国家百千万人才工程、教育部"新世纪优秀人才支持计划"，获 2011 年"全国粮食生产突出贡献农业科技人员"称号，享受国务院政府特殊津贴。）

政协委员展风采 建言献策有作为

摘　要：渭源县组织开展"脱贫攻坚·政协委员有作为"活动，动员、引导、鼓励和支持全体政协委员积极投身脱贫攻坚工作，在调查研究、建言献策，引领产业发展、带动群众增收，激发群众能动性、增强群众自我发展能力，捐资捐物、扶贫济困等方面，取得了实实在在的效果，赢得了社会各界的一致好评。

关键词：政协委员　建言献策　扶贫济困

一　引言

在脱贫攻坚过程中，渭源县政协委员积极响应国家号召，充分发挥自身参政议政、建言献策职能优势，积极开展"脱贫攻坚·政协委员有作为"活动，为全县脱贫攻坚贡献力量。

二　主要做法

脱贫攻坚以来，渭源县政协深入开展"脱贫攻坚·政协委员有作为"活动，成立了以党组书记、主席为组长，党组成员、副主席为副组长，办公室、各专门工作委员会主任为组员的协调推进领导小组及其办公室。制定印发《政协渭源县委员会关于开展"脱贫攻坚·政协委员有作为"活动方案》，从活动开展目的、方式方法、具体任务、组织领导、服务保障等方面提出要求、做出安排，动员、引导、鼓励和支持全体政协委员积极投身脱贫攻坚工作，提出各委员要在"五员"（明确精准扶贫精准脱贫政策法规，做好政策法规的"宣传员"；促进精准扶贫精准脱贫政策的贯彻落实，做好政策落实的"监督员"；利用自身特有优势，做好扶贫帮困的"组织员"；利用人脉优势，做好社会力量的"联络员"；发挥各自特长，做好脱贫攻坚的"战斗员"）上聚焦发力，坚持自觉自愿、量力而行、讲求实效、协调服务的原则，不同界别委员要充分利用自身优势，努力发挥各自特长，与履行好委员职能作用紧密结合，为更好服务脱贫攻坚工作贡献智慧和力量。

渭源县政协每年至少召开两次以上的主席会议专题研究和安排开展脱贫攻坚工作，及时协调解决工作中存在的难题；常委会议工作要点坚持以脱贫攻坚工作为统揽，安排视察调研课题、协商议题紧紧围绕脱贫攻坚重点任务、重要举措落实；农业、经济界委员依托自己领办的企业（协会、合作社）带动引领产业发展、构建新型经营关系、提供就业平台、带动贫困群众稳定增收；教育、卫生界委员开展"四下乡"活动，服务教育、医疗卫生等民生事业改善，弘扬社会主义核心价值观、激发群众内生动力；经济、工商等界别委员积极捐款捐物扶弱济困、捐资助学或牵线搭桥，联系县内外企业或人士开展捐助活动，积极为贫困村、贫困群众办实事好事。100 多名委员与 1700 多户贫困户 5000 多贫困人口结成了联系帮扶对子，有 35 名委员担任了脱贫攻坚驻村帮扶工作队队长、队员，所联系贫困群众均达到脱贫验收各项指标要求，退出贫困户管理序列，充分彰显了新时代政协组织和政协委员履行为民服务的担当情怀。

图 1　政协委员参与义写、义诊

三 经验启示

（一）发挥思想引领作用，扛起政协责任

思想的高度决定行动的力度。要推动政协系统参与脱贫攻坚行动，充分发挥思想统领作用，引导政协组织和广大委员深化认识，找准定位，不断增强参与脱贫攻坚的行动自觉。通过召开会议、走访交流、思想动员等方式，向委员充分讲解脱贫攻坚的重大意义、形势任务和具体要求，讲述委员的职责使命和社会责任，让委员及其所联系的群众充分认识到脱贫攻坚是国家重大决策、社会发展所需、民心所向所指，是政协履职重点所系、委员职责所在、个人价值体现，从而使委员深化思想共识，增强参与自觉。

（二）发挥"智库"作用，推动精准扶贫

政协委员主动履行协商建言新使命，助推精准扶贫精准脱贫取得新胜利。一方面，把履行职能的着力点放在对推进精准扶贫的研究思考上、对困难群众增收致富对策的深入分析上、对扶贫开发工作进展情况的精准把握上，围绕党委、政府决策重点和工作重心，通盘谋划、选准议题，重点针对涉及扶贫开发工作的发展规划、政策体系等重大项目安排以及牵动全局、事关长远的其他事项进行协商建言；另一方面，应紧紧围绕基层精准扶贫的重点、难点问题开展调查研究，多建睿智之言，多献务实之策，推动相关工作决策更富有科学性、针对性和可行性。

（三）发挥"帮扶"作用，凸显政协优势

农村人口脱贫与农民收入增长直接相关。如果农民收入降低，就可能导致已经脱贫的人口重新返贫，甚至可能造成新的贫困人口。政协委员来自各行各业，都是业界的精英和骨干，因此为拓宽农民增收渠道，完善农民收入增长支持政策体系，政协组织要坚持打好助力脱贫攻坚对策建议"组合拳"，发挥政协委员各自特长，在精准扶贫中主动作为，各尽其能，协调推动各类扶贫资源精准输送到贫困村、贫困户。

（四）发挥民主监督作用，推进政策落实

民主监督是人民政协三大职能之一。应坚持"监督寓于服务"的原则，创新监督机制，把民主监督的着力点放在脱贫攻坚上，促进各项政策措施落到实处，提高扶贫质量和效果；把民主监督的出发点和落脚点放在维护群众合法权益上，对脱贫攻坚战役中出现的各种损害群众利益的做法，及时发现、及时反馈、及时提出监督整改的意见建议；针对精准扶贫各个阶段的工作重点和一些政策、措施在落实过程中存在的困难和问题，通过提案、社情民意信息等形式提出意见建议，促进各项工作任务的落实，增强民主监督的成效。

【专家点评】

渭源县政协开展的"脱贫攻坚·政协委员有作为"活动，助推全县脱贫攻坚，抓出了亮点、形成了特色、做出了成效，为全县脱贫攻坚贡献了政协智慧和力量，为全国脱贫攻坚事业提供了渭源案例。

新时代，政协立足本职工作将脱贫攻坚的历史责任扛在肩上，助力贫困地区人民实现小康生活，既是县级政协协助党和政府全心全意为人民服务的光荣使命，也是构建多元主体"同频共振"治贫体系的现实需求。渭源县政协的助推活动，形成了主要领导亲自抓，不同界别委员共同参与的运行体系。县政协投身脱贫攻坚主战场，聚焦当好"宣传员""联络员""组织员""监督员""战斗员"，通过结对帮扶，点面结合大宣讲，深入一线靠前指挥和督导检查，向党和政府建言献策，加快产业扶持、带动群众增收，组织工商等界别委员承担社会责任，大力推进"四送"活动等，历时四年，助推全县脱贫攻坚取得决定性胜利。下一步，政协需要继续发挥自身智力密集、联系广泛，行业精英多、民主监督强的显著优势，在实现精准扶贫与乡村振兴的战略衔接和提升中，更加强化政协委员高度的政治自觉、行动自觉和政治责任，不断彰显乡村振兴中的政协力量、政协情怀和政协作为。

**（点评专家：董发勤，博士，教授，博士生导师。现任西南科技大学

校长。新世纪"百千万人才工程"国家级人选、部级有重要贡献的中青年专家、天府万人计划创新领军人才、四川省学术和技术带头人，四川省劳动模范，享受国务院政府特殊津贴。四川省决策咨询委员会委员，绵阳市决策咨询委员会副主任。)

第六部分

乡村圆梦

打赢脱贫攻坚战　奔向小康新生活

摘　要：马家窑村通过加强基础设施建设和公共服务建设、产业扶贫以及精神扶贫等措施，有效激发了贫困户脱贫的内生动力，从而使贫困户稳定脱贫，使自身在几年内各方面都发生了翻天覆地的变化。

关键词：马家窑村　村办合作社　长效脱贫

一　引言

马家窑村自然条件差，海拔高，气候阴湿，一般的粮食作物产量低，且基础设施薄弱，存在着出行难、饮水难、办事难、就医难等一系列切实问题，村中环境脏乱差、柴草乱堆乱放、动物粪便随处可见、院落屋内臭气熏天。村民缺乏适合现代产业的知识技能，思维相对保守闭塞，"靠着墙头晒太阳，等着政府送小康"是一些靠拿政府补助维持生计的贫困户生活状态的真实写照。

同时，马家窑村具有一定发展特色产业的潜质，最突出的便是具有理想的马铃薯和中药材生长条件。虽然这些特色产品在当地有所种植，但是由于当地的农业技术落后，农业生产停留在"靠天吃饭"的模式上，个体的农户直接面对市场，风险很大，且产品附加值低，这就使得村民的收入水平很不稳定，靠国家帮扶脱贫的农户也极易因此返贫。

二　主要做法

针对马家窑村的具体状况，为了使马家窑村实现彻底脱贫，驻村帮扶工作队和村"两委"制定了一系列脱贫攻坚举措。

（一）补齐短板，加强基础设施和公共服务建设

近年来，马家窑村将贫困村、贫困户基础设施建设作为脱贫攻坚的根本保障，在着力补齐基础设施和公共服务短板上狠下功夫。马家窑村在基础设施上面临的问题也是整个渭源县的问题，简言之，包括水、路、房三个方面，都是和民生息息相关的最基本的问题，这些问题的解决，为马家窑村全面脱贫提供了基本保障。

在开展脱贫工作以前，马家窑村村民生活最基本的用水都难以得到可靠保障，由于自来水入户率低，许多村民不得不跋涉数百米去挑水，这对普通的家庭来说生活很不方便，而对于缺少劳动力的家庭而言更是成为了难以克服的困难。在脱贫攻坚工作开展以后，这一状况得到了彻底改观，工作队积极推动管道铺设进程，到目前为止，已基本完成自来水入户全覆盖，困扰村民几代人的饮水难问题得到了基本解决。

"要想富，先修路"，村内和连接村与县城之间的公路是村里的农产品以及村民得以顺利流动的先决条件，对提高村民的物质和精神生活水平都起着关键性的作用。经过扶贫工作队的努力，当年"雨天道路泥泞、脏水四溅，晴天尘土飞扬、坑坑洼洼"的道路已经得到硬化和砂化，这不仅使村容村貌出现了较大改观，更便利了交通运输，切实解决了村民出行难的问题。

住房和居住环境是百姓关心的另一个问题，工作队按照"产业兴旺、生态宜居、乡风文明、治理有效、生活富裕"的总体要求，以推进"美丽乡村"建设为抓手，大力实施村庄风貌改造、拆危治乱、农村厕所改造等基础设施建设工程，大力发展美化、亮化、绿化、硬化、净化新模式。通过改造危房、进城购房和插花安置相结合的办法，为全村的贫困户提供了安全稳定的住房；同时马家窑村拆除了部分危旧房和乱圈舍，使得原来脏乱差的居住环境得到彻底改观。

除此之外，马家窑村还在动力电、电视入户、无线网络、农村医疗保险以及文化场所建设等方面都做出了卓有成效的努力，使得百姓的生活水平和幸福指数得到了大幅度提高，这为进一步实施长效脱贫机制提供了有力保障。

（二）加大产业扶贫，促进集体经济持续发展

"朝天一把籽，收成看天色。"多少年来，马家窑村的老百姓一直延续着靠天吃饭的路子，仅仅依靠传统的农业种植维持生活，没有良种使用，又缺乏现代农业科学技术的指导，基本上维持了传统的分散的小农经济生产模式，具有小农经济与生俱来的脆弱性。尽管靠传统的"输血式"扶贫能够让贫困户一时脱贫，但如果不彻底为产业模式注入新的活力，这些脱贫的贫困户极易返贫。

针对这一现状，马家窑村结合本村适合培育种植马铃薯和中药材的特点，制定了立足传统产业，走马铃薯良种扩繁、党参新技术种植、规模化养殖，全力培育主导产业，多渠道增加农民收入的新路子。

2018 年初，工作队队长李世荣通过帮扶单位向渭河源马铃薯良种公司争取了 18 吨马铃薯一级原种、9 吨马铃薯良种种植专用肥和黑色地膜、党参种植专用复合肥，帮助贫困户与公司签订了马铃薯订单收购合同。除农作物种植外，近几年，马家窑村对贫困户和边缘户中符合条件并有发展养殖意愿的 45 户农户投放了良种基础母牛，也取得了良好的效果，目前，养殖业已经在全村成为主导产业。由于生猪养殖市场前景比较乐观，李世荣队长、村"两委"成员多方权衡，为全面运行村办合作社，壮大村级集体经济，带动群众增收，在 2019 年运营饲料加工的基础上，又建立了马家窑村仔猪繁育场。

农产品的产业化带动了农户、合作社和市场之间的对接需求，在"互联网＋"时代，马家窑村又建成了村电子商务公共服务点，为群众代销农特产品、代购日用品、代办快递配送等。电商的发展增加了农户与市场联系的途径，也使得农产品流向市场从扶贫之初依靠政策性倾向的收购向自发的市场性销售转化，从而使得农产品销售在经济上获得了更强的韧性，增强了扶贫的效果。

（三）精神扶贫，激发群众脱贫致富内生动力

如前所述，一些贫困户由于长期依赖国家"输血式"的扶贫政策，"等靠要"的思想十分严重。面对群众落后的思想和懒惰的行为，马家窑村认识到必须让这些贫困户由"要我脱贫"变为"我要脱贫"，有追切的

愿望富起来、有较强的能力富起来。只有让贫困户首先在精神上不再贫困，激发出扶贫不竭的内生动力，扶贫的效果才能可持续。

在开展脱贫攻坚工作过程中，马家窑村清楚地认识到，要帮助贫困群众实现稳定脱贫，必须首先帮助他们树立脱贫致富的信心。自脱贫攻坚开始以来，帮扶干部们都是亲自进村入户，在田间、圈旁、炕头和帮扶户拉家常、说心事、谈发展、定计划。近年来，帮扶单位县政协为贫困户赠送励志贺年春联 800 余幅，使群众切身体会到党组织对自己的关心。

图 1　帮扶单位县政协办公室为贫困户捐赠春耕生产物资

此外，马家窑村还经常借助道德积美超市、宣传标语、表彰活动等积极营造"脱贫光荣"的浓厚氛围，举办脱贫攻坚知识有奖问答暨政协机关文化惠民活动，对评选出的种植、养殖和脱贫致富标兵及"五好"文明家庭、致富带头人进行了表彰奖励；组织村民观看脱贫宣传片，以"身边致富事教育致富人"等。由此，绝大部分贫困户的致富愿望被激发出来，纷纷表示，党和政府这样关心我们，我们一定要鼓足干劲奔上致富路。

致富除了要有信心，还必须有足够的能力。马家窑村邀请技术人员并利用当地龙头企业——会川德园堂药业有限公司对贫困户进行产业技能培训，既给乡村产业带来了先进的技术，又在一定程度上提高了产品附加值；对于剩余劳动力，扶贫队除为其提供技术培训之外还积极帮助其实现技术就业，从而达到就业脱贫。

"家有良田万顷，不如薄技在身"，贫困户通过学习，掌握了谋生的技能，这不但有利于其脱贫，而且为其生活的稳定性增加了一定保障，在精神上，也使其具有了更强的致富信心。因此，"扶志"和"扶智"二者相辅相成，是"造血式"扶贫不可或缺的两大要素，也是脱贫不返贫的有力保障。

三　实施成效

（一）基础设施和公共服务水平不断提升，村容村貌大幅改善

几年以来，通过对马家窑村基础设施的大力投入，出行难、饮水难、办事难、就医难、乔迁难、环境差等民生问题已基本得到解决。自来水入户率达到98.08%，稳定安全饮水率达到100%，完成自来水入户307户；硬化道路14.68公里，砂化道路4.8公里，道路通畅率和通达率分别达到100%；完成危房改造81户，进城购房15户，插花安置19户，全村贫困户有安全稳定住房率达到100%；村部通无线网络，电视户户通全覆盖；每年新型农村合作医疗参保率平均达到98.5%，新型农村养老保险参保率达到99.09%；投入资金12万元实施马家窑村小学改建村级文化活动场所项目，投入资金18.95万元建设乡村舞台（90平方米）及文化广场（700平方米）一处。

随之而来的村容村貌的改变也显著地提高了村民的幸福指数。截至目前，马家窑村已拆除危房18户2200平方米，拆除残垣断壁、圈舍2处共计200多平方米；新建圈舍19座，改建10座；累计建成卫生厕所130座，清理农村生活垃圾3吨多；先后硬化巷道4.1公里，安装太阳能路灯32盏。"现在空气更新鲜了，环境更美了，生活更舒适了"，马家窑村的优秀党员杨田录自豪地说。

（二）乡村产业蓬勃发展，贫困户收入大幅提升

产业扶贫为农户带来了优良的品种和先进的农业技术，使得乡村特色产业的产出大大提高。2018年以来，马家窑村建档立卡户人均一亩马铃薯良种产量达到了4000斤，最高的超过了5000斤。中药材种植产量相对上年也有所增加，其中贫困户种植新技术地膜党参47.9亩，遮阳网抗旱技术育苗33.25亩，比上年同步增长20%；另外，产业扶贫解决了传统小农经济模式下农户个体直接面对市场所导致的农户经济地位不稳定的问题，为

贫困户提供了一条从生产到销售的完整链条式服务。渭河源马铃薯良种公司履行合同，将 200 吨马铃薯良种全部按每斤高于市场价 0.45 元的价格收购，农户总收入达到 18 万元以上。

图 2   马家窑村仔猪基地

在畜牧业中引入产业扶贫的手段也促进了本村畜牧业的快速发展。目前，全村牛存栏 282 头，羊存栏 420 只，生猪存栏 300 头；养猪大户 2 户，存栏 100 头，其中能繁母猪存栏 40 多头。马家窑村探索出一条集体经济的发展道路，从良种基础母牛和"8 + 1"的联合培养模式到村合作社建立的仔猪基地，集体经济一方面有效吸纳了更多的资金，有利于规避个体经济的脆弱性并且扩大产业规模；另一方面，增加了村集体经济收入，使得村"两委"能够更有效地发挥作用。2020 年合作社带动贫困户每户分红 50 元。

通过上述成功的产业扶贫措施，马家窑村的人均纯收入有了显著的提升，从 2013 年纳入建档立卡贫困户时的 2587.67 元增加至 2019 年底的 7350.15 元。

（三）探索多元化脱贫途径，贫困户顺利实现脱贫

在马家窑村有这样一位贫困户，他的大儿子患有先天性进行性肌营养不良症，自小肢体软弱，生活不能自理，常年在家并且需要妻子看护，次子上小学、女儿上幼儿园，需要岳母照顾，岳父患有脑梗死并且常年吃

药，一家 7 口人，只靠夫妻二人种地维持生活，他就是 2018 年被县委、县政府授予"全县产业增收示范户"称号的贾魁伟。凭着人穷志更坚的劲头，贾魁伟通过自己的刻苦努力，克服家庭重重困难，不断发展壮大种植业和养殖业，带领全家人勇于脱贫，赢得了当地群众的交口称赞。

马家窑村通过对贫困户进行技能培训配合产业发展，为贫困户脱贫提供了多种途径。近年来，马家窑村邀请技术人员对全村开展农业实用技术培训、创业培训、职业技能培训等 20 多期；对有劳力且有一定技术的贫困户 8 户 8 人，通过联系会川德园堂药业有限公司安排他们学习中药材加工技术，使他们实现产业增收脱贫；对有剩余劳力且可输转的贫困户 58 户 63 人，通过提供技能培训和中介服务等资源，帮助他们实现就业脱贫；依托当地马铃薯、中药材、土特产和特色手工编织等主导产业，培育发展电商产业，对村内及周边创业青年培训 30 次 600 多人。

姜瑞平是渭源县清源镇马家窑村的贫困户，由他经营的马家窑村级电商服务点 2020 年销售农产品金额达到 62.1 万元。马家窑农家特产微店升级为 5 星级店，马家窑土特产微店升级为 3 星级微店，可实现年收入 2 万元以上。"要想日子过得好，不勤劳付出真不行。感谢党和政府，帮我走上了电商致富的路"，马家窑村电商服务点创办人姜瑞平高兴地说。

四　经验启示

（一）致力于"造血式"扶贫，着眼扶贫的长远效果

与传统的"输血式"扶贫相比，"造血式"扶贫致力于基础设施建设和产业培育，如果说"输血式"扶贫是外部激励的"授之以鱼"的话，"造血式"扶贫则是内部激励的"授之以渔"，显然后者有更加长远的效果，能够有效地防止贫困户返贫。在马家窑村这一案例中，其"造血式"扶贫的措施使得贫困户既有脱贫之心又有脱贫之力，自然可以获得更好的脱贫效果。马家窑村的扶贫干部与贫困户结成了扶贫对子，由扶贫干部对其所负责的贫困户进行直接扶贫，可以说马家窑村的模式是以"造血式"扶贫为主、"输血式"扶贫为辅的成功模式。

（二）发挥集体经济的优势，建立符合群众需求的合作社

马家窑村集体经济的优势集中体现在产业扶贫上，主要通过构建利益联结机制使贫困户进入由经营主体主导的产业链体系的方式来解决贫困户独立发展产业能力弱的问题，经营体主要指合作社。合作社不仅能促进农村稳定、农业增效、农民增收，而且可通过整合贫困户的土地、资金、劳动力等资源来保障其权益，解决小农户与大市场对接的难题，进而肩负起精准扶贫的社会责任，具有"天然的益贫性"。贫困户承担不起高额交易成本、缺乏独立经营的能力，无法单独承接项目，故依托合作社脱贫成为普遍可行的方式。合作社则因为扎根于乡土、内嵌于农村，直接、紧密地面对农民，在使扶贫资源精准落地方面具有优势，成为精准扶贫的重要平台。

目前，我国产业扶贫的路径主要有两种，一种是直接扶持贫困户发展小规模产业，如种植业和养殖业；另外一种典型的路径是依托新型农业经营主体来带动贫困户脱贫，如各个农业龙头企业、专业大户、合作社等。这两种路径在马家窑村都有体现，前者包括马铃薯和中药材的良种培育产业，后者包括仔猪繁育场等，在有些产业当中，这二者是相辅相成的。例如中药材生产一方面是个体农户分散种植，另一方面又需要龙头企业提供技术培训和就业岗位等。集体经济除了解决了贫困户独立发展产业能力弱的问题外，也增加了村集体的经济收入，使其能够更好地行使职能。

（三）拓宽扶贫思路，寻求"互联网＋"时代新途径

工作队队长李世荣认为，马家窑村现在最重要的就是结合村情大胆尝试、突破瓶颈，其创新性地采用了"乡村电商服务站点＋驻村工作队＋贫困户"带动模式，发挥乡镇电商服务站点作用，与贫困户签订农产品收购服务协议和帮扶协议，设立驻村工作队党员示范岗，培育壮大中药材、土蜂蜜、万寿菊等特色农产品规模，通过线上销售农产品所得利润，为参与供应农产品的贫困户分红，带动贫困户增收。

作为"互联网＋"时代的新脱贫模式，网店不仅解决了一定的就业问题，而且为农户与市场对接创造了全新的更加稳定的渠道，这使得贫困户的脱贫可以脱离对政策的依赖而进一步转向市场。

【专家点评】

　　渭源县清源镇马家窑村用足用好国家扶贫政策，立足本村资源优势，发展农特产业和电商产业，将"输血式"扶贫与"造血式"扶贫相结合，措施扎实，成果显著，堪称借助外力，增强自我造血功能，实现精准脱贫的经典之作。

　　立足村情实际，加强基础设施建设，强化公共服务，补足发展短板；因地制宜发展马铃薯、中药材等种植业，培育养羊、养猪等养殖大户，支持农业合作社，壮大集体经济；培育农村电商，拓展农特产品市场；扶贫注重扶智，有效提升贫困户脱贫致富能力。2019年，马家窑村顺利摘掉了贫困村的帽子，实现了稳定长效脱贫，也实现了向美丽乡村的华丽变身。马家窑村的脱贫实践充分说明，发展农特产业是基础，调动贫困户脱贫的内生性动力是关键，提升自身造血能力是治本之策。马家窑村作为村一级所形成的脱贫攻坚典型经验，可借鉴、可复制、可推广。

　　（**点评专家：**任军，经济学博士，二级教授，博士生导师。现任内蒙古民族大学副校长，兼任中国教育发展战略学会促进西部教育发展专业委员会副理事长、内蒙古少数民族经济研究会副会长、内蒙古教育学会副会长。荣获内蒙古自治区"草原英才""有突出贡献专家"等称号。）

蝶变元古堆　旧村展新颜

摘　要：元古堆村的蜕变可概括为"五种机制"，即"党建引领、新型经营主体带动、'三变'改革、乡村旅游和村集体经济收益分配机制"，通过创新党建引领机制，充分发挥村党支部桥头堡作用；尊重群众主体地位，激发群众脱贫内生动力；多方力量协同参与，打好脱贫攻坚"组合拳"；因地制宜，以产业发展助推脱贫攻坚。八年间，元古堆村实现了从"苦瘠甲于天下"的贫困村到"甘肃省文明村"的华丽转变：群众收入大幅提升，群众生活明显改善，村容村貌焕然一新，富民产业蓬勃发展，公共服务全面加强。

关键词：五种机制　元古堆村　脱贫内生动力

一　引言

元古堆村位于田家河乡南部林缘地带，海拔 2440 米，年平均降水量 508 毫米，无霜期 130 天，属高寒阴湿气候。全村有 13 个村民小组 447 户 1917 人，耕地面积 5500 亩，人均 2.87 亩，林地 4800 亩，草地 3850 亩，主要农产品有羊肉、油菜、马铃薯、蚕豆、百合、当归等。这里虽然物产丰富，却也是著名的贫困山区。昔日的元古堆交通不便，信息闭塞，基础设施薄弱，社会事业滞后，致富产业单一，群众生活困难，思想观念落后。2012 年底，全村农民人均纯收入仅有 1465.8 元，不到全县平均水平的一半，贫困户 221 户 1098 人，贫困发生率高达 57.3%，贫困面大、贫困程度深是当时元古堆村的真实写照。

2013 年 2 月 3 日，习近平总书记专程到元古堆村看望慰问困难群众，作出了"咱们一块儿努力，把日子越过越红火"的重要指示。2月6日，渭源县委召开十三届十次全委扩大会议，专题传达学习习近平总书记在甘肃特别是渭源县视察工作、看望慰问困难户时的指示精神。随后，市、县发改、人社、农业、林业、水务、畜牧、扶贫、住建、民政、交通、水保等部门派出专人深入元古堆村开展调研，县、乡两级抽调干部组成调查组逐户调查摸底探穷根。2月19日，由市联办牵头，在渭源县委、县政府和市直相关部门的大力配合下，市发改委负责编制的《渭源县田家河乡元古堆村扶贫攻坚规划（2013－2020）》提交市委常委会讨论通过，2月27日，渭源县人民政府印发了这份规划。同时，渭源县专题研究元古堆村新一轮扶贫攻坚工作，下派干部到村"两委"班子任职，增加联系单位和干部，将扶贫攻坚规划任务落实到各相关单位，全村困难群众实现干部联系帮扶全覆盖。按照规划，各相关部门及时展开了各自所承担任务方面专项发展规划的编制工作。一份来自渭源县委、县政府的"关于参与渭源县田家河乡元古堆村扶贫攻坚行动的倡议书"，在各大网站公布，号召全社会同舟共济，共同推进元古堆村扶贫开发进程。

二　主要做法

在各级党政组织和社会各界的大力支持帮助下，元古堆村干部群众牢记总书记嘱托，强化村民自治、激发内生动力、大力发展富民产业，在脱贫攻坚过程中形成了党建引领、新型经营主体带动、"三变"改革、乡村旅游、村集体经济收益分配等五种脱贫攻坚机制。

（一）党建引领机制

充分发挥基层党组织的思想引领作用，加强党员干部对扶贫工作的思想认识和对扶贫政策的宣传学习。一方面通过扶贫主题教育、脱贫攻坚参观学习等多种方式提高党员干部对扶贫工作的认识，激发他们主动担当、迎难而上的拼搏劲头；另一方面组织党员干部学习扶贫开发贷款、用地等相关扶贫政策，学习这些政策的适用条件和执行方式并在实际工作中加以运用，为党员干部深入贫困户、开展精准扶贫工作打下良好的基础。

以党支部标准化建设为核心，创新基层组织管理模式，深入推进"四抓两整治"举措，深化拓展"三链"建设。强化党组织的责任担当意识，由党员带头发展壮大村集体经济，引导和帮助群众致富。近年来，村里探索实施了"以致富能人入党和党员致富能力培养"为主要内容的"双富先锋行动"，鼓励村干部、农民党员引领创业致富，带领群众共同发展，先后发展致富能人入党 13 人，推选 5 名致富能力强的党员进入村"两委"；组织村干部、致富能人和贫困党员外出学习取经，邀请种植、养殖等专家教授到村授课、现场教学，以种植、养殖和乡村旅游等七大富民产业为依托，成立产业党支部，在从业人数较多的产业链上建立 2 个党小组，在党员从业人数较少的 5 个产业链上实行党建"网格化"管理，探索创新"企业主办 + 群众入股"等五种产业发展模式，先后为 380 户建档立卡贫困户和入会群众分红 132 万元。村民拓宽了眼界，转变了落后思想，增强了脱贫致富的信心和能力，通过艰苦奋斗、自力更生，元古堆村逐步形成了"支部建在产业链、能人创业做示范、群众积极跟着干"的生动局面。

（二）新型经营主体带动机制

元古堆村的耕地多属于"二阴地"，即阴湿、阴冷，适合种植百合、中药材等。元古堆村因地制宜，通过大力发展马铃薯、百合、菌类、中药材种植及肉羊养殖等传统产业，有效提高了村民们的收入。全村共 447 户人家，如今 390 多户都在种植百合，种植面积稳定在 1500 亩以上。元古堆村种植的百合含水量较高，在零下 3 摄氏度的环境下就可储藏半年左右。2014 年，在当地扶贫政策推动下，甘肃圣源公司落地元古堆村，在当地建成规范化中药材加工车间，通过免费培训等方式引导村民形成科学化种植理念。2016 年，元古堆村建成 300 千瓦村级光伏电站。2020 年 3 月，元古堆村利用光伏板下的土地，建设农光互补食用菌产业园区，首次种植羊肚菌就收获 3300 多斤，销售收入达 30 多万元。

元古堆村大力培育农村新型产业，由 2 名村干部领办 3 个合作社，按照"五统一分"（统一规划地块、统一开展培训、统一技术管理、统一提供良种和农资、统一产销对接，分户生产经营受益）带贫机制发展产业，带动贫困户 162 户，实现贫困户入社的全覆盖。通过引进甘肃圣源公司、陇玥公司等龙头企业，因地制宜，大力发展种植、养殖、劳务等传统产业，不断拓展加工业、乡村旅游、电子商务、光伏发电等新兴产业，加强村民职业技能培训，吸纳200多人在家门口就近务工，使全村富民产业呈多元化发展态势。

图1 建档立卡贫困户正在采摘羊肚菌

（三）"三变"改革机制

近年来，元古堆村党支部以农村"三变"（资金变股金、资源变资产、农民变股东）改革为抓手，整合闲散资源变资产，整合财政资金变股金，实施村企联建、支部共建，积极牵线搭桥组织招商引资，引进甘肃圣源公司等一批企业到元古堆村发展特色种养殖等富民产业，持续带动群众增加收入。其中由甘肃圣源公司带动70户农户养殖良种羊168只，每年分红2.688万元，397户农户现金入股79.4万元，每年分红11.36万元；由永丰现代农业有限公司带动18户贫困户，每户每年分红3000元；62户农户圈舍入股陇玥公司，每户分红600元，每年分红3.72万元；村民以200只羊入股神龙公司，每年分红4万元；精准扶贫专项贷款企业带动46户，分红55.2万元。八年来，全村"三变"改革累计带动农户447户，分红资金达到211.7万元。

图 2　每年一次的分红大会

（四）乡村旅游机制

元古堆村借助当地自然环境优势，大力发展旅游业，扶贫创业旅游小镇初具规模。一座座风格独特的建筑依山傍水而建，在如黛的远山映衬下，一座座红顶灰墙房子簇新醒目，掩映在绿树小河畔，别有韵味。三三两两的村民坐在新修的文化广场边的凳子上聊天，孩子们在一边嬉戏，颇有些江南乡村小镇的味道，2016 年元古堆村被评为"甘肃省文明村"，因村中鹿场有 500 余只梅花鹿自由穿梭其中，又被称为甘肃"小奈良"，是远离城市喧嚣，放松身心的好去处。

在当地政府的扶持下，元古堆村加快旅游资源开发和景区景点建设，以"走红色扶贫路、游山水田园景、吃生态养生餐、住别致农家院、享民俗欢乐情、购特色农产品"为发展定位，将特色养殖与旅游观光相结合，投资 3.1 亿元打造元古堆村生态文化旅游项目，建有狩猎场、梅花鹿养殖观赏园、度假温泉、村史馆、乡村旅游中国书画家写生基地四合院、垂钓中心、红歌大本营等旅游服务设施，并设有休闲农家乐 2 家、民宿 7 家，形成了独具特色的旅游度假休闲观光景区，有力促进了全村文化旅游产业的快速发展。每年接待旅游团体 4000 批次 20 多万人次，综合收入达到 600 多万元。

图3 梅花鹿养殖

（五）村集体经济收益分配机制

元古堆村坚持按劳分配原则，严格执行"四议两公开"工作程序，制定村集体经济收益分配管理办法，实行村级网格化管理，设立一、二级网格管理员41名，为了引导村民向贫困宣战、向小康进军，村里广泛开展励志教育，启发村民自我发展意识。开设以表现换积分、以积分换物品的道德积美超市，开展文明新风五星级文明户评选，引导群众"自己的家园自己建，自己的事情自己办"；给劳务收入高、经济作物扩种多的贫困户发奖金，为帮带作用大的致富能人戴红花。这些工作，使村里奋斗光荣、互帮互助的氛围越来越浓厚，一些出了名的懒散户也坐不住了，追着村干部找活干。村里设置保洁岗、水电管理岗、独居老人照料岗、公共设施维护岗、公共设施管理岗等5类村级公益性岗位36个，公益性岗位人员通过劳动获得报酬，人均年增收3600元以上。

三 实施成效

全村干部群众转变思想观念，认真贯彻落实习近平总书记"咱们一块

图 4　公益性岗位人员开展活动

儿努力，把日子越过越红火"的重要指示，使元古堆村实现了从"苦瘠甲于天下"的贫困村到"甘肃省文明村"的华丽转变。全村农民人均可支配收入由 2012 年的 1465.8 元增长到 2020 年的 11598 元，增长 7 倍，贫困人口人均可支配收入由 2012 年的 920 元增长到 2020 年的 10698 元，增长 10 倍，2018 年底顺利实现整村脱贫，2019 年底所有贫困人口全部出列，实现了扶贫路上"不漏一户，不落一人"的目标。如今的元古堆村，水泥路畅通于村里村外，新盖的二层小楼与粉刷一新的旧民居干净整洁，一扫过去破落脏乱的景象，村容村貌焕然一新，村民的幸福感显著提升。

（一）群众收入大幅提升

人穷志气短。长期的贫困落后，带给元古堆人的不仅是物质生活的匮乏，还有思想观念的封闭。就在六七年前，这里的群众还对苦日子"很习惯"，觉得"祖祖辈辈都这样，小山沟里翻不出什么浪"。广播里天天讲脱贫致富奔小康，但村民们有人觉得"吃着油饼、喝着茶就是小康"，有的人"靠着墙根晒太阳，等着政府送小康"。如今的元古堆人，精气神大不一样。每个人都活络起来了，都主动干活、积极找门路。在村口的小广场上，竖着当年习近平总书记与老党员马岗亲切交谈的照片，上面是"咱们一块儿努力，把日子越过越红火"的标语。村民们表示：这儿是全村人的精神"加油站"，总书记的关怀，就是我们脱贫最大的动力。党和政府努力帮咱们，咱们自己更得努力干。到2019年底，全村所有群众实现脱贫，农民人均可支配收入达到10789元。经过历年动态调整及人口自然增减，全村累计减少贫困人口162户626人，人均可支配收入比2012年增长6.36倍，群众收入大幅提升。

（二）群众生活明显改善

多年来，村民吃水主要靠几眼泉、几口井，大部分人家挑一担水要走半个多小时，遇到雨雪天，路特别难走，年年都有人为吃水滑倒摔伤。如今，通过实施饮水安全工程，村里96%的人家用上了清澈的洮河水，少量就近饮用山泉水的农户也达到安全饮水标准。腿有残疾的村民王建生深有感触地说："以前吃水靠别人捎，煮饭都省着用，现在自来水接到家，用水不再揪心犯愁，也不再欠人情了。"以前，村民住的大多是土坯房，受汶川地震、岷县地震影响，房屋普遍不牢固。2013年全村调查时，四分之三的农户住的是危房。这几年，村里结合居住点布局调整，对危旧房该改造的就地改造，该搬迁的集中重建，完成危房改造338户，易地扶贫搬迁集中安置130户，全村群众全部住进了安全住房，彻底圆了群众住"安全房"的梦。总书记当年看望过的老党员马岗家，加固了3间老房，建起3间新房，还添置不少家具、电器，生活焕然一新。

八年来，群众的腰包更鼓了、日子更甜了，全村存款余额达到540万元，户均1.2万元，其中存款5万元以上的有38户。家庭耐用消费品快速增长，新购置各类车辆198辆、电视机509台、洗衣机463台、冰箱396台。宽带、Wi-Fi等设施已基本实现全覆盖，群众获取外界信息、加强与外界交流的渠道更加畅通，幸福指数进一步提高。

（三）村容村貌焕然一新

2013年以前，村里道路都是沙土路，晴天尘土飞扬，雨天"人和泥争鞋"，外面的人进不来，村里的农产品出不去。如今，通村道路全部油化，村内巷道全部硬化，连田间路都平整了很多，村口的公路能直达县城，村民再也不用担心种点啥烂在地里了。前些年，村民生活习惯差，生活垃圾哪里顺手往哪里扔，牲畜粪便随处可见，一下雨就污水横流。这几年，村里结合退耕还林、小流域水土保持工程，彻底整治人居环境，还添置了垃圾桶，设置了保洁岗。如今，村里干净了，村口的小河清澈见底，村民房前屋后没了垃圾堆，多了鲜花、蔬菜和果树，村民们都说日子美了。

八年来，元古堆村集中整合财政、扶贫等各类资金 11445.08 万元，实施基础设施建设、生态保护等 35 个项目，完成通村、社道路及巷道油（硬）化 38.3 公里，实现村内道路、入户路硬化全覆盖；新建、改造供电线路 7.6 公里、0.4 千伏线路 3.5 公里，安装变压器 5 台，实现动力电改造全覆盖；接通自来水 427 户，20 户就近饮用泉水，安全饮水全面达标；完成危房改造 338 户，易地扶贫搬迁集中安置 130 户，全村群众全部住进了安全住房。

图 5　元古堆村新貌

（四）富民产业蓬勃发展

元古堆村历来有种植中药材的传统，早几年还试种成功了食用百合，但由于投入大、市场不稳、交通不便，规模一直上不去。2014 年，在县里的指导下，村"两委"和村民共同商议，将百合、马铃薯和中药材确定为扩大种植的重点品种。在小额信贷、农业保险等政策支持下，村民们现在普遍种得起也敢种了，几年下来，种植面积由 2012 年的 1000 亩扩大到了现在的 4500 亩，占到全村耕地的近七成。为了做优做精，村里还组织农户成立了合作社，统一技术指导、农资供应、产销对接，提升产品附加值和产业组织化程度。当归种植户赵永红，学会使用膜侧种植技术后，单产增加二至四成，学会切片技术后，亩均收益又增长近三成。据统计，2018年，种植三大经济作物为村民人均增加收入 5300 多元，相当于 2012 年村民人均农业收入的 8 倍。村民们说，同样是种地，过去种的是温饱，现在种的是小康。

元古堆村人均耕地 2.9 亩，林地、草地多年封山禁牧，劳动力一直有较多富余。但受思想观念、种植结构落后等因素影响，全村 1100 多个劳动力几乎都围着耕地打转转。村"两委"认识到，让富余劳动力有活干，既是拓展增收的渠道，也能为农业适度规模经营创造条件。近年来，村里抓住农闲时节大搞培训，利用村内基础设施建设现场培养，使大部分劳动力掌握了一到两门实用技能。有了技能，有了致富动力，外出务工就有了信心、宽了门路。2018 年，全村外出务工 410 多人，带动人均增收 2824 元，是 2012 年的 3.1 倍。

（五）公共服务全面加强

政府投资 622.6 万元完成 8 项公共服务阵地建设，教育、文化、卫生、养老等社会事业发展明显加快。元古堆小学完成整体搬迁，改建教学点 1个，新建教学及办公用房 1210 平方米，建成电教室 40 平方米，全村入学率 100%；建成占地 60 平方米村卫生室 1 个，具备诊断、治疗和药房等功能室，有执业医师 1 名，贫困人口家庭"一人一策"签约率达到 100%。农村合作医疗、农村最低生活保障、农民社会养老保险等惠民政策全面落实，社会保障体系不断完善。

四　经验启示

深情勉励，如春风化雨；苦干实干，换日月新天。破烂不堪的"土坯房"变成了干净整齐的"安居房"，靠天吃饭、自给自足变成了科学种养、入股分红，昔日无人问津的小山村变成了远近闻名的"旅游村""文明村"，元古堆村脱贫致富的典型案例为中国及世界减贫贡献了智慧与经验。

图6　元古堆村鸟瞰图

（一）创新党建引领机制，充分发挥村党支部桥头堡作用

树立"围绕扶贫抓党建，抓好党建促扶贫，检验党建看脱贫"的理念，充分发扬"不忘嘱托、感恩奋进、党群一心、共同圆梦"的元古堆精神，认真落实"四抓两整治"举措，扎实推进基层党建"整乡推进、整县提升"行动和党支部建设标准化工作，以真抓实干的作风，抓班子、强队伍，充分发挥基层党组织的战斗堡垒作用和党员的先锋模范作用，有力有序推动抓党建促脱贫攻坚各项任务落实见效，为打赢脱贫攻坚战提供坚强有力的保证。

（二）尊重群众主体地位，激发群众脱贫内生动力

要充分发挥群众主体作用，坚持政府扶贫与自主脱贫相结合，扶思想、扶观念、扶信心，扶知识、扶技术、扶思路，不仅"富口袋"，更要"富脑袋"，变"输血"为"造血"，充分调动激发了广大群众主动脱贫的内生动力。

（三）多方力量协同参与，打好脱贫攻坚"组合拳"

充分发挥政府和社会两方面作用，构建专项扶贫、行业扶贫、社会扶贫互为补充的扶贫格局，采取订单农业、共建产业基地、土地入股分红等方式，通过企业、合作社带动农户发展特色产业，助农增收。坚持以脱贫

攻坚统揽经济社会发展全局，紧紧围绕收入达标，"两不愁、三保障"，聚焦深度贫困，抓实产业扶贫全覆盖、健康扶贫再提升、搬迁扶贫再精准、教育扶贫再对接、村庄整治再推进等工程，推动各项工作向脱贫攻坚聚焦、各种资源向脱贫攻坚聚集、各方力量向脱贫攻坚聚合，打好脱贫攻坚"组合拳"。

（四）因地制宜，打造多元产业助推脱贫攻坚

元古堆人过去穷，穷在只会土里刨粮，主要靠种小麦、马铃薯、蚕豆、油菜为生。脱贫攻坚以来，村里坚持做地的文章和做人的文章并重，优化种植结构，发展务工经济，探索发展加工业、劳务输转、光伏产业、羊肚菌、电子商务、乡村旅游等新型产业。既要发挥传统产业的优势，又要积极探索新型富农产业，是元古堆脱贫致富的重要经验。

【专家点评】

习近平总书记指出："打赢脱贫攻坚战，中华民族千百年来存在的绝对贫困问题，将在我们这一代人的手里历史性地得到解决。这是我们人生之大幸。""不获全胜，决不收兵！"渭源县田家河乡元古堆村在各级党政组织和社会各界的大力支持帮助下，牢记总书记嘱托，强化村民自治、激发内生动力、大力发展富民产业，走出了新时期农村脱贫攻坚的新道路。下一步，元古堆村要进一步巩固脱贫攻坚成果，持续提升村内人居环境，促进扶贫产业加快发展，切实加强基层党组织建设，做好脱贫攻坚与乡村振兴的有效衔接。

（**点评专家：**云电军，法学硕士，教授，现任沧州师范学院党委书记。全国新建本科院校联盟理事，教育扶贫专家。）

干乍模式有特色　带贫减贫显成效

摘　要：干乍村是坐落在会川镇一个山沟里的深度贫困村。多年来，经过各级领导干部、无数基层工作人员与村民的不懈努力，干乍村发生了翻天覆地的变化。干乍村从干部队伍、基础设施、富民产业链等方面进行建设；抓实走访、沟通、强基"三大行动"；抓好科学合理设置村级公益性岗位、持续创建好道德积美超市、整治农村人居环境、完善村级基础设施和公共服务建设"四项重点工作"。如今干乍村生活条件明显获得改善，村容村貌得到了极大改观，群众的幸福感、获得感不断提升。

关键词：干乍村　思想建设　干部队伍建设　基础设施建设

一　引言

干乍村是渭源县深度贫困村之一，地处西秦岭末端的林原地带，距渭源县城 31 公里，距会川镇政府 5 公里，流域面积 8.6 平方公里，属国家生态限制开发区，生态脆弱，自然条件差，山大沟深。地形地貌以土石山为主，抵御自然灾害能力不强，同时又是渭源县规划的重点退耕还林区，人地矛盾突出，限制了传统产业的有效开发。全村有 10 个村民小组 475 户1959 人，有耕地 8195 亩，人均 3.98 亩，人多地少，且耕地多为山坡地；种植的主要粮食作物有小麦、油菜、蚕豆等，经济作物以当归、黄芪、马铃薯为主；主导产业结构单一，发展规模小，农业产业化程度低，尚未形成特色品牌，缺乏市场竞争力，地域输送辐射范围狭小，经营管理水平低，农产品生产、加工、流通环节衔接不够，未能形成集生产、加工、保鲜、贮运、销售一体的产业链条，产业效益不高。2013 年以前，村级集体经济十分薄弱，只有不足千元，当时没有一家农民专业合作社，建档立卡时全村农民人均可支配收入不足 2300 元；农村劳动力受教育水平低，劳动力综合素质不高，初中以下文化程度的劳动力占全村劳动力总数的 51.2%；群众思想观念落后，自我发展能力不强，致富门路少，普遍存在"等、靠、要"思想，贫困户缺乏摆脱贫困的信心和决心，安于现状，不思进取，一心想着政府扶持和国家救助；村内基础设施条件十分差，通村、通社道路均未硬化，巷道泥泞，村民出行困难，农产品外销十分不便。村里没有自来水，村民大多吃泉水和井水；有 100 多户农户住的是危房，村内没有动力电，没有网络，没有卫生室，也没有幼儿园，基础设施和公共服务设施严重滞后，村民生产生活条件差，各种困难和问题严重困扰和威胁着这里近 2000 人口的生存。

2013 年，习近平总书记首次提出"精准扶贫"战略思想，同时先后提出要坚持专项扶贫、行业扶贫、社会扶贫等多方力量、多种措施有机结合和互为支撑的"三位一体"大扶贫格局和"六个精准""五个一批"具体要求。渭源县会川镇干乍村也正是在习近平总书记和党中央精准扶贫精准脱贫政策的沐浴和感召下，在各级党委政府的正确领导下，在社会各界的关怀下，在各级帮扶干部的大力帮助下，通过扶"智"和扶"志"相结合，坚持精准帮扶、精准施策，充分发挥党支部的战斗堡垒作用，强化驻村帮扶工作，改善基础设施和公共服务设施，精心培育富民产业，切实促进农民增收，不断壮大村级集体经济，改善农村人居环境，努力走出了一条贫困地区脱贫致富奔小康的新路子。

二　主要做法

（一）以政治建设为纲领，夯实筑牢思想根基

干乍村党支部始终把学习教育贯穿于支部建设标准化工作始终，不断强化支部政治建设，时刻教育引导党员干部把"四个意识""四个自信""两个维护"体现在坚决贯彻党中央决策部署行动上，体现在脱贫攻坚工作履职成效上，自觉做到了思想上高度认同、政治上坚决维护、组织上自觉服从、行动上坚定跟随。近年来，干乍村认真落实"三会一课"制度，

扎实开展主题党日活动，通过支委会、党员大会、党小组会集中认真学习了习近平新时代中国特色社会主义思想和《习近平总书记有关扶贫工作重要论述》《习近平关于"不忘初心、牢记使命"论述摘编》，对《党章》《中国共产党支部工作条例（试行）》《中国共产党纪律处分条例》等党内法规进行反复研读。通过一系列学习和活动的开展，支部"三引"作用发挥明显，支部党员干部党性增强，工作能力提高，工作作风改进，为决战决胜脱贫攻坚战打下了坚实的思想政治基础。

（二）以功能强化为抓手，持续建强班子队伍

村党支部以"四抓两整治"为主要举措，切实增强支部政治功能，提升支部组织能力。按照甘肃省农村党支部建设标准化手册要求，选优配强村党支部书记；按照政治素质高、工作能力强、有责任感、有号召力的要求，选配1名村上优秀党员干部担任村党支部书记。充分发挥"驻村帮扶第一书记"在脱贫攻坚工作中的带头示范作用，探索建立"村党支部书记＋驻村帮扶第一书记"协调推动机制；紧紧围绕"建好支部、抓好项目、发展产业、促进增收"的脱贫攻坚目标，聚焦"党建＋产业扶贫"，利用"三会一课"和专题会议，研究推进全村脱贫攻坚工作，扎实推动脱贫攻坚任务的落实和各项政策举措的精准落地。按照"突出政治标准、突出脱贫攻坚、突出基层一线、突出实干实绩"的用人导向，着力培养村"两委"后备干部，不断加大后备干部储备力度。村党支部在党员干部理论学习、责任意识、党员监督三方面持续发力，着力转变村班子和村干部服务方式，有效激发了党员干部的工作热情，大力提升党员服务意识，真正使党员干部成为引领产业和群众发展的领路人、指南针。

（三）以补齐短板为目标，全面展开基础设施建设

近年来，干乍村把水、电、路、房作为补短板、强弱项的重要抓手，严格按照"四议两公开"工作程序，紧扣决策内容，在国务院扶贫办和省、市、县有关部门的大力支持和驻村工作队的多方衔接下，村上建成了5公里通村油路，8.4公里通社水泥路，完成3公里主巷道硬化；修建了村级党群服务中心，新建了小学、幼儿园和村标准化卫生室，建成了村民文化活动广场；完成危房改造154户、易地扶贫搬迁15户；自然村全部通了

动力电，4G 网络实现了全覆盖，安全饮水率达到了 100%。干乍村以提升村容村貌为目标，在驻村帮扶工作队的积极争取下，于 2018 年实施了省级千村美丽示范村项目，对通村通社道路两旁和村民庄前屋后进行了绿化，安装了 80 余盏太阳能路灯，修建了三座便民桥，硬化主巷道 1.5 公里，改造提升小公园一处，修建学校及村部周边护坡，对处于重要节点位置的 120 多户民房进行了风貌改造。村民幸福指数和获得感不断提升，一个"产业兴旺、生态宜居、乡风文明、治理有效、生活富裕"的新农村已初步显现。

（四）以产业发展为引擎，带动群众增收脱贫

干乍村把产业发展作为重中之重。村党支部充分发挥核心作用，有效盘活山林、土地等可利用的资源。引进龙头企业，采取以集体、农户土地、山林等资源或者体力等入股方式，大力发展村集体经济，村级集体经济收入累计已达 80 余万元。干乍村已经形成了以中药材、马铃薯和养殖业以及村级光伏扶贫电站为主导产业的产业链，探索出了"合作社＋基地＋贫困户""种植＋务工""种植＋养殖"等多种形式的产业发展模式，对全村 188 户建档立卡贫困户实行全覆盖带动，持续稳定带动贫困户增收。同时，积极组织贫困人员参加种植、养殖、实用技术等各类培训，累计培训各种劳动力 1300 多人次，并积极鼓励有技术人员外出务工。2020 年全村已有 500 多人通过赴外务工或者就地就近务工的形式实现稳定就业，预计户均年可增收 2 万元以上。干乍村在不断加大生活物资扶贫、产业扶贫的同时，也十分注重扶贫同扶志、扶智相结合的工作思路，为贫困群众建立"造血细胞"，让群众树立了勤劳致富、脱贫光荣的价值取向。

三　亮点特色

干乍村建设了 500 千瓦村级光伏扶贫电站，采用"农广互补"模式，为干乍村每年增加村级集体经济收入 40 万元左右，使村集体经济收入从 2017 年的不足 1 万元增加到目前的 80 余万元。为使村级集体经济收益充分发挥效益，精准帮助贫困人口脱贫，同时使全村群众都能够享受到村集体经济带来的红利，提升村民幸福指数，干乍村率先开展了贫困村集体经济收益分配使用试点工作，形成了通过集体经济增强基层党组织战斗力，

通过村级民主发挥群众主体作用，通过村民自治激发贫困群众内生动力，通过资产收益形成带贫减贫长效机制的村级集体经济收益分配"干乍模式"。

（一）抓实"三大行动"，助力脱贫攻坚

一是开展了"访民意、释民惑、解民困、暖民心"大走访活动。由驻村帮扶工作队牵头，配合村"两委"和35名各级结对帮扶干部，对全村188户建档立卡贫困户和287户一般农户每月进行一次遍访。内容主要有宣传政策、教育引导、回应诉求、解疑释惑、帮办实事、征求意见建议等。严格按照"四议两公开"的程序，将群众反映最强烈的10个社5公里左右的主巷道进行了砂化，极大地方便了村民出行和农产品外销。从村级集体经济中筹措1.5万元，对一座被雨水冲毁的便民桥进行了重修，解决了50多户230人出行难的问题。同时，建立了大走访活动基本情况及意见建议台账，讨论制定了解决方案和项目库，积极争取上级党委政府和社会帮扶力量的支持和帮助，逐条对账销号，这些做法得到了群众的理解、支持和认可。二是开展了"沟通面对面、服务零距离、干群心连心"和煦春风行动。由村"两委"负责，以社为单位，全村共建立10个一级网格，由社长担任一级网格管理员，每个一级网格下面以10户为单位设立了二级网格，全村共建立了42个二级网格，民主推选出了42名二级网格管理员。每个网格都建立了一个微信群，由网格管理员负责安排工作，通报情况。村"两委"每月制定活动计划，以文件形式通知到社，一级网格管理员根据村"两委"活动安排，组织二级网格管理员和本社群众充分讨论，民主决策，形成方案报村"两委"商议解决。同时，网格管理员坚持就近加强与本社群众的沟通，及时了解情况，做好政策法规宣传、社情民意调查、基层稳定维护、信息收集反馈、矛盾纠纷排查、环境卫生治理、乡风文明建设等工作。三是开展了"固本筑堡垒、聚力促脱贫"强基行动。严格落实"四评议两公开一监督"制度，村党支部根据通过大走访和"和煦春风"行动收集到的民情民意，每月讨论制定活动计划，交由村"两委"商议确定活动方案。党员大会审议通过后，交由村民代表会议或村民会议决议，决议结果向全村公开并征求群众意见，无异议后按照方案组织实施，并将实施情况在各社公开公示栏进行公布。同时，由村监督委员会负责对决策过程、实施结果以及意见建议完成情况进行监督。

（二）抓好"四项重点工作"，提升群众自我发展能力

一是科学合理设置村级公益性岗位。在"和煦春风"行动中，网格管理员根据村"两委"的统一安排，组织群众讨论本社所需要设置的公益性岗位。全村10个社共推选出了乡村保洁员、公共设施维护员、交通安全劝导员、水电管护员和生态护林员等43名公益性岗位人员，并设岗定责，划片包干，责任到人。村党支部根据各社提交的公益岗位设置情况，讨论制定了《公益性岗位人员及二级网格管理员考核管理办法》，并提交村"两委"商议，经党员大会审议后交由村民代表会议进行了决议，将该《办法》决议结果在各社公开公示栏公布，作为对二级网格管理员和公益性岗位人员考核管理的重要依据。实践证明效果是良好的，二级网格管理员能够充分发挥组织本网格群众的作用，及时收集民情民意，化解矛盾纠纷，组织开展公益事业。公益性岗位人员都能够严格按照村"两委"的安排，认真遵守相关制度，自觉按时到岗开展工作，保质保量完成各自工作任务。二是持续创建好道德积美超市。为进一步提升群众道德素质，推进精神扶贫，干牛村率先创建了道德积美超市，从"积孝、积善、积信、积勤、积俭、积美"等六个方面，鼓励群众用表现换积分、用积分换物品。村党支部讨论制定了《村道德积美超市积分管理办法》和《村五星级文明户评选办法》，交由村"两委"商议，党员大会审议后交由村民大会决议，将决议通过的两个《办法》在各社公开公示栏公布。在奖惩评比中坚持"有劳有得，多劳多得，不劳不得"的原则，每月进行一次积分，每季度评选一次星级文明户，年终评选一次道德模范，每季度召开一次"争先创星评优"表彰大会进行表彰奖励。目前已为180多名积分表现突出的群众在超市兑换了物品，对30户五星级文明户进行了表彰奖励。三是大力整治农村人居环境。由网格管理员组织群众讨论本社村民门前屋后环境卫生保洁区域和奖惩办法，村党支部在此基础上制定了全村环境整治方案及奖惩办法，经村"两委"商议、党员大会审议和村民大会决议并公开征求群众意见后实施，奖惩办法纳入道德积美超市统一管理。通过充分发挥公益性岗位人员作用，动员全村广大群众积极参与全域无垃圾行动，全村人居环境得到了明显改善，村容村貌得到了极大改观。四是完善村级基础设施和公共服务建设。由网格管理员组织群众讨论本社基础设施和公共服务存在的困难和问题，

形成了解决问题项目清单。村党支部对清单进行汇总，形成了全村基础设施和公共服务项目库。经村"两委"商议、党员大会审议和村民大会决议并公开征求群众意见后，由村"两委"根据村级集体经济实力情况解决，确实存在困难的上报上级党委政府解决，或由驻村帮扶工作队和乡镇包村领导负责对接帮扶资源。

图1　干乍村新修建的文化广场

四　脱贫成效

通过近年来的努力，干乍村发生了翻天覆地的变化。现在的干乍村，有了平坦的通村通社道路、设施完备的村民文化活动广场、新修的学校、新建的标准化卫生室、风貌改造后整洁的民房、干净舒适的人居环境，群众的幸福感、获得感得到了大幅提升。一个"产业兴旺、生态宜居、乡风文明、治理有效、生活富裕"的美丽新农村正在逐步建成。同时，党建引领基层治理新体系基本建立，基层党组织创造力、凝聚力、战斗力进一步增强。"四评议两公开一监督"全面贯彻落实，基层民主深入人心，农村党建扎实推进，乡风文明日新月异，干群关系和谐融洽。群众道德素质进一步提升，内生动力进一步增强，有劳才有得、多劳多得的正向激励机制俨然已经形成，增强了贫困群众自我发展能力，坚定了群众脱贫致富奔小康的信心和决心。农村人居环境进一步改善，村容村貌得到了极大的改观，群众的幸福感、获得感得到了进一步提升。

五　展望未来

雄关漫道真如铁，而今迈步从头越。几年来的工作成效来之不易，干乍村将在持续巩固好脱贫攻坚成果的基础上，以乡村振兴为契机，以百尺竿头更进一步的精神，更好地为群众多办事、办实事、办好事，以坚如磐石的信念，高严细实的作风，在以下几方面继续努力。

（一）加强党员队伍建设，发挥先锋模范作用

切实强化党组织示范引领作用，充分发挥党组织书记的领头雁作用，压实抓党建促乡村振兴工作责任。根据党支部标准化建设工作要求，对标、对表，不断加强党员队伍建设，实施好乡村振兴战略，尤其要把产业发展作为重中之重，精心谋划，拓宽群众稳定增收渠道。

（二）深化脱贫攻坚成效，有力衔接乡村振兴

脱贫攻坚与乡村振兴是我国为实现"两个一百年"奋斗目标而作出的重要战略部署。干乍村应在巩固深化当前脱贫攻坚成效的同时，再接再厉，始终坚持乡村振兴与脱贫攻坚"两手抓，两不误"，紧紧围绕"产业振兴、人才振兴、文化振兴、生态振兴、组织振兴"这一目标，拓宽思维，找准路子，干在实处。全面发挥驻村帮扶作用，利用村级光伏电站项目、农民专业合作社等，改革和盘活农村资源、资产、资金等生产要素，不断壮大村级集体经济，做大做强富民产业，持续增加群众收入。

（三）持续强化驻村帮扶，努力提升帮扶成效

干乍村应继续严格按照上级党委政府关于驻村帮扶工作的要求，切实把驻村帮扶工作作为推进脱贫攻坚和乡村振兴的重要抓手，着力在激发工作热情、提升工作能力、强化工作措施等方面狠下功夫。始终坚持围绕带强班子、推动发展、为民办事、促进增收等方面履职尽责，从而顺利推进

实施乡村振兴战略。

【专家点评】

    脱贫攻坚关系民生福祉、关乎人心向背，工作成效直接反映宗旨意识。对于干乍村这样一个地处深山、自然生态脆弱的深度贫困村而言，对接现代市场、发展现代产业，尤其需要发挥村集体的"合力"。正是由于干乍村党支部坚持政治引领、建强班子队伍，党员深入群众之中，作风务实、责任压实，才形成了统一思想、凝聚力量、全村共奋进的良好局面，才能切实解决好当地基础设施建设和产业开发的难题，取得脱贫攻坚的良好成效。尤其是很好地贯彻了"扶贫同扶志、扶智相结合"的工作思路，在思想上树立了勤劳致富、脱贫光荣的价值取向。可见，在脱贫攻坚中，基层党组织是关键，群众路线是法宝。正如习近平总书记所说："抓好党建促脱贫攻坚，是贫困地区脱贫致富的重要经验，群众对此深有感触。'帮钱帮物，不如帮助建个好支部。'"正是由于贯彻了党中央和上级党委政府将党建与经济建设相统一的指导思想，干乍村的基层组织建设才会不断加强，基层组织才会越来越具有创造力、凝聚力和战斗力。在接下来的工作中，要继续深入贯彻群众路线，紧紧围绕服务群众这个重点，充分发挥能人带动和示范作用，带动贫困户增收致富；充分发挥基层党员先锋模范作用，使基层组织更加坚强有力、党群干群关系更加密切、村镇经济进一步发展壮大，实现从脱贫攻坚到乡村振兴的有效衔接。

    （点评专家：戚万学，曲阜师范大学党委书记，二级教授、博士生导师，"万人计划—哲学社会科学领军人才"，中宣部"全国文化名家暨四个一批理论人才"，国家教学名师，新世纪"百千万人才工程"国家级人选，享受国务院政府特殊津贴专家，第十届国家督学，国务院学位委员会全国教育专业学位教育指导委员会委员，教育部高等学校教育学专业教学指导委员会副主任委员，全国基础教育教学指导委员会德育工作指导专委会主任委员，全国教育科学规划德育学科组副组长。）

第七部分

专家评析

渭源复合型扶贫模式成效显著

摘　要：渭源县的脱贫攻坚是目的性强、计划性高、执行性优的脱贫攻坚模范，充分凸显出紧抓基层党组织建设、找准扶贫切入点、发挥"隐性扶贫"内生动力的重要作用。打赢脱贫攻坚战为渭源下一阶段的乡村振兴工作打下了坚实的基础。

关键词：基层党组织建设　复合型扶贫　"隐性扶贫"

渭源县的脱贫攻坚是目的性强、计划性高、执行性优的脱贫攻坚模范。自脱贫攻坚以来，在党中央、国务院以及甘肃省市党委、政府的坚强领导下，在国务院扶贫办和福州市晋安区的关心帮助下，渭源县委、县政府紧盯脱贫目标，围绕落实"六个精准"和"五个一批"，打好政策组合拳，成功保障了所有贫困村全部退出、现行标准下的贫困人口全部脱贫。2020 年 2 月，甘肃省政府批准渭源县退出贫困县，实现整县脱贫摘帽。2020 年 10 月，渭源县荣获 2020 年全国脱贫攻坚奖组织创新奖，并被国务院扶贫办确定为对外宣传基地。

渭源县在脱贫攻坚战中能够取得如此成就，与领导班子责任的落实到位、扶贫政策的精准落实、扶贫体制机制的因地制宜以及社会力量的广泛参与密不可分。而在全方位、多领域的扶贫工作中，党中央以及渭源县委、县政府首先做到对渭源县的贫困成因进行精准识别，在层层有序地部署不同领域扶贫任务的过程中，渭源县的精准扶贫彰显出"复合型"扶贫的特色，即由一个切入点入手，将不同领域的扶贫任务有机融合，逐步构建起彼此衔接的精准扶贫网络，最终实现了精准扶贫"1 + 1 > 2"的理想效果。渭源县精准脱贫过程中所体现出的复合型扶贫特色，为我国乃至世界范围的扶贫脱困工作提供了有益经验。

一　紧抓基层党组织建设

渭源县的基层党组织建设对渭源精准脱贫工作起到了决定性的作用。县委县政府明确主体责任、各行业部门对责任明确分工、各村镇形成前线脱贫"指挥部"、各帮扶干部实现结对帮扶"全覆盖"——如此层层细化、责任到人的党建脱贫机制，联结渭源县各个行业、各个领域乃至各个村镇的扶贫任务，形成了不可撼动的"轴心"，有力地推进着渭源扶贫工作的持续运转。

第一，破除渭源基层党组织原有的守旧思想观念，从基层党建出发实现思想和行动的"破冰"。面对渭源县村级组织服务群众能力弱、群众自我发展内生动力不足的困境，党中央与国务院扶贫办积极协调引进，鼓励如碧桂园集团等产业集团带动渭源的基层党组织建设。通过对党员队伍的培训与锻造，有效助力渭源县群众摆脱曾经"等、靠、要"的守旧观念，转向积极配合精准扶贫工作、主动探索自身脱贫致富的道路上。

第二，基层党组织体察民情民意，有序部署扶贫工作的开展。在主动探索脱贫致富路径的过程中，渭源县委、县政府做到了一抓基础设施建设，改善群众生产生活条件；二抓富民产业建设，持续增加居民收入；三抓贫困村集体经济发展，为贫困人口自我发展"赋能"；四抓隐性扶贫项目建设，真正激发贫困群众内生动力。通过发挥基层党组织的中流砥柱作用，渭源县逐步实现了"党建引领促脱贫，干群同心齐攻坚"，让精准扶贫扎扎实实地扶进了群众的心坎里。

第三，基层党组织化"外在推动力"为"内在原动力"，增强贫困群众的主动脱贫意识。在基层党组织扶贫"外在推动力"的带领下，渭源群众切实经历了扶贫脱贫的全过程，既体会到了党助力脱贫攻坚的坚定信念，又享受到了经济发展带来的多种收获与成果。在精准扶贫工作中，各种外在力量的"帮扶"只是有效手段，所要达成的最终目的是贫困群众的"自发""自觉"脱贫。基层党组织有效地帮助渭源县贫困群众形成发展的"惯性"，推动其逐步从脱贫攻坚阶段的"依靠别人向前走"转变为下一阶段的"自给自足奔小康"，如此，精准脱贫工作才算真正见到了实效。

二　找准扶贫切入点，打好扶贫"组合拳"

打好扶贫"组合拳"，首先要做到找准扶贫的"切入点"。以渭源县的花卉产业扶贫和旅游产业扶贫为例，前者在花卉产业的发展过程中着力建构"五统一分一标三提高"的生产机制，将花卉产业的发展切实落实到个人，凝聚每个农户的力量，实现产业链的集体增收；后者以罗家磨村的自然风貌和风土人情为支撑，打造出展示渭源特色的"自然教育艺术基地"和旅游小镇，形成扎根于渭源土壤的特色旅游项目。这均可以被看作以"一点"带动一个产业发展的成功案例。

其次，在切实发挥"复合型"精准扶贫优势的过程中，产业与龙头企业的带动作用同样不可忽视。譬如碧桂园集团助力渭源县实施产业、就业扶贫，云南禾韵园艺科技有限公司对渭源县花卉扶贫产业园建设的助力、长江三峡集团对渭源县"百美村宿"旅游项目的资金支持以及甘肃东海高科节能服务有限公司对元古堆村光伏产业的技术支援，等等。精准扶贫网络的构建，既是实现"全面脱贫"的应然，又是复合型扶贫稳固发展的必然。如此建立起来的交叉扶贫网络，能为下一步渭源县全面实现乡村振兴打下坚实的基础。

三　注重发挥"隐性扶贫"的内生动力

这里所说的"隐性扶贫"，是相较于产业扶贫、企业拉动扶贫、电商扶贫等外显成效更为突出的扶贫模式而言的。根据马斯洛的需求层次理论，如果其他扶贫模式所侧重的是提升渭源县贫困群体的"安全需求"，即实现对其健康、工作和财产等方面的保障，那么"隐性扶贫"所侧重的就是提升贫困群体的贫困"底线"，为其基本的生理和生活需求保驾护航。

以渭源县的兜底保障扶贫工作为例，该项工作所切实关注的问题直接关系到贫困群体的生存难题。党中央和渭源县委、县政府力求及时、有效地对每一户的每一个贫困人口进行精准识别与建档立卡，对特困群体采取有的放矢、对症下药的帮扶措施。不论是基础医疗、防贫险，还是饮水工程、公路建设，都不仅能够直接为渭源特困地区的群众缓解生存的"燃眉之急"，更能为在此基础上解决发展的迫切需要提供有力支撑。如果说"显性扶贫"的成效体现在可喜可贺的增收与产业基地的建设等成果上，那么"隐性扶贫"的成果则表现为为"显性扶贫"的成效奠定了物质与精神基础。相较之下，渭源县的教育扶贫可以看作是最为持久也最具内生动力的"隐性扶贫"模式。"隐性扶贫"使得渭源县的贫困"底线"得以有效提升，能为下一步渭源县的乡村振兴提供源源不断的内在发展力量。

四 以脱贫攻坚促渭源乡村振兴

虽然在多方力量的共同支持下，渭源县已于2020年成功"摘下贫困帽"，但精准脱贫绝不是终点，实现乡村振兴才是下一步的奋斗目标。建立防止返贫机制、盯紧脱贫攻坚工作的全面收官，是现阶段渭源县委、县政府的工作重心之所在；如何将现阶段的精准扶贫、精准脱贫机制和党建作风保障机制进一步贯彻落实，并成功过渡至下一阶段的工作任务中，是渭源县乃至党和国家均需要重点关照的问题。

以脱贫攻坚促渭源乡村振兴，第一要讲求"延续"，第二要讲求"突破"。需要延续的是脱贫攻坚阶段的成功经验，需要突破的是扶贫阶段的"定势思维"和一些不再适用的体制机制。例如，如何在先行基础之上持续加大产业发展力度？如何将扶贫机制转变为乡村振兴长效机制？如何巩固精准脱贫阶段的新兴产业，并将其与渭源特色有机融合？等等。"十四五"新阶段即将到来，渭源县的发展也同样迎来了新的机遇、面临着新的挑战。相信在精准脱贫阶段所积累的"渭源经验"，能够为"渭源故事"的继续书写提供宝贵素材，帮助渭源县创造出更多"看得见的成就"。

（**点评专家**：司树杰，国务院原扶贫开发领导小组办公室党组成员、中国老区建设促进会副会长。）

"造血式"扶贫推动渭源乡村振兴

摘　要: 渭源县在脱贫攻坚过程中,通过"造血式"扶贫模式,实现了一个个贫困村的摘帽。渭源县的脱贫攻坚实践,突出表现为增强思想引领、促进产业发展、提升发展统筹力、夯实基层组织力、增强群众幸福感五大经验,可为中国乃至全球减贫事业贡献中国智慧,提供中国方案。

关键词: 造血式扶贫　乡村振兴　渭源经验

自新中国成立以来,农村贫困问题一直是我国政府普遍关注的社会问题之一。改革开放四十年来,一系列以政府主导、社会帮助等为特征的扶贫方式取得了显著成效。在这一阶段,我国主要采用的是"输血式"的扶贫路径,即扶贫主体直接向扶贫客体提供生产和生活所需要的粮食、衣物等物资或现金,以帮助贫困人口渡过难关。

"输血式"扶贫在早期建设阶段,起到了解决人民生活问题、巩固人民温饱成果、提高人民收入水平的作用,从而切实减少了贫困人口数量。但对于这一扶贫路径的量化研究却表明:尽管这一模式可实现贫困地区的短期经济效益,却难以产生持续发展动力,发展后劲不足,极易出现"返贫"的社会问题,因此单纯的粗放的"输血式"扶贫已经无法适应扶贫已经进入攻坚阶段的社会现实,亟须对新的扶贫模式进行探索。

渭源县通过"造血式"的扶贫模式,实现了一个个贫困村的摘帽。前文所选择的案例详细对"造血式"脱贫的措施进行分析,归纳了渭源县在扶贫过程中探索的先进经验,集中阐述了渭源县各贫困村干部群众在各级党政组织和社会各界的大力支持帮助下,如何团结一致、艰苦创业、强化村民自治、激发群众内生动力、大力发展富民产业,如期脱贫,实现向美丽乡村的华丽转变。归纳贫困村在脱贫过程中探索的先进经验，有助于为中国乃至全球减贫事业贡献中国智慧，提供中国方案。

一 增强思想引领是脱贫攻坚的根本遵循

党的十九大报告指出，增强党的思想引领力是当前重要的任务之一。正确的思想引领能够把全党和全国各族人民团结在一起，形成实现全面脱贫目标的强大凝聚力，而正确的思想引领和凝聚作用的发挥，离不开强化党的思想引领力。渭源县党委深刻认识到脱贫攻坚工作任重而道远，必然会遇到各种考验和面临各式困难，因此坚持把思想引领力作为脱贫摘帽的根本遵循，用思想引领把党和全县人民团结起来，形成强大的合力，以积极应对不断变化的形势。

渭源县把党建与扶贫工作相结合，发挥党组织在扶贫工作中的领导核心和思想引领作用。紧紧抓住党组织建设优化的优势，切实把组织优势和政治优势转变为扶贫优势以及发展优势，确保基层党建与扶贫工作深度结合，把组织力量汇聚到扶贫工作上，不断壮大贫困地区的经济发展实力，带领贫困群众脱贫致富。注重把党建优势转化为产业扶贫优势，大力发挥以农村党员带头创业为主、入党积极分子带头支援为辅、贫困群众积极参与为关键的创业计划，走出一条特色的"党组织引领兴产业、党组织带头致富"的脱贫致富新路子。

2019年以来，渭源县党支部建设以标准化为抓手，深入推进"四抓两整治"举措，累计投入资金9000万多元，改造提升村级阵地197个；调整优化村"两委"班子194个、整顿软弱涣散党组织104个，推动177个村在村"两委"换届前实现党组织书记和村委会主任"一肩挑"，通过"一选两聘"方式选聘大学生村干部79名，从未入编项目人员中配备行政村专职化党组织书记80名，培养党员致富带头人1200多名，选拔484名村级合作组织负责人进入村"两委"班子任职，充实村"两委"班子，有力增强了农村党组织的凝聚力、战斗力。全面推进定点扶贫和东西扶贫协作，构建形成了专项扶贫、行业扶贫、社会扶贫大格局。在公益设施共享共建共管中，全面推行以工代赈共建方式，构建群众主动参与、相互监督共同管理的长效机制，大大增强了贫困群众的主人翁意识，凝聚起了"社会帮扶、干部推动、群众主体"全力攻坚战胜贫困，勠力同心巩固脱贫成果的强大合力。

二 促进产业发展是脱贫攻坚的根本动力

渭源县通过采取产业（就业）奖补、设置公益性岗位、建设道德积美超市和开展文明户评选等措施，逐步培育贫困群众自我发展、自我管理的能力，最大限度地激发了贫困群众脱贫内生动力，彻底摆脱了"脱贫—返贫—再扶贫"恶性循环的旧路子，从根本上改变了以往给钱给物的传统做法，实现了扶贫方式从"授之以鱼"到"授之以渔"的实质性转变。产业发展作为经济基础，决定政策执行的上层建筑。把发展产业作为贫困县脱贫摘帽的核心支撑力，多渠道、多形式、多层面地增加贫困群众的经济收入，确保既能脱贫，又能致富。按照"一业为主、多元开发"，形成了种植、养殖、旅游、工业多元发展的格局，打造出贫困县特色的产业协同发展扶贫模式，着重挖掘区域特色，大力发展特色产业，尽快达到"一村一特色"。积极鼓励大众创业、万众创新，要求扶贫干部引导和组织贫困群众充分利用"双创"的契机，跟上时代潮流利用"互联网＋"的机遇。同时，加快催生一批致富带头人、经济能人，兴办一批特色产业，带动、指导贫困群众加入创业就业洪流中，激发他们的脱贫致富动力和增强自我发展能力。把一、二产业融合，形成产业链，以龙头企业推进农民组织化、农业产业化，并以政府带头培育和扶植，培育龙头企业，辐射带动其他微小型企业发展，带动贫困群众持续增收。以"企业领航＋基地＋合作社＋贫困户"产业发展模式，充分发挥龙头企业带动脱贫致富的作用，与贫困群众合作，创立基地和农民合作社，促进了产业规模化、规范化、管理化、科技化发展。

三 提升发展统筹力是脱贫攻坚的强大牵引

为了克服脱贫攻坚工作中各领域、各部门、各方面存在的分散封闭、交叉重复等分散化治理现象，渭源县跳出了条条框框的限制、克服了部门"间隔"，实现了政府、企业、社会组织、贫困群众等多元主体之间的有效协同，改变了政府单一治理贫困的局面，推进了包括制度创新、扶贫方式创新、扶贫理念创新在内的协同创新，最后形成了以党委领导为核心、政府综合统筹扶贫大局、企业及社会组织全力协助、贫困群众积极参与的脱贫攻坚协同格局。开辟了党委、政府、企业、社会组织、贫困群众之间沟通协商的渠道，通过沟通协商，实现治理权威多元化，避免了多头领导的问题，最大限度地减少了治理主体之间的摩擦和意见分歧，达成了思想共识，形成了治理合力。

四　夯实基层组织力是脱贫攻坚的战斗堡垒

提升基层组织力使其充分发挥作用，对推进脱贫攻坚工程具有重大意义。首先，只有提升基层的组织力，才能更好地发挥基层组织的组织和动员人民群众的作用，才能更好地发挥基层组织的战斗堡垒作用。其次，只有提升基层的组织力，才能在脱贫攻坚政策执行过程中正确地把握政策方向，才能引领服务群众，推动基层组织工作开展。最后，通过提升基层的组织力，提升基层深度贫困地区脱贫经验分析组织的执行能力，落实基层组织责任，可以避免基层组织及其人员"越位""缺位""错位"现象的出现。基层组织及人员的实干精神、无私奉献精神是脱贫攻坚精神得以稳步发展、贯穿始终、复制推广的核心。

五　增强群众幸福感是脱贫攻坚的现实旨归

在脱贫攻坚战打响以来，渭源县始终把增强群众获得感作为脱贫攻坚工作的现实旨归。坚持"以人民为中心"理念，在扶贫过程中把满足贫困群众美好生活需要，作为工作的出发点和落脚点，并且让所有贫困群众共享脱贫成果和改革开放的发展成果。面向所有贫困村、贫困群众开展农业技术知识培训，不仅增强了群众职业技能和发展生产的能力和水平，还提高了群众对脱贫攻坚工作的满意度。当前，就业难、看病难、上学难、住房贵等问题依然存在，严重阻碍着群众获得感的提高。从渭源县的脱贫措施来看，应把扶贫工作重点放在就业扶贫、产业扶贫、教育扶贫、健康扶贫等方面，着力解决贫困群众最迫切要解决的问题。

（**点评专家**：朱旭东，博士，教授，博士生导师，教育部长江学者特聘教授，北京师范大学教育学部部长、教育部普通高校人文社会科学重点研究基地北京师范大学教师教育研究中心主任、教育部国家教师教育咨询专家委员会委员兼秘书长、教育部师范专业认证专家委员会委员、中国高等教育学会教师教育分会秘书长、民进中央特邀研究员。）

益贫式增长视域下的渭源模式

摘　要：渭源县在脱贫攻坚过程中，以党的领导为根本保证，以东西部扶贫协作为坚实基础，以产业发展为第一前提，以创建机制为根本保障，以群众参与为实现路径，以扩大合作为核心要点，以收益分配为能源动力，促进贫困群众增收致富，推动当地经济发展。各方力量的统合与减贫策略的组合将精准扶贫落到实处，加速渭源县的脱贫进程，更加巩固其脱贫成效，为乡村振兴战略的推进与益贫式增长的实现强基固本。

关键词：益贫式增长　脱贫攻坚　机制创新

贫困是一个历史性、世界性、普遍性的重大问题，消除贫困是人类自古以来梦寐以求并为之顽强奋斗的美好理想。贫困在中国也是一个长期存在的严重问题。习近平总书记在决战决胜脱贫攻坚座谈会上指出："脱贫摘帽不是终点，而是新生活、新奋斗的起点。"2020 年是打赢脱贫攻坚战的收官之年，我国历史性地解决了绝对贫困问题，2021 年是十四五开局之年，如何更好地推动脱贫攻坚和乡村振兴有效衔接，将是我们思考和工作的重点。

其作始也简，其将毕也必巨。以习近平同志为核心的党中央以崇高的责任意识和无畏的担当精神，在长期扶贫脱贫的基础上组织实施、全力推进脱贫攻坚战，让中国人民在共同富裕上迈出坚实一步，过上全面小康的幸福生活，让世界人民看到脱贫致富光明前景，为消除贫困持续奋斗，携手构建人类命运共同体，给各国人民带来更多福祉。

脱贫攻坚以来，渭源县委、县政府紧盯脱贫目标，围绕落实"六个精准"和"五个一批"，打好政策组合拳，坚持开发式扶贫方针，变"输血式"扶贫为"造血式"扶贫，全面实现脱贫目标。前文的优秀案例从各方面对落实方针政策的具体做法、模式进行分析，归纳渭源县在扶贫过程中探索的先进经验，集中阐述了渭源县在党中央、国务院和省市党委、政府的坚强领导下，在国务院扶贫办和福州市晋安区的关心帮助下，各贫困村干部群众如何经受洗礼淬炼，保持干事创业的激情活力，培育优势产业、探索合作社发展新模式、创新收益分配机制、构建益贫机制，激发贫困群众脱贫内生动力，初步建立解决相对贫困的长效机制，促进实现乡村振兴。要将脱贫攻坚中的这些经验总结好、传承好、推广好，为夺取新时代中国特色社会主义伟大胜利作出更大贡献，在实现中华民族伟大复兴的征程中续写新辉煌。

一　党的领导是决战决胜脱贫攻坚的根本保证

我们关于40多年来中国实现8亿多人摆脱贫困的初步研究表明，中国减贫主要有三个驱动力：第一是有坚定的政治承诺和坚强的领导力，第二是包容性发展范式，第三是益贫开发战略和政策。在对渭源县定点帮扶时，国务院扶贫办对自身在扶贫工作中的定位有清晰认知，指导好当地政府，把扶贫举措与当地实际情况紧密结合，并纳入当地规划和中心工作。国务院扶贫办扶真贫、真扶贫，使脱贫工作取得了扎扎实实的成效。渭源县也实现了减贫益贫防贫机制方面的创新，获得社会认可，一方面切实地提高了贫困群众的经济生活水平，另一方面也密切了党群干群关系，夯实了党在农村的执政根基，进一步巩固了脱贫成效，丰富了人类在新时代向贫困宣战的经验，对于全球减贫事业的进展也有一定的借鉴意义。

二　东西协作巩固脱贫攻坚根基

东风催放花千树，渭水举浪百舸流。习近平总书记强调，东西部扶贫协作和对口支援，是推动区域协调发展、协同发展、共同发展的大战略，是加强区域合作、优化产业布局、拓展对内对外开放新空间的大布局，是实现先富帮后富，最终实现共同富裕目标的大举措。

我国西部地区贫困程度深、扶贫成本高、脱贫难度大，是打赢脱贫攻坚关键战的短板。而东部沿海地区发展早、发展快，经济富裕程度高，有带动共同富裕的历史使命和经济基础。在东西部扶贫协作的推动下，晋渭两地通过优化组织人才、科技、物资等要素的合理流动和配置，持续增强渭源县的造血功能和经济活力，共同探索东西部扶贫协作体制机制创新。福州市晋安区与甘肃省渭源县两地始终坚持"开发式扶贫"的工作方针，动员广泛的社会热情和力量，以产业为基础，以市场为导向，通过共建扶贫产业园、搭建合作交流平台、组织规模化劳务输出，走出了一条企业合作、产业扶贫、项目带动的"造血式"对口帮扶新路，携手打破地区间发展界限，增强我国区域发展的协调性和平衡性，实现了优势互补、协作共赢。

三　壮大产业是脱贫攻坚的首要前提

发展农村优势产业是解决"三农"问题的首要前提，模式推广是有效提升产业扶贫质量和水平的重要抓手，特色农产品产业化是实现乡村振兴的必经之路，因地制宜地进行产业扶贫是实现脱贫致富的重要保障。以中药材产业发展为例，渭源县基于悠久的中药材种植历史、得天独厚的自然区位优势，通过最大限度地发挥种植优势、妥善运用带贫机制、创新相关农业保险产品、借助"互联网＋"延伸产业链、以科技助力产学研融合等，将产业开发与精准扶贫相结合，富民产业培育与到村到户扶持相结合，省内贫困区域发展及农户内生发展相结合。产业发展成效显著，产品附加值得以大幅度提升，中药材产业规模迅速壮大，实现由中药材大县加速向中药材强县转变，贫困群众稳定增收得到强力保障。

四　益贫机制是脱贫攻坚的根本保障

产业扶贫关键在于产业发展的益贫属性的实现，益贫机制是实现产业扶贫目标的根本保障。产业扶贫一方面要将产业做大做强，另一方面要让"穷人"在产业发展中获益维度更广、获益程度更高，并通过扶贫产业引领，最终跨越主体性贫困陷阱。要达到这一目标，产业扶贫的益贫机制必然是多维的。渭源县在党中央、国务院扶贫办和省市党委、政府的领导下，建立了一个模式和三个机制，即"四位一体"生产经营模式及市场主体"双层一体化"联合运营机制、"五统一保"带贫参与机制、"三保底再分红"管理分配机制，取得了显著成效，实现了产业扶贫的益贫机制的创新，激发了贫困区域的脱贫内生动力，提升了贫困个体的自我发展能力。渭源县探索建立益贫机制的过程为其他贫困地区提供了经验借鉴。

五　群众参与是脱贫攻坚的路径

群众才是真正的主人，要始终践行以人民为中心的发展思想。渭源县田园牧歌养殖专业合作社探索发展模式中尊重农民意愿，确保农民的主体性地位，赋予农民自主处理经济活动的权利，走出了一条特色脱贫之路，调动了贫困农户参与养殖、参与产业发展的积极性，是辅助产业脱贫的有益实践。渭源县还充分发挥好群众在推动村级事业发展、农村基层民主政治建设中的主体作用，严格落实"四评议两公开一监督"流程，全力保障群众的参与权、知情权、决定权、监督权，让群众积极主动投身到乡村振兴的实践中。

六　合作带动是脱贫攻坚的核心

合作带动是核心，生产组织的集约化程度决定了产业发展效益。产业发展要通过合作社带动，必须注重提高专业化、集约化、组织化、规模化水平。渭源县创造性地提出"双层一体化"联合运营机制，与益贫机制相辅相成，加快脱贫速度，提高脱贫质量。例如，田园牧歌养殖专业合作社便以市场需求为导向，依托当地的资源及区位特点，结合自身实力，抓住机遇，充分利用政府所提供的资源发展特色产业，增强合作社竞争力，提高合作社应对市场风险和自然风险的能力。合作社作为新型市场经营主体，可以统一种苗供应、统一技术服务、统一生产管理、统一质量标准、统一产品销售，将生产与市场无缝对接，着力解决市场信息缺乏、产品品质不一、生产销售脱节等问题。

七　集体经济收益分配是脱贫攻坚的能源

农村集体经济弱、无钱办事，村"两委""有心无力"，一直是制约农村发展的重要因素，因此，发展壮大村集体经济，事关农村基层组织稳固，事关巩固脱贫富民成果，事关乡村振兴战略实施。对于如何规避农村集体经济收益分配带来的消极影响，渭源通过不断实践，创新完善村集体经济收益分配制度，给予了极具推广价值的答案。渭源县的干乍村、香卜路村开展了"三大行动"，聆听民众心声，加强干群沟通，一事一议，落实基层民主；辅以"五大领域"确保分配流向，如设置公益性岗位、创设道德积美超市、设立网格员、制定五星级文明户评选制度、改善村内基础设施和公共服务，让村民"有代价"地获得收益；最后建立健全财务制度保证分配的公开性与合法性。渭源的村集体经济收益分配制度实现了方向上引导、人员上精选、模式上创新、名利上激励、分配上惠民，在所有举措落地实施的过程中，使得"四议两公开"的民主性得到极大程度的保障，通过盘活资源，改善村容村貌，提升贫困群众的幸福感与获得感，进而促进基层自治。村集体经济收益分配制度的完善从根本上破解了镇、村公共服务的资金瓶颈，有效夯实了乡村振兴的坚实基础，对巩固取得的成效、接续推动乡村振兴战略落实，进而解决相对贫困问题具有深远意义。

（**点评专家：**任玉珊，二级教授、管理学博士、兼职博士生导师。现任北华大学校长。吉林省有突出贡献中青年专业技术人才、吉林省第四批拔尖创新人才。曾任教育部高等学校水利类专业教学指导委员会委员、吉林省人民政府决策咨询委员、吉林省水利学会副理事长等。）

高质量可持续脱贫攻坚渭源样板

摘　要： 面临新冠肺炎疫情的考验和脱贫攻坚的任务，渭源县在全面建成小康社会的决胜之年，攻坚克难，团结协作，开展了一系列切实有效的实践，整体脱贫攻坚工作取得显著效果。渭源县的脱贫攻坚工作充分发挥党政引领作用，突出制度优势；创新机制，加大医疗、教育、文化、产业、金融等投入，建立奖惩措施保证技术支持和资金投入，建立脱贫攻坚长效治理机制；广泛动员社会各界力量助力脱贫，缩小贫困差距，不断实现共同富裕。

关键词： 制度优势　内生动力　高质量可持续脱贫

2020 年是脱贫攻坚的收官之年，也是全面建成小康社会的决胜之年，对新冠肺炎疫情的考验和脱贫攻坚的任务，渭源县攻坚克难，团结协作，开展了一系列切实有效的实践，整体脱贫攻坚工作取得显著效果，为我国脱贫攻坚提供了渭源样板，贡献了渭源力量。未来要进一步在防返贫上下功夫。需要充分发挥党政引领作用，发挥政府"看得见的手"的直接作用，不断加强监管，优化政策，提供制度保障，体现我国社会主义制度的优势；创新扶贫机制，加大医疗、教育、文化、产业、金融等方面的投入，充分建立有效的奖惩措施，保证充分的技术支持和资金投入，建立脱贫攻坚长效治理机制，确保扶贫的可持续发展；同时，动员组织社会各界力量共同参与，促进共商、共享、共赢，缩小贫困差距，实现共同富裕，彰显中国特色社会主义制度优势，实现中华民族伟大复兴。

一 创新扶贫机制是提升脱贫质量的重要手段

创新扶贫机制对于贫困地区的脱贫致富和长效发展具有重要意义。渭源县着力创新扶贫机制，发挥"敢为人先"的精神，在产业带贫益贫机制、扶贫资产管理机制、创新就业机制和消费扶贫机制以及工作落实机制方面打造了扶贫机制创新的渭源样板。通过创新体制机制，渭源县优势产业得到充分发展，扶贫资金得到有效运转，保障了贫困户的产业收益，切实提升了贫困群众的脱贫动力和脱贫能力；同时，形成稳定的集体经济收入，优化消费扶贫，落实公益岗位带动劳动致富，使得就业环境持续改善，治理模式日臻完善，形成"社会帮扶、干部推动、群众主体"合力，从根本上激发了群众脱贫内生性动力，为我国扶贫机制的创新和发展提供了有益借鉴。

二 完善产业扶贫模式是激发内生动力的关键

产业发展是贫困地区人口实现稳定脱贫，不断激发群众脱贫内生动力的关键。产业扶贫要基于乡村社会特征，与土地和农户紧密关联。渭源县基于自身特色和资源优势，通过产业扶贫促进了贫困地区的产业结构调整，推动了地区经济结构转型，充分带动就业，为贫困人口提供就业平台，改善乡村基础设施建设，保证产业扶贫的可持续发展。产业发展是脱贫攻坚的强力"助推器"，渭源乘着东西部扶贫协作的东风，抢抓机遇建成扶贫车间发展产业，并为周边的贫困户提供岗位，吸纳他们到车间就业，提供致富新门路，使得群众从此有了适合自己的"铁饭碗"。目前全县 28 个东西部扶贫协作车间，共吸纳 1418 名群众就近务工增收，其中建档立卡贫困人口有 732 人。渭源县重点探索推广了四种就业扶贫车间模式：厂房式就业扶贫车间、居家式就业扶贫车间、种养式就业扶贫车间和贸易流通式就业扶贫车间。通过公益性岗位解决了劳动力增收脱贫的难题，如元古堆村合理分配光伏电站收益用于公益性岗位人员劳动报酬支出，设置了三类共 36 个公益性岗位，其中保洁岗 31 个、照料员岗 1 个、公共设施维护岗 2 个、管水岗 1 个、监督岗 1 个，有效改善了基础设施和公共服务，解决了基层堡垒能力受限、办事不足、群众获得感低的难题。

此外，渭源县的产业扶贫重视生态环境保护，充分利用光照资源发展光伏产业，既增加了贫困人口的资产收益途径，又减少了对生态资源的过度利用和环境污染。渭源县作为甘肃省 2016 年光伏扶贫项目县，抢抓被列为"全国光伏扶贫试点示范县"的重大机遇，充分利用丰富的光照资源，大力发展光伏扶贫产业，在国务院扶贫办和甘肃东海高科节能服务有限公司的支持下，在元古堆建设了渭源县第一个 300 千瓦村级光伏电站。作为渭源县第一个建成 300 千瓦村级光伏电站的先行村，元古堆村通过专项资金加自筹资金的方式确保财政资金支持，多方参与保障光伏电站建设管理，并通过合理分配收益促进公益性事业发展，以光伏项目带动新兴产业发展，努力加强精神文明建设激发群众脱贫积极性。通过光伏电站项目的带动，有效激发了贫困群众的内生动力，实现了贫困群众稳定增收，推动了乡村振兴和乡村经济的持续稳定发展。值得一提的是，为合理运用光伏电板下面的大片空地，元古堆村充分利用土地资源，将这些土地利用起来发展产业。在精准扶贫工作中，渭源县为了培育稳定增收的富民产业，经考察论证，确定了发展以香菇、羊肚菌为主的食用菌产业。在试种成功后，结合光伏扶贫产业，充分利用光伏支架建成光伏食用菌生产大棚，节约了建棚成本，提高了资源利用率，形成了"光＋农"的现代高效农业发展新模式。光伏在上，农产品在下，两种结合、两种效益，帮助群众尽快实现脱贫致富。

产业扶贫、新能源扶贫是一个对乡村振兴和乡村经济的持续稳定发展具有重要意义的路径，当然，其中存在的技术安全问题、资金有效使用和分配问题以及管理问题还需要进一步实践和探索。

三 群众组织力量是脱贫路上的持续动能

脱贫攻坚需要社会各界力量共同参与，2018 年以来，渭源县妇联紧紧围绕全县"扶贫车间"建设总体部署，全力配合支持各乡镇党委、政府和企业打造建设"巾帼扶贫车间"19 家，吸纳带动 700 多名贫困妇女在"巾帼扶贫车间"就业，同时辐射带动周边 3000 多名妇女实现稳定就业，真正做到了"就业一人，脱贫一户，带动一片"。新冠肺炎疫情发生以来，渭源县东西部扶贫协作巾帼扶贫车间遇到产品滞销、难以运转的难题，渭源县充分发挥妇联组织在妇女脱贫攻坚中的重要作用，助力东西部扶贫协作扶贫车间。做法包括建立网络扶贫宣传平台，提供贫困妇女就业技能培训，推动扶贫车间复工复产，争取财政帮扶资金，这一系列措施解决了疫情期间的产销问题，推动扶贫车间复工复产，为渭源县脱贫提供资金支持，激发了广大妇女的积极性，为渭源县整县脱贫摘帽贡献了力量。渭源县妇联带领全县妇联组织和妇女群众，在群防群控、复工复产中充分调动"联优势"和"她能量"，发挥了妇联组织在妇女脱贫攻坚中的重要作用，推动东西部扶贫协作再上新台阶。广大的妇女是防止贫困代际传递的重要角色。妇女在家庭教育中具有重要作用，对贫困地区儿童的成长具有深远的影响。在解决贫困地区广大妇女的就业问题的同时，要顾及妇女在家庭教养中的重要作用，使她们能够兼顾工作和家庭，使子女能得到更好的家庭关爱和教养，同时，加强贫困地区妇女的教育培训，通过成人教育、继续教育和职业教育，引导广大妇女群众形成正确的价值观念，有效防止贫困的代际传递。

欧美同学会是党领导下的人民团体，近年来，欧美同学会围绕中心、服务大局，积极发挥组织优势，心系贫困群众、积极回报社会，充分发扬家国情怀，广泛凝聚海归学子爱国力量，在助力脱贫攻坚的关键期勇担当、善作为，在渭源县脱贫攻坚事业中定思路、找方向，献良策、出实招，以实际行动贯彻落实总书记"看真贫、扶真贫、真扶贫"的号召，牢记嘱托，践行初心，躬身帮扶；发挥优势，对症施策，精准帮扶；再谱产业帮扶新篇；久久为功持续发力，不获全胜决不收兵等真帮实扶最终在渭源大地上结满硕果，在渭源县实现脱贫摘帽过程中贡献巨大力量。欧美同学会持续助力脱贫攻坚，以实际行动诠释新时代归国留学人员的责任与担当！

四　教育扶贫是阻断贫困代际传递的重要途径

教育是从根本上摆脱贫困和阻断贫困代际传递的重要途径。近年来，渭源县把教育事业摆在优先发展的战略地位，围绕"发展教育脱贫一批"的中心任务，优化学校布局，推动各类教育快速发展；开展集团化办学，推进城乡教育均衡发展；建立监测机制，保证教育质量持续攀升；严格落实思政课建设主体责任，落实立德树人根本任务。在健全教育脱贫攻坚工作推进机制、控辍保学、改善农村义务教育学校办学条件、建设乡村教师队伍、精准资助、宣传引导、增强精神扶贫，加强东西部帮扶协作等方面制定一系列具体举措，有效保障了义务教育的推行，在坚决打好脱贫攻坚战，努力阻断贫困代际传递方面发挥了巨大作用。

渭源县积极探索创新教育脱贫攻坚机制，教育扶贫工作扎实有效，努力实现"无一人失学辍学"，让贫困人口的子女"有学上"，"上得起"；保障教育基础建设，努力建设乡村教师队伍，通过宣传引导、东西部帮扶、发展职业教育等，提升帮扶成效，激发学生及家长的内生动力，促进了全县教育事业健康有序发展，为教育扶贫提供了渭源样板。教育扶贫是重要手段，要进一步关注后扶贫时期教育扶贫的目标定位等问题，有效防止贫困人口返贫，通过教育切实增强贫困地区自身的"造血"能力。

五　医疗健康扶贫是防返贫的有效保障

健康和贫困高度相关，因病致贫和因病返贫是贫困群体脱贫道路上的最大障碍。基本医疗有保障是阻止群众"因病致贫，因病返贫"的"铁门槛"，是百姓幸福路上的护身符。渭源县医保扶贫工作努力克服遇到的种种困难，坚持"解决基本医疗有保障，常见病、慢性病、多发病能看得起，得了大病生活有保障"这条主线，着眼医疗保障事业发展，全面落实医疗保障各项政策，特别是对贫困群众的倾斜政策。脱贫攻坚以来，为了解决基层群众看病难问题，让人民群众享受到安全、便捷、优质的医疗服务，通过落实医保待遇全覆盖、以数据分析保证贫困人口医保待遇，整顿医保信息系统数据质量，提升渭源县医疗保障精细化管理水平，通过调研、基层干部反映、待遇落实比对，解决群众难题。随着医保扶贫工作的推进，全县医疗保障水平稳步提高，贫困群众医疗负担逐步减轻，建立起了阻止"因病致贫，因病返贫"的"铁门槛"。按照基本医疗保障标准，实现了贫困人口看病有地方、有医生，完善医疗服务体系，提升服务能力，有效防范了广大贫困户因病返贫的风险。我国的医疗健康扶贫需要进一步创新制度体系，激发社会各方力量共同参与，建立对口帮扶长效机制，此外，还需加强对贫困群众的心理健康问题的重视，倡导积极健康的生活方式，真正实现健康中国。

六　东西部扶贫协作是实现共同富裕的重要战略

2016 年，在中央东西部扶贫协作的一声号令下，福州晋安区跨越两千多公里牵手渭源县，在深度互动中攻坚"精准扶贫"，共同携手奔小康，演绎了一曲动人的扶贫协奏曲。两地一东一西，相距千里，本无交集。2016 年 12 月 7 日，在中共中央办公厅、国务院办公厅印发《关于进一步加强东西部扶贫协作工作的指导意见》后，两座城市无问西东，成了兄弟城市，一段跨越山山水水的结对佳话谱开新篇。作为东西部扶贫协作对口帮扶地区，"晋渭"两地心手相牵、血脉相连，双方协商制订了扶贫协作工作计划，建立了扶贫协作项目库，完善了扶贫协作沟通联络、高层互访、督查考核等工作机制，夯实了东西部扶贫协作基础，在新时代的征途上砥砺前行，谱写了一曲曲激昂奋进的时代壮歌。

晋渭一家亲，无问西东，这是结果，亦是初心。未来，东西部扶贫协作扶贫车间还需要进一步实现精准扶贫、精准脱贫目标。东西部扶贫协作考核评估制度和指标还需进一步优化。东西部扶贫协作要建立常态化的协作机制，渭源县"通过"抢抓晋渭东西部扶贫协作和对口帮扶政策机遇，按照上连产业、下接劳务、中有分红的建设思路和定位，积极争取东西部扶贫协作帮扶资金建设扶贫车间，采取"公司＋合作社＋基地＋农户"的产业扶贫模式和"分红增收＋务工增收"的就业扶贫模式，带动贫困户稳定增收。

（**点评专家**：李兴洲，北京师范大学教授、博士生导师，北京师范大学中国乡村教育发展研究中心执行主任。）

图书在版编目（CIP）数据

　　脱贫攻坚渭源故事：国家乡村振兴局定点帮扶县优

秀案例选编与评析／中共渭源县委，渭源县人民政府，

北京师范大学中国乡村教育发展研究中心编 . -- 北京：

社会科学文献出版社，2021.7

　　ISBN 978 - 7 - 5201 - 8322 - 2

　　Ⅰ.①脱…　　Ⅱ.①中…　②渭…　③北…　　Ⅲ.①扶贫 -

工作经验 - 案例 - 渭源县　　Ⅳ.①F127.424

　　中国版本图书馆 CIP 数据核字（2021）第 080473 号

脱贫攻坚渭源故事

——国家乡村振兴局定点帮扶县优秀案例选编与评析

编　　者／中共渭源县委　渭源县人民政府
　　　　　北京师范大学中国乡村教育发展研究中心

出 版 人／王利民
组稿编辑／任文武
责任编辑／张丽丽

出　　版／社会科学文献出版社·城市和绿色发展分社（010）59367143
　　　　　地址：北京市北三环中路甲 29 号院华龙大厦　邮编：100029
　　　　　网址：www.ssap.com.cn
发　　行／市场营销中心（010）59367081　　59367083
印　　装／三河市东方印刷有限公司

规　　格／开　本：787mm×1092mm　1/16
　　　　　印　张：20　字　数：304 千字
版　　次／2021 年 7 月第 1 版　2021 年 7 月第 1 次印刷
书　　号／ISBN 978 - 7 - 5201 - 8322 - 2
定　　价／98.00 元